中山大学高校基本科研业务费专项资金资助，

项目名称：中国人口发展战略研究的分歧与演进：1978～2019，

项目编号：19wkzd15

王 军/著

中国
出生性别比
影响因素
与形势判断

Sex Ratio at Birth in China:
Influencing Factors and
Future Trends

社会科学文献出版社
SOCIAL SCIENCES ACADEMIC PRESS (CHINA)

前　言 ◀

　　促进出生人口性别均衡发展历来是我们党和政府的重要工作
目标。党的十八届三中全会和十八届五中全会都强调要促进中国
人口的长期均衡发展，而出生人口的性别均衡无疑是人口均衡发
展的重要组成部分。由于各方面原因，中国出生性别比至少从 20
世纪 90 年代以来一直处于较为明显的失衡状态，国务院 2012 年
公布的国家人口发展"十二五"规划认为"出生人口性别比长期
居高不下"已成为影响中国经济和社会发展的重大问题，并要求
"综合治理出生人口性别比偏高问题，促进社会性别平等"。国务
院 2017 年公布的《国家人口发展规划（2016—2030 年）》更是
进一步明确了中国政府力图在 2030 年实现出生性别比恢复正常
的工作目标。

　　《国家人口发展规划（2016—2030 年）》认为"出生人口性
别比长期失衡积累的社会风险不容忽视"，并提出了当前出生性
别比治理的措施，即"加强出生人口性别比综合治理，营造男女
平等、尊重女性、保护女童的社会氛围，加大打击非医学需要的
胎儿性别鉴定和选择性别的人工中止妊娠行为力度"。此外，国
家人口发展"十二五"规划还强调要"完善出生统计监测体系，
全面实施出生实名登记制度，建立部门间出生人口信息收集和共
享机制"以及"在重点区域探索建立跨省区出生人口信息共享制

度和出生性别监测预警机制"。

可以看出，我们党和政府已经清楚地认识到中国出生性别比的失衡现状并明确提出了到 2030 年出生性别比恢复正常水平的工作目标。在此基础上，党和政府提出了一系列切实可行的治理措施，包括营造男女平等的社会氛围、加大非法胎儿性别鉴定和非法选择性别妊娠中止行为的打击力度、建立出生人口信息共享机制以及出生性别监测预警机制等。当前中国的人口实践表明，党和政府的出生性别比治理工作正在扎实推进并已取得较为显著的成效。

在国家治理出生性别比的过程中，中国的人口学界也发挥了重要作用。从 20 世纪 90 年代开始尤其自 21 世纪初以来，中国的人口学者基于自身独特优势，利用历次人口普查、生育调查等全国层面的数据，对中国出生性别比失衡现状、原因及其影响等方面面进行了很多既有研究价值又有实践意义的研究和探讨，并提出了许多有助于更好地推进中国出生性别比治理工作的意见和建议。中国出生人口性别比研究的学术实践表明，中国的人口学者很好地融入了我们党和政府综合治理出生性别比工作的实际过程中，并通过对出生性别比失衡问题的研究来不断探索和发现解决中国出生性别比失衡问题的措施和途径。

在前人研究的基础上，本书同样基于国家治理出生性别比的战略思路及具体实践，尝试对两个问题进行更进一步的研究。其中，本书致力的第一个问题是尝试在一个整合性的框架内对中国出生性别比失衡的各个因素进行定量估计和分析。实际上，对中国出生性别比失衡影响因素分析的主要目的，就是找到并客观界定影响出生性别比的各个主要因素，从而为国家更为有效地解决出生性别比失衡问题提供决策参考。本书之所以采用整合性视角来定量估计和分析影响中国出生性别比失衡的诸因素，主要基于以下原因：一方面，我们党和政府明确提出要综合治理出生性别比失衡问题；而另一方面，当前人口学界对出生性别比失衡影响因素的分析大多局限于某一方面，综合性视角则相对较少。

本书致力的第二个问题是对中国 2010 年的出生性别比水平及未来变化趋势进行客观评估和预判。这个问题之所以重要，主要有两方面原因。首先，准确判断当前出生性别比水平是国家治理出生性别比失衡问题的基础，而目前中国人口学界对人口普查的数据质量仍存在一定争议，这也使得评估和判定中国出生性别比的真实水平成为一个亟须解决的问题。其次，在客观估计出生性别比真实水平的基础上，还要对未来出生性别比的变化趋势进行尽可能科学合理的预判，这也是更好地服务于党和政府治理出生性别比失衡工作的根本要求。

本书的核心内容主要来源于笔者硕士、博士及博士后期间的相关研究成果。我有幸在北京大学攻读硕士和博士学位期间，均师从郭志刚教授。在郭志刚教授的建议下，我的硕士和博士论文均以中国出生性别比失衡及其影响因素作为研究的核心问题。遵循师门传统，在已有研究基础上，我的博士论文尝试采用多种数据来源、多种统计方法来整合性地分析可能影响中国出生性别比失衡的各个因素。回顾来看，当时自己的研究思路和视角其实与国家综合治理中国出生性别比失衡问题的思路是一致的。

博士毕业以后，我进入中国社会科学院人口与劳动经济研究所从事博士后研究工作，合作导师为王广州研究员。在博士后期间，我和王广州研究员合作进行了有关中国出生性别比数据质量评估的研究，这也是本书的核心内容之一。与以往研究不同，我们基于多种来源的数据，通过时间和空间两个维度来反复检验用于计算出生性别比的各种来源数据本身的可靠性。在合理评估数据质量的基础上，我们对中国出生性别比的当前水平及未来趋势进行了估计和判断，从而为国家综合解决出生性别比失衡问题提供了一定的基础信息。我们的研究也得到了原国家卫生和计划生育委员会的肯定和较高评价。

　　总之，本书希望从研究和实践两个层面，为中国出生性别比研究和国家的出生性别比综合治理工作做出些许贡献。基于以上特点，本书的主要读者群为人口学领域的研究者和学生以及政府机构的相关工作人员。

王　军

2019 年 12 月 12 日于中山大学

目 录

CONTENTS

第一章 ▸

导论

党的十九大报告指出，要加强人口发展战略研究。作为人口发展战略的重要内容，性别结构均衡不仅是一个国家或地区人口与社会健康发展程度的重要标志之一，同时也是人口发展追求的重要目标。这其中，出生人口的性别结构均衡是影响总人口性别结构均衡的重要因素，而出生性别比则是衡量出生人口性别结构均衡最为重要的指标。

20 世纪 70 年代，中国实施了以"晚、稀、少"为主的人口政策（Muhua，1979）。鉴于人口政策的良好效果，从 20 世纪 80 年代初，中国又开始实行以独生子女为主的人口政策（彭珮云，1997）。随着人口政策的有效实施，中国人口增长过快的势头得到根本遏制，人口出生率大幅下降。与之相伴，自 20 世纪 80 年代中期以来，中国的出生性别比开始偏离 103～107 的正常值范围（高凌，1993；李涌平，1993a；顾宝昌、徐毅，1994；李伯华，1994；高凌，1995；穆光宗，1995）。

尤其自 20 世纪 90 年代以来，中国的出生性别比开始明显失衡并逐年升高（张翼，1997；陈卫、翟振武，2007；顾宝昌，2007；石人炳，2013；原新，2016）。根据全国第六次人口普查数据，2010 年中国的出生性别比高达 118.06，已经明显偏离正常水平。

虽然当前有关中国出生性别比失衡的研究不仅数量众多，而且涉及生育偏好、性别选择和人口政策等许多方面，但是至少还有两个问题仍存在进一步研究的空间。其中，第一个问题是如何综合性地分析中国出生性别比失衡的各个主要影响因素，第二个问题则是如何估计中国当前的出生性别比水平以及如何判断中国出生性别比的未来发展趋势。

首先看中国出生性别比失衡的影响因素研究。当前对中国出生性别比失衡影响因素的探讨中，各研究一般局限于从某一方面进行探讨，而采用综合视角对中国出生性别比失衡影响因素的研究相对较少。比如，大多数研究一般集中于分析生育偏好、性别选择、人口政策等导致中国出生性别比失衡的某一影响因素，也通常限于探讨该影响因素与中国出生性别比失衡之间的简单量化关系。然而，鉴于治理中国出生性别比失衡是一个系统工程，这就需要从更加全面和综合的视角来研究中国出生性别比失衡问题。

其次看中国出生性别比的当前水平估计及对未来形势判断。相对于中国出生性别比失衡影响因素的众多研究，有关中国实际出生性别比水平估计以及未来形势判断的研究则相对较少。而相关研究较少的一个主要原因，是以往研究通常缺乏对中国出生性别比水平进行估计和形势判断的充足数据。而要正确判断出生性别比的变化趋势，把握出生性别比变动的基本规律，就需要使用多种口径数据进行综合判断。

因此，基于现有研究的局限和不足，本书主要进行两方面的尝试。第一个尝试是试图将影响中国出生性别比失衡的各主要因素整合在一个综合性框架内。在此基础之上，本研究利用全国人口普查和人口抽样调查数据对 1980 年以来的中国出生性别比失衡的影响因素进行量化分析。在对出生性别比失衡影响因素做出全景式数据展示的同时，本研究还试图对造成中国出生性别比失衡的原因做出更为全面系统的解释。

第二个尝试则是判断全国人口普查的出生性别比数据是否真实可靠，本研究除了利用人口普查和抽样调查数据之外，还将利用户籍登记数据和住院分娩数据等多种数据。只有通过不同来源数据的多角度和多层次比较，才能更清晰地判断哪种数据来源的出生性别比更接近中国出生性别比的真实水平。也只有在科学评估各类数据的出生性别比水平估计可靠性的基础上，才有可能对中国当前及未来的出生性别比形势与走势进行客观判断，从而为国家制定更为有效的治理出生性别比失衡问题的公共政策提供决策信息参考。

第一节 研究背景

出生性别比是人口学中含义明确、限定严格的一个基本统计指标，是决定人口性别结构的三个因素之一[①]。按照定义，出生性别比指的是在特定的时期（通常为一年）和空间范围内，全部活产[②]婴儿中出生时的男婴和女婴人数之比，通常用每 100 名女婴所对应的男婴数来表示。在人口规模足够大的情况下，正常的出生性别比一般在 103 ~ 107 的区间范围内。

一 全球视角下的中国出生性别比失衡

世界上绝大多数国家和地区的出生性别比一直比较正常和稳定，没有出现过明显偏离现象（周云，1997；刘爽，2005a；刘爽，2009a；李树茁等，2010）。刘爽（2009a）通过对 20 世纪 80 ~ 90 年代 62 个国家和地区的出生性别比的分析发现，绝大多数国家

[①] 除了出生性别比之外，另外两个决定人口性别结构的因素分别是迁移水平和死亡水平的性别差异。

[②] 所谓活产是指无论母亲在生产前怀孕多长时间，只要婴儿离开母体后有生命现象就叫活产（查瑞传，1991）。

和地区的平均出生性别比都在 103～107 的正常值区间范围并且十分稳定。

2010 年，世界上 196 个主要国家和地区中共有 178 个国家和地区的出生性别比在 103～108 的区间范围内，占比高达 90.82%。比如，美国、英国和法国等国家的出生性别比均为 105，德国、俄罗斯、日本、澳大利亚、新西兰和意大利等国家的出生性别比均为 106，而新加坡、希腊和中国香港地区等国家和地区的出生性别比则为 107。

2010 年，出生性别比在 108 及以上的国家和地区共有 13 个，占比 6.63%。这 13 个国家和地区包括中国、韩国、印度、阿塞拜疆、阿美尼亚、格鲁吉亚、所罗门群岛和黑山共和国等。其中，中国 2010 年出生性别比为 120[①]，韩国为 110，印度为 108。与之相反，2010 年出生性别比在 103 以下的国家和地区则仅有 5 个，包括卢旺达、科特迪瓦、塞拉利昂、多哥和津巴布韦。

二　20 世纪 80 年代以来中国出生性别比的发展趋势

从 1949 年新中国成立至 20 世纪 80 年代初期，中国的出生性别比一直处于正常水平。比如，根据 1988 年全国千分之二生育节育抽样调查数据，1955～1983 年中国出生性别比一直处于 103～107 的区间范围。中国出生性别比从 1984 年开始偏离正常水平，并且偏高程度不断加强（李伯华、段纪宪，1986；乔晓春，1992；贾威、彭希哲，1995；蔡菲，2007；陈胜利等，2008；刘爽，2009b；杨菊华等，2009；李树茁、孟阳，2018）。比如，中国 1982 年的出生性别比为 107.6，1985 年开始超过 110，2000 年更是达到了 116.9，2010 年则首次超过 118。中国出生性别比在大

---

①　虽然 2010 年联合国公布的中国出生性别比数据结果略高于 2010 年全国第六次人口普查的结果（118.06）。但是，无论是联合国的结果还是全国人口普查的结果，都一致反映了中国出生性别比失衡较为严重的现实。

约 30 年的时间内从 107.6 的正常值上升到了 118.06，无论是升高的幅度还是速度都是比较明显的。

中国的出生性别比失衡具有明显的时空差异（李若建，2005；刘爽，2009b；杨菊华等，2009；胡耀岭、原新，2012；刘华等，2014）。根据刘爽（2009b）和杨菊华等（2009）的研究，1982年中国大部分省（区、市）出生性别比基本正常，出生性别比失衡的省份只有安徽（112.5）、广西（110.7）、广东（110.5）和河南（110.3）。1985 年以来，出生性别比失衡的省份越来越多。其中，出生性别比正常的省份从 1982 年的 11 个减少到了 2000 年的 4 个，而 2005 年仅西藏的出生性别比正常。

中国的出生性别比失衡还有显著的城乡差异（刘虹雁、顾宝昌，1998；陈彩霞、张纯元，2003；陆杰华、吕萍，2006；刘爽，2009b；杨菊华等，2009）。从时间顺序来看，中国的出生性别比失衡首先出现在农村。从 1990 年开始，中国农村的出生性别比已经显著高于正常值水平，而城镇当时的出生性别比基本处于正常区间范围。从 1995 年开始，城镇地区的出生性别比也开始偏离正常值范围。到 2000 年时，无论是中国的城镇地区还是农村地区的出生性别比都已明显偏离正常值范围，虽然城镇地区出生性别比失衡程度总体要低于农村地区。

中国的出生性别比失衡还同时存在显著的孩次差异（杨书章、王广州，2006a；杨书章、王广州，2006b；王广州、傅崇辉，2009；杨菊华等，2009；王军、郭志刚，2014）。根据杨菊华等（2009）的研究，20 世纪 70 年代及以前的中国的各孩次出生性别比基本都处于正常值范围。第 3 孩及以上的出生性别比于 20 世纪 80 年代初期开始偏离正常值范围。2 孩出生性别比则于 20 世纪 80 年代中期开始出现偏高现象，这导致了当时中国总体出生性别比的失衡。1 孩出生性别比则于 2005 年开始出现偏高现象，并且 2010 年的偏高程度越发明显。

第二节　中国出生性别比失衡的相关研究

自 20 世纪 80 年代以来，中国的出生性别比失衡问题成为国内外人口学界关注的热点问题。随着时间的推移，出生性别比的失衡将逐渐演变为劳动力人口的性别比失衡以及婚姻适龄人口的性别比失衡，而婚姻适龄人口的性别比失衡将产生目前社会各界普遍关注的"光棍"问题。可以说，国内外学者围绕出生性别比的失衡原因以及后果等问题已经进行了大量研究，并得出了很多有价值的结论（邬沧萍，1988；Coale & Banister，1996；Banister，2004；马瀛通，2005；Poston & Glover，2005；Attané，2006；Wu & Hemninki，2006；李树茁、姜保全、费尔德曼，2006；Bhattacharjya et al.，2008；Ebenstein & Sharygin，2009；Trent & South，2011；Edlund et al.，2013；Greenhalgh，2013；Jiang et al.，2013；Tucker & Van，2013）。

本书聚焦的主要问题为中国出生性别比失衡影响因素的分析以及出生性别比的水平估计与形势判断。首先看中国出生性别比失衡影响因素的研究，其起始于 20 世纪 80 年代初，并经历了两个阶段。第一个阶段的起止时间为 20 世纪 80 年代初至 20 世纪末，当时主要探讨中国的出生性别比失衡是否真实存在以及影响人口普查数据或抽样调查数据得到的出生性别比失衡的主要因素到底是什么。第二个阶段从 21 世纪初开始，此时越来越多的研究者认识到中国的出生性别比失衡并不是"统计虚幻"，而是一种真实的存在，相应研究也主要聚焦于出生性别比失衡的现实影响因素。

其次看中国出生性别比水平估计及形势判断。2000 年以前，当时的大多数研究认为中国的出生性别比失衡只是女婴漏报和瞒报所导致的"虚假统计"，因此并不认可中国的出生性别比存在真正的失衡问题。2000 年以来，越来越多的研究者认识到了中国出生性别比失衡的现实，并转而分析导致中国出生性别比失衡的各种影响因素。但与此同时，有关中国出生性别比水平估计的研究却陷入了一个困境。一方面，中国出生性别比失衡成为大多数研究者的共识。另一方面，大多数研究者也认为中国的人口普查数据存在一定的漏报和瞒报问题。这两方面因素导致了中国出生性别比的实际失衡程度成为一个争论较大的问题，基于不同数据来源和不同估计方法的研究所得结论一般差异较大。

一　中国出生性别比失衡影响因素的研究

2000 年以前，国外学者一般将中国出生性别比失衡与溺弃女婴联系起来，后来对女婴漏报以及性别选择有所关注（Hull，1990；Johansson & Nygren，1991；Li & Cooney，1993；Smith，1994；Tuljapurkar et al.，1995；Merli，1998）。比如，有国外学者认为中国出生性别比失衡存在三大影响因素，即溺弃女婴、产前性别鉴定和女婴漏报（Hull，1990）。与此同时，也有研究认为中国的出生性别比失衡与人口政策可能存在一定关联（Coale & Banister，1994）。

国内学者对出生性别比的关注则开始于 20 世纪 90 年代，最早是为了应对西方学者将中国出生性别比偏高因素归因于溺弃女婴现象而展开的相应分析（Yi et al.，1993；曾毅等，1993）。比如，Yi et al.（1993）与国外学者展开对话，根据对 1990 年全国人口普查和全国 29 省市出生缺陷监测等全国性数据以及从基层收集的一些局部与个案数据资料的分析，认为中国出生性别比偏高问题的第一位原因是女婴漏报[①]，第二位原因才是性别选择行

[①] 该研究认为，女婴漏报因素在 20 世纪 80 年代出生性别比失衡中的贡献度占 1/2 到 3/4。

为，而溺弃女婴现象在中国已经很少出现，其对出生性别比失衡的影响也微乎其微。

顾宝昌、徐毅（1994）则对当时中国出生性别比研究现状及进展进行了全面的梳理和总结。他们的研究发现，当时关于出生性别比失衡影响因素的研究基本将出生统计中的女婴瞒报、漏报和错报看作引起出生性别比偏高的最为重要的原因，当然性别鉴定也有一定影响，而溺弃女婴并非重要因素。同时，当时的许多研究发现，中国的出生性别比失衡与育龄女性的受教育程度、居住地区类型、所属民族以及已有子女数量和性别也有一定关系，但这些因素并没有被认为是影响出生性别比失衡的重要原因（高凌，1993；高凌，1995；李涌平，1993a）。

总的来说，20世纪80年代至20世纪末近20年的时间内，国内学者基本把出生性别比失衡问题归因于女婴的瞒报和漏报，认为当时中国出生性别比失衡的主要原因是"统计上"的失实（徐毅、郭维明，1991；涂平，1993；郭志刚、李建钊，2006）。

2000年以来，越来越多的国内外人口研究者认识到中国的出生性别比失衡是一种社会现实，而不再是"统计虚幻"（Lavely，等，2001；刘爽，2002；解振明，2002；Cai & Lavely，2003；Lai，2005）。根据周云、任强（2004）对出生性别比研究文献的归纳和梳理，导致中国出生性别比失衡的因素不仅包括育龄女性的身体和生理状况、既往生育史、个人社会经济特征[1]，还包括其家庭类型、居住地的自然和社会地理特征等[2]（郭志刚，2007）。杨菊华等（2009）则将导致中国出生性别比失衡的原因划分为经济转型、文化传统、人口政策、技术的可及性以及其他

---

[1] 个人社会经济特征，比如育龄妇女的受教育水平、职业地位、户籍类型、流动迁移状况等。

[2] 自然和社会地理特征，如地形地势和海拔高度等，这些均有可能对出生性别比产生影响（谷祖善等，1984；康国定等，2010）。比如，谷祖善（1984）的研究认为，各地的出生性别比与其海拔高度存在密切关系。

因素这五个类别。

根据笔者对于 2000 年以来出生性别比影响因素相关研究文献的梳理，总的来说，近年来对出生性别比失衡影响因素的研究主要集中在三大领域：一是性别偏好和性别选择，二是人口政策，三是人口迁移和流动。

其中，性别偏好是指"男女双全"基础上的"男孩偏好"，性别选择则主要指进行产前胎儿性别鉴定，并实施性别选择。学者这方面的研究主要围绕性别偏好、性别选择与出生性别比失衡的关系展开（Gu & Li，1995；Lavely et al.，2001；刘中一、潘绥铭，2005；Chen et al.，2007；Ebenstein & Leung，2010；Ebenstem，2011；Jiang et al.，2011；王钦池，2013；Chen et al.，2013；Kaur，2013；Chen et al.，2015；Goodkind，2015）。

在人口政策领域，学者一般聚焦于人口政策与出生性别比失衡是否存在关联以及关联的具体程度进行讨论（原新、石海龙，2005；张二力，2005；郭志刚，2007；石人炳，2009；杨菊华等，2009；Zhu et al.，2009；Ebenstein，2010；Li & Zhang，2011；Xie，2014）。

同时，伴随中国城市化进程的不断加快，从农村涌向城市的流动人口规模日益庞大，流动人口对城市地区出生性别比的影响也日益引起人们的重视（郭志刚，2003；伍海霞等，2005；陈友华，2006；陈卫、吴丽丽，2008；原新，2014；原新、刘厚莲，2015）。

二 出生性别比水平估计及形势判断的研究

现在回溯来看，虽然中国的出生性别比早在 20 世纪 80 年代就出现失衡，但是 2000 年以前人口学者基本认为所谓的出生性别比失衡是女婴漏报和瞒报所导致的虚假统计。2000 年以来，虽然中国出生性别比失衡已成为公认的事实，但是有关中国实际出生性别比水平估计和形势判断的研究却屈指可数。这其中的一个重要原因，就是学者普遍缺乏充足的数据来进行相应估计和研究。

在研究所用数据方面，中国出生性别比研究主要使用人口普查和人口抽样调查数据，这其中主要包括 1982 年全国人口普查、1988 年中国生育节育抽样调查、1990 年全国人口普查、2000 年全国人口普查和 2005 年全国 1% 人口抽样调查等数据。

鉴于当前有关中国出生性别比水平估计和形势判断的研究较少，本研究将对仅有的少量研究进行逐一分析。首先看陈卫、翟振武（2007）对 2000 年全国人口普查出生数据漏报的性别差异的分析。该研究利用教育统计数据重新估计了 20 世纪 90 年代至 2000 年的出生性别比，认为中国的实际出生性别比并不像 2000 年全国人口普查数据反映的那样严重偏高。该研究认为，不仅中国 2000 年的实际出生性别比要比普查公布的数据低 7 个百分点，而且其他低年龄组性别比也要比普查反映的水平低 5～9 个百分点。其中，2000 年全国人口普查的出生性别比偏高部分中有 70% 左右是女婴漏报所致，其他低年龄组的性别比偏高部分中的女婴漏报的作用高达 50%，其余 50% 才是妊娠中止的作用（陈卫、翟振武，2007）。

其次看翟振武、杨凡（2009）对中国出生性别比形势判断的研究。该研究利用 2000 年全国人口普查、2005 年全国 1% 人口抽样调查、2000～2003 年 6～10 岁的在校小学生男女人数数据，对 2000 年全国人口普查中的出生性别比数据质量问题进行了研究。该研究认为，人口普查数据的低年龄组存在一定程度的女婴漏报现象，这导致了低年龄组性别比一定程度的虚假性升高，从而影响了对中国真实出生性别比水平的判断。

最后看王广州（2010）有关出生性别比变动监测方法的研究。该研究利用国内外人口普查和抽样调查原始数据，从人口学和统计学两个方面研究人口出生性别比变动的监测方法。该研究认为，在出生性别比正常的情况下，对同一时点出生性别比的重复测量或间接估计往往是高度一致的，而且变动的范围很小。反之，如果出生性别比不正常，对同一时点不同数据测量很难衔接或对应，测量结果的变动范围往往很大。因此，该研究提出，在监测人口出生性别比变动时需要多渠道数据的相互校验，这样才能更为可靠地进行中国出生性别比的水平估计和形势分析。

通过以上分析可以看出，中国出生性别比水平估计和形势判断的研究仍存在较大不足。除了王广州（2010）系统讨论了出生性别比的监测方法和趋势判断标准外，陈卫、翟振武（2007）和翟振武、杨凡（2010）的研究则基本以教育统计数据中的小学在校男女生数作为理想标准。也就是说，其研究的一个基本假设是教育统计数据真实可靠，这样才得出 2000 年全国人口普查数据中的出生性别比和低年龄组性别比存在虚假性偏高现象的结论。

但使用教育统计数据来评估普查数据存在的一个主要问题，就是教育统计数据本身的可靠性问题。如果教育统计数据本身存在较为严重的问题，比如存在鼓励虚报（高报）入学人数的激励机制，那么通过教育统计数据来断定人口普查数据的出生性别比存在高估，则有"舍本逐末"之嫌，其结论的可靠性可能也同样值得怀疑。

第三节　本书的章节安排

本书主要内容分为两大部分，第一部分为中国出生性别比失衡影响因素研究，第二部分为中国出生性别比水平估计与形势判断。全书共七章，第三章到第六章为核心内容，其中第三章到第五章为中国出生性别比失衡影响因素研究的内容，第六章则为中国出生性别比水平估计与形势判断的内容。

本书各章的具体内容如下。

第一章为导论。本章分为两个部分，其中第一部分是本研究的基本背景，第二部分是有关中国出生性别比失衡研究的概要性介绍。

第二章为数据与方法。本章主要分为四个部分，其中第一部分是本研究的理论分析框架，第二部分是本研究的数据来源，第三部分是本研究的数据改造方法，第四部分是出生性别比失衡影响因素所用数据的质量评估。

第三章为性别偏好、性别选择与出生性别比失衡的关系。本章主要分为两个部分，其中第一部分是性别偏好与出生性别比失衡的关系，第二部分是性别选择与出生性别比失衡的关系。

第四章为地区人口政策类型与出生性别比失衡的关系。本章主要分为两个部分，其中第一部分是基于母子匹配数据对地区人口政策类型与出生性别比失衡关系进行的研究，第二部分是基于多层线性模型（HLM 模型）对地区人口政策类型与出生性别比失衡关系进行的分析。

第五章为中国出生性别比失衡的其他影响因素。本章主要分为两个部分，其中第一部分是出生性别比失衡的结构因素和水平因素，第二部分是人口流动对城镇地区出生性别比失衡的影响。

第六章为中国出生性别比水平估计与形势判断。本章主要分为三个部分，其中第一部分是 2010 年人口普查、户籍登记与住院分娩数据的比较分析，第二部分是 2010 年出生队列性别比的跟踪分析，第三部分是中国出生性别比的形势判断。

第七章为结论与讨论。本章分为三个部分，其中第一部分是本书的主要研究结论，第二部分是本书的可能贡献与不足，第三部分是值得进一步研究的问题。

第二章 ◄

方法与数据

　　本研究主要聚焦于两个问题，即中国出生性别比失衡的影响因素以及出生性别比水平估计与形势判断。基于此，本研究利用全国人口普查、人口抽样调查以及全国生育调查数据，首先尝试在一个综合性分析框架内对导致中国出生性别比失衡的各主要因素进行定量估计与分析。在较为全面地分析中国出生性别比失衡各影响因素的基础上，本研究对中国出生性别比的实际水平及未来发展趋势进行估计和判断。

第一节　研究方法

一　出生性别比失衡影响因素的研究框架

　　在总结已有研究成果基础上，本研究采用一个综合性的分析框架，力求较为全面和系统地研究中国出生性别比失衡的各主要影响因素，并对各影响因素对出生性别比失衡的具体作用机制进行量化分析。在对各主要影响因素进行测量的基础上，本研究使用人口普查和生育调查数据，利用多层线性模型（HLM 模型）、户内母子匹配、地区人口政策类型与个人匹配等方法，尝试绘制出一张能够更加清晰地描绘中国出生性别比失衡影响因素及其作用机制的脉络图。

结合本研究的主要目的及关注点，借鉴 Bongaarts（2001）提出的低生育率理论模型，并考虑数据的可获得性及简约性原则，本研究尝试提出导致中国出生性别比失衡的各主要因素的作用路径图，见图 2 - 1。

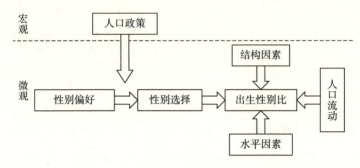

图 2 - 1　出生性别比失衡的影响因素作用机制

本模型与已有研究所用理论模型相比，有以下三个主要特点。

一是更加符合简约性原则。与其他出生性别比影响因素的理论模型相比，本模型只列出了出生性别比失衡的五个影响因素，即性别偏好、性别选择、人口政策、出生性别比自身的水平因素和结构因素以及人口流动。总体来讲，以上五个影响因素基本能对中国出生性别比失衡问题进行较为全面的解释，并且这五个影响因素都是可以通过数据来加以测量和估计的。

二是本理论模型为分层影响模型，而且跨层影响的作用方向和大小可以通过数据得以测量。宏观层次变量不仅对中国出生性别比失衡具有直接影响，而且通过调节具有子女性别偏好的妇女做出实际子女性别选择的行为可能性，从而对出生性别比的失衡产生间接影响。可以说，本研究与以往只是将性别偏好、人口政策等作为平行影响因素的通常做法相比有了一定程度的改进和提高。

三是各个因素对出生性别比失衡影响的机制过程较为清晰。

本模型主要是沿着妇女的子女性别偏好会影响妇女做出性别选择，从而对中国出生性别比造成影响的分析路径展开研究。与此同时，本研究还引入地区人口政策类型等地区层次影响因素，并特别关注出生性别本身的水平和结构因素以及人口流动对中国出生性别比失衡的影响。

二　出生性别比水平估计与形势判断的研究思路

从方法论上看，出生性别比的水平估计研究是人口分析方法中较为薄弱的内容。由于出生性别比一般比较稳定，即使有所变化通常变化幅度也较小，因此出生性别比问题的研究方法与出生数量和生育水平等问题有明显不同[①]。从出生性别比指标的人口统计含义来看，出生性别比很难在个体水平上进行描述和严格界定，它只能用分组或群体状况来描述，即出生性别比估计通常需要比较大的出生样本。

在已有研究基础上，本书有关出生性别比水平估计与形势判断的研究主要使用 2010 年全国第六次人口普查的全国汇总数据及分县汇总数据、2010 ~ 2013 年户籍登记的分年龄的分省汇总数据及分县汇总数据、2010 ~ 2013 年的住院分娩系统数据，对 2010 年以来的中国出生性别比真实水平区间范围以及出生性别比的变化趋势等进行重复测量和多口径数据估计。

研究方法上，本部分的研究主要使用时期比较方法和队列比较方法。具体来说，时期比较方法主要指相同年份出生性别比总体水平、分省出生性别比、分年龄出生性别比的多数据口径比较，笔者运用此方法得出各个指标在不同数据中的一致性

①　一般来说，生育数量的规定性非常明确，不同人群之间、相同人群在不同的历史时期通常都会存在较大差别。从研究层次来看，生育数量既可以从个体水平进行研究，也可以从群体的角度进行判断。但是，出生性别比是一个相对的量，是对育龄妇女生育的男孩和女孩这两个随机变量（在没有人为干预的情况下）相对关系的统计综合。

和差异性并分析其具体原因。队列比较方法则主要指比较同一
出生队列人群的性别比随时间的变化情况，例如可以分析 2010
年出生队列在 2011 年、2012 年和 2013 年户籍登记中的性别比
变化情况。

第二节 数据来源

一 出生性别比失衡影响因素的数据来源

本研究分析出生性别比失衡影响因素使用的微观数据主要包
括人口普查和生育调查两大类数据。其中，人口普查数据主要包
括 1990 年全国第四次人口普查（简称"四普"）数据和 2000 年
全国第五次人口普查（简称"五普"）数据。生育调查数据主要
包括 1997 年人口与生殖健康调查（简称"1997 年调查"）数据
和 2001 年计划生育与生殖健康调查（简称"2001 年调查"）
数据。

首先是"四普"数据。第四次全国人口普查以 1990 年 7 月 1
日 0 时为调查时点，普查登记的项目由 1982 年"三普"的 19 项
增加到 21 项。准确地说，本研究所用的数据为 1990 年第四次全
国人口普查 1% 抽样数据，共计 11835946 个案例。

其次是"五普"数据。第五次全国人口普查的调查时点为
2000 年 11 月 1 日 0 时，按常住人口登记的原则，每个人必须在
常住地进行登记，且一个人只能在一个地方进行登记。本研究所
用数据为 2000 年全国第五次人口普查 0.95‰ 的抽样长表数据，
共计 1180111 个案例。

再次是 1997 年人口与生殖健康调查数据。原国家计划生育
委员会于 1997 年组织了全国人口与生殖健康调查，这是继 1982
年、1988 年和 1992 年进行全国生育率抽样调查之后其组织的第
四次全国范围的抽样调查。本次调查的调查时点为 1997 年 11 月

1日0时，共调查了15213名调查时点年龄为15～49岁的妇女。该调查对妇女在调查时点之前的生育史进行了详细的回溯，记录了其每次怀孕的"孕次"、"怀孕结果"、"怀孕结束年月"、"孩次"以及"活产子女健康状况"等信息。

最后是2001年计划生育与生殖健康调查数据。原国家计划生育委员会在2001年又一次进行了计划生育/生殖健康抽样调查。本次的调查时点为2001年7月1日0点，共获得的育龄妇女样本量为39586人。本次调查对怀孕史的询问更加详细，包括"孕次"、"怀孕结束月份"、"怀孕结果"、"产前检查"、"分娩地点"、"接生人员"、"孩子是否还活着"、"这次怀孕之前是否采取过避孕方法"等信息。

二　出生性别比水平估计和形势判断的数据来源

出生性别比形势判断使用的数据包括2010年全国第六次人口普查（简称"六普"）数据、各省（直辖市、自治区）第六次人口普查数据、2011～2013年的人口抽样调查数据、2010～2013年户籍登记汇总数据以及住院分娩数据。

首先是人口普查或人口抽样调查汇总数据。本部分的研究采用人口普查或抽样调查数据，主要为2010年全国第六次人口普查数据、各省（直辖市、自治区）第六次人口普查数据以及2011～2013年的人口抽样调查数据。具体来说，"六普"数据主要使用国家统计局公布的分县统计汇总数据，用以分析2010年全国、各省（自治区、直辖市）、各地级市以及各县（市、区）的出生性别比[①]。此外，限于数据可得性，本部分的研究利用2011～2013年人口抽样调查公布的汇总结果，只能得到全国

---

① 出生性别比的水平估计需要出生样本足够大，即样本量越大，观察结果就越稳定可靠。因此，本部分的研究大多以省级层次为分析单位，只有对具体省份进行专门研究时，其分析单位才会进一步具体到地级市、县（市、区）。

2011～2013 年这三年的出生性别比，而无法具体到每一个省份和地区。

其次是 2010～2013 年的户籍登记汇总数据①。本部分研究使用的户籍登记数据主要包括 2010～2013 年全国、分省、分地区和分县的各年龄段人口性别登记信息。基于该户籍数据，本部分的研究不仅可以分析当年的出生性别比，还可以对某一出生队列人群进行持续跟踪，从而分析该年龄队列性别比随年份的变化。

最后是住院分娩数据。本部分的研究主要使用 2010～2013 年历年卫生系统采集的住院分娩数据。基于该数据，本部分的研究可以获得全国各省份分城乡的当年活产男孩数和女孩数等信息，从而可以计算当年出生性别比。不过，限于数据可得性，本部分的研究所使用的住院分娩数据也没有区分生育孩次、妇女生育年龄等信息，因此只能对全国及各省份分城乡的出生性别比进行初步估计。

第三节　数据改造方法

由于出生性别比水平估计与形势判断部分所用数据基本为汇总数据，本部分所讲的数据改造方法，主要指研究中国出生性别比失衡影响因素时所用数据的改造和处理方法。具体来讲，本部分介绍的数据处理方法主要分为人口普查数据的改造方法和生育调查数据的改造方法。

---

① 公安户籍系统对居民户籍的管理和申报登记都有一整套较为完整和严格的制度设计。按照户籍管理制度，原则上要求婴儿出生的一个月内，由父母或监护人携带相关证明材料到父亲或母亲户口所在地派出所为新生婴儿申报出生登记。办理出生登记时通常需要提供三类证明材料，即生育服务证、出生医学证明、父母结婚证和户口簿以及身份证。因此，至少从形式上看，户籍登记数据属于比较具有权威性的行政登记数据。

一　人口普查数据的改造方法

有关人口普查数据改造的基本步骤为：首先，将 2000 年全国人口普查数据和 1999 年地区政策生育率数据进行匹配，从而生成人口政策变量。本研究根据原国家计划生育委员会 1999 年全国各行政地区的不同人口政策类型覆盖的人口比例数据，对 2000 年全国人口普查的原始抽样数据案例进行了人口政策类型的划分。

人口政策类型划分主要借鉴郭志刚（2005）提出的相应方法，其基本操作步骤如下：（1）鉴于人口普查数据中的"市、镇、县"这一变量与人口政策关联性较强，因此选择"市、镇、县"这一变量作为划分参照。一般来说，各地区人口的市、镇、县比例与人口政策类型比例之间存在着层次递进的关系。比如，一个地区独生子女政策的覆盖人口最有可能是经济和社会发展程度较高的市的人口，然后才可能依次是镇人口、农村人口。（2）按照 2000 年行政区划汇总出各地区市、镇、县的人口比例，然后按照市、镇、县人口比例与人口政策类型覆盖的人口比例之间的层次递进关系，将各地区人口按 1999 年人口政策覆盖的人口比例划分到各人口政策类型中去。（3）经过将人口政策变量与普查个人数据进行一一匹配，就为每一个案例匹配了一个人口政策类型变量。

其次，通过进行户内母子匹配，识别出育龄妇女的子女以及相应生育孩次。具体操作方法，本研究主要利用郭志刚（2005）研究开发的母子匹配程序进行家庭中的母子识别，并赋予子女相应的母亲序号以及子女所属孩次等基本信息。

最后，将母亲出生年月、初婚年月、户籍性质和民族属性等个人信息附加到识别出母亲和孩次的子女案例上。这样，在子女案例上就生成了前一孩次的生育间隔、以前孩次性别结构、母亲生育时年龄以及母亲流动类型等新变量。

二　生育调查数据的改造方法

有关生育调查数据改造的基本步骤为：首先，将以育龄妇女为案例单位的数据转化为以每一次成功生育行为为案例的数据。其次，再根据妇女怀孕信息，计算出子女所属孩次、性别、出生年月、以前孩次性别结构、以前孩次生育间隔、相邻孩次妊娠中止次数、母亲生育年龄等信息。最后，将 1997 年调查和 2001 年调查得到的以子女为案例的数据进行合并，并保留两个数据中的共同变量。

1997 年人口与生殖健康调查、2001 年计划生育与生殖健康调查数据对当年 15 ~ 45 岁的育龄妇女的历次怀孕情况均做了回顾性调查，并提供了育龄妇女的城乡、民族、受教育程度、各次怀孕的年月和结果等信息。由于本研究分析的是具体的成功生育行为①，这就需要将以育龄妇女为案例单位的数据转化为以每一次成功生育行为为案例单位的数据。这样转化之后才能得到关于某一次成功生育行为的生育孩次、生育性别、生育间隔有无妊娠中止等生育行为信息②。

表 2 - 1　改造后的妇女生育数据格式示意

固定变量					数据改造后新生成变量					
妇女编码	城乡	出生时间	民族	……	生育年月	生育性别	生育年龄	生育孩次	生育间隔有无妊娠中止	之前有无男孩
11384	1	196302	2	……	197903	2	16	1	0	0

---

① 成功生育行为，是指妇女此次生出了男孩或者女孩。需要说明的是，只要妇女当时生育的子女为活产子女，即只要婴儿离开母体后有生命现象，就被看作成功生育行为。

② 该数据处理是一项比较复杂的工作，可以采用 Fortran、VB、C ++ 等编程软件来完成，SPSS、Stata、SAS 等统计软件也有类似的数据处理功能。

固定变量					数据改造后新生成变量					
妇女 编码	城乡	出生 时间	民族	……	生育 年月	生育 性别	生育 年龄	生育 孩次	生育间 隔有无 妊娠中止	之前有 无男孩
11385	1	196302	2	……	198209	2	19	2	0	0
11386	1	196302	2	……	198404	2	21	3	0	0
11387	1	196302	2	……	198505	2	22	4	0	0
11388	1	196302	2	……	198802	2	25	5	0	0
11389	1	196302	2	……	199108	2	28	6	0	0
11390	1	196302	2	……	199206	2	29	7	0	0
11391	1	196302	2	……	199404	2	31	8	0	0
11392	1	196302	2	……	199709	1	34	9	0	0

注：妇女编码为某一育龄妇女的编号，其功能类似于个人身份证号，用于唯一识别该育龄妇女。

表 2-1 显示了改造之后的数据格式，本研究以编号为 11390 的育龄妇女为例加以说明。该妇女生于 1963 年 2 月，到 2001 年调查时共有 7 次生育行为，且全部成功生出女孩或者男孩。因此改造之后的数据对应该妇女的共有 7 条记录，除了育龄妇女的户籍、民族、受教育程度和出生年月等固定变量外，还新生成了关于某次生育行为的生育孩次、生育性别、生育间隔有无妊娠中止等变量。例如该育龄妇女第 6 次成功生育行为发生在 1991 年 8 月，此次成功生育了一个女孩，生育时该妇女的年龄为 28 岁，生育孩次的记录为 6，生育间隔有无妊娠中止记录为 0，并且由于之前生的都是女孩，所以之前有无男孩的记录为 0。

第四节　出生性别比失衡影响因素的数据评估

由于出生性别比的水平估计与形势判断是以所用数据具有较

高质量为基础的，因此此部分必然涉及大量的数据质量评估，相应内容也在本书第六章有关中国出生性别比水平估计和形势判断部分加以详细介绍。因此，本部分内容主要介绍研究中国出生性别比失衡影响因素时所用数据的基本质量情况。

首先看政策生育率与 2000 年"五普"个人匹配数据。评估结果表明，政策生育率与 2000 年"五普"个人数据的匹配效果较好，可以用于本研究。具体来说，郭志刚（2005）评估研究了对 2000 年普查原始数据案例进行人口政策类型划分后的结果，并发现所有地区的各类人口政策类型人口比例与原国家计划生育委员会提供的人口政策覆盖的人口比例之差的平均值为 0，方差小于 0.002%。

其次看母子匹配数据（表 2-2）。评估结果表明，母子匹配数据对原始数据具有较好的代表性，可以用于后续研究。其中，通过对 1990 年"四普"数据及其母子匹配后的数据中 1980～1989 年出生性别比进行比较可以看出，"四普"的母子匹配数据相应年份出生人口的性别比要略小于原"四普"抽样数据，但差异率绝对值一般低于 1%，只有 1989 年差异率为 -2.29%。

通过对 2000 年"五普"数据及其母子匹配后的数据中 1990～2000 年出生性别比进行比较可以看出，"五普"的母子匹配数据相应年份出生人口的性别比要略高于原"五普"抽样数据，但差异率一般小于 2%，只有 1992 年差异率为 2.33%，1995 年差异率为 2.45%

最后看 1997 年和 2001 年两次调查的合并数据（表 2-3）。通过对 1997 年数据、2001 年数据、1997 年和 2001 年的合并数据这三种数据的 1980～1997 年各自算出的出生性别比与官方公布的出生性别比的比较可以看出，合并数据可以有效减少调查数据算出的出生性别比与官方公布出生性别比之间的差异。当然，即使是合并后的调查数据，由其算出的出生性别比与官方公布出生性

表2-2　母子匹配数据质量评估结果

年份	原有数据				母子匹配数据							官方		
	男	女	总数	出生性别比	男	女	总数	出生性别比	匹配率	差异	差异率	出生性别比	差异	差异率
1980	96653	89641	186294	107.82	80113	74705	154818	107.24	83.10%	-0.58	-0.54%	107.40	-0.16	-0.15%
1981	108252	100940	209192	107.24	91979	86312	178291	106.57	85.23%	-0.68	-0.63%	107.10	-0.53	-0.50%
1982	119079	109581	228660	108.67	102488	94884	197372	108.01	86.32%	-0.65	-0.60%	107.63	0.38	0.36%
1983	104533	95476	200009	109.49	91060	83084	174144	109.60	87.07%	0.11	0.10%	107.90	1.70	1.58%
1984	106034	97913	203947	108.29	92782	85788	178570	108.15	87.56%	-0.14	-0.13%	108.50	-0.35	-0.32%
1985	108508	100642	209150	107.82	95127	88588	183715	107.38	87.84%	-0.43	-0.40%	111.40	-4.02	-3.61%
1986	124273	114446	238719	108.59	109156	100946	210102	108.13	88.01%	-0.45	-0.42%	112.30	-4.17	-3.71%
1987	136214	124293	260507	109.59	119647	110038	229685	108.73	88.17%	-0.86	-0.78%	109.60	-0.87	-0.79%
1988	127431	114281	241712	111.51	111216	100552	211768	110.61	87.61%	-0.90	-0.81%	108.10	2.51	2.32%
1989	132137	118188	250325	111.80	114837	105126	219963	109.24	87.87%	-2.56	-2.29%	111.30	-2.06	-1.85%
1990	13048	11710	24758	111.43	10476	9304	19780	112.60	79.89%	1.17	1.05%	111.30	1.30	1.17%
1991	10368	9007	19375	115.11	8449	7211	15660	117.17	80.83%	2.06	1.79%	118.33	-1.16	-0.98%
1992	9727	8694	18421	111.88	8021	7006	15027	114.49	81.58%	2.61	2.33%	115.94	-1.45	-1.25%
1993	9350	7957	17307	117.51	7716	6443	14159	119.76	81.81%	2.25	1.92%	115.11	4.65	4.04%

续表

年份	原有数据				母子匹配数据							官方		
	男	女	总数	出生性别比	男	女	总数	出生性别比	匹配率	差异	差异率	出生性别比	差异	差异率
1994	8717	7454	16171	116.94	7153	6051	13204	118.21	81.65%	1.27	1.08%	116.30	1.91	1.64%
1995	8691	7456	16147	116.56	7126	5967	13093	119.42	81.09%	2.86	2.45%	117.31	2.12	1.81%
1996	7999	6644	14643	120.39	6595	5451	12046	120.99	82.26%	0.59	0.49%	116.16	4.83	4.15%
1997	7564	6181	13745	122.38	6294	5090	11384	123.65	82.82%	1.28	1.05%	117.03	6.63	5.66%
1998	7303	6079	13382	120.13	6132	5031	11163	121.88	83.42%	1.75	1.46%	117.03	4.86	4.15%
1999	6662	5598	12260	119.01	5690	4733	10423	120.22	85.02%	1.21	1.02%	119.35	0.87	0.73%
2000	5470	4438	9908	123.25	4798	3890	8688	123.34	87.69%	0.09	0.07%	116.90	6.44	5.51%

数据来源：1990 年全国人口普查、2000 年全国人口普查。

表 2 - 3　1997 年和 2001 年合并数据质量评估结果

生育年份	1997 年和 2001 年合并数据			1997 年数据			2000 年数据			官方		
	男孩数	女孩数	出生性别比	男孩数	女孩数	出生性别比	男孩数	女孩数	出生性别比	出生性别比	差异	差异率
1980	1330	1278	104.07	417	406	102.71	913	872	104.70	107.40	- 3.33	- 3.10%
1981	1658	1435	115.54	507	455	111.43	1151	980	117.45	107.10	8.44	7.88%

续表

生育年份	1997年和2001年合并数据			1997年数据			2000年数据			官方		
	男孩数	女孩数	出生性别比	男孩数	女孩数	出生性别比	男孩数	女孩数	出生性别比	出生性别比	差异	差异率
1982	1821	1700	107.12	539	515	104.66	1282	1185	108.19	107.63	-0.51	-0.48%
1983	1677	1518	110.47	475	426	111.50	1202	1092	110.07	107.90	2.57	2.39%
1984	1794	1581	113.47	498	464	107.33	1296	1117	116.03	108.50	4.97	4.58%
1985	1845	1554	118.73	540	420	128.57	1305	1134	115.08	111.40	7.33	6.58%
1986	2202	1943	113.33	656	531	123.54	1546	1412	109.49	112.30	1.03	0.92%
1987	2360	2178	108.36	658	591	111.34	1702	1587	107.25	109.60	-1.24	-1.13%
1988	2282	2127	107.29	619	555	111.53	1663	1572	105.79	108.10	-0.81	-0.75%
1989	2363	2099	112.58	612	593	103.20	1751	1506	116.27	111.30	1.28	1.15%
1990	2371	2010	117.96	629	557	112.93	1742	1453	119.89	111.30	6.66	5.98%
1991	1901	1566	121.39	522	419	124.58	1379	1147	120.23	118.33	3.07	2.59%
1992	1673	1455	114.98	442	405	109.14	1231	1050	117.24	115.94	-0.96	-0.82%
1993	1692	1323	127.89	442	372	118.82	1250	951	131.44	115.11	12.78	11.10%
1994	1545	1157	133.54	424	282	150.35	1121	875	128.11	116.30	17.23	14.82%
1995	1470	1221	120.39	367	331	110.88	1103	890	123.93	117.31	3.09	2.63%

续表

生育年份	1997年和2001年合并数据			1997年数据			2000年数据			官方		
	男孩数	女孩数	出生性别比	男孩数	女孩数	出生性别比	男孩数	女孩数	出生性别比	出生性别比	差异	差异率
1996	1361	1112	122.39	373	305	122.30	988	807	122.43	116.16	6.23	5.36%
1997	1155	1013	114.02	284	269	105.58	871	744	117.07	117.03	-3.01	-2.57%
1998	905	705	128.37				905	705	128.37	117.03	11.34	9.69%
1999	836	638	131.03				836	638	131.03	119.35	11.68	9.79%
2000	891	678	131.42				891	678	131.42	116.90	14.52	12.42%
2001	475	373	127.35				475	373	127.35	115.65	11.70	10.12%

数据来源：1997年全国人口与生殖健康调查、2001年全国计划生育/生殖健康调查。

别比的偏离程度也较大。不过，由调查数据尤其是合并后的数据所算出的出生性别比，其所反映的趋势跟官方公布出生性别比所反映的基本一致。因此，后续研究仍然可以使用合并后的调查数据研究中国出生性别比失衡的各影响因素。

第五节　本章小结

首先，本章基于两个主要研究问题并借鉴已有研究成果，分别提出了研究中国出生性别比失衡各影响因素所基于的综合性分析框架以及估计中国出生性别比实际水平并进行形势判断的具体研究方法。

其中，研究中国出生性别比失衡因素所用的综合性框架包括了性别偏好、性别选择、人口政策、出生性别比自身的结构与水平因素以及人口流动与出生性别比的关系图。本研究还特别注重宏观和微观相结合的研究视角，不仅关注妇女微观层面的性别偏好、性别选择、迁移流动等因素，还关注宏观层面的地区人口政策类型等对出生性别比影响的具体作用机制。

中国实际出生性别比水平估计及形势判断的研究方法主要包括时期比较方法和队列比较方法。其中，时期比较方法是指相同年份的出生性别比全国总体水平、分省以及分年龄的出生性别比的多口径比较，而队列比较方法则是指同一出生队列的性别比随时间的变化情况。

其次，本章对本研究所用数据进行了简要介绍。其中，研究中国出生性别比影响因素所用的数据包括 1990 年和 2000 年这两次全国人口普查数据以及 1997 年全国人口与生殖健康抽样调查和 2001 年全国计划生育/生殖健康调查这两次生育调查数据。而中国出生性别比水平估计和形势判断所用的数据则主要包括 2010 年全国人口普查数据、2011～2013 年的人口抽样调查数据、

2010～2013 年户籍登记汇总数据以及住院分娩数据。

最后，本章对 1990 年和 2000 年这两次全国人口普查、1997 年全国人口与生殖健康抽样调查和 2001 年全国计划生育/生殖健康调查的数据改造方法进行了说明。数据改造的内容主要包括：将 2000 年全国人口普查的个人数据与 1999 年地区人口政策生育率数据进行匹配；分别对 1990 年和 2000 年全国人口普查数据进行户内母子和生育孩次的匹配；将 1997 年和 2001 年这两次生育调查以妇女为案例的数据改造为以生育子女为案例的数据，并且将 1997 年和 2001 年这两次调查改造后的数据进行合并。

本章最后分别对 1990 年和 2000 年这两次全国人口普查的户内母子和孩次匹配数据、1997 年和 2001 年这两次生育调查的合并数据进行了质量评估。数据评估结果表明，在出生性别比这一本研究的核心指标方面，尽管 1990 年和 2000 年这两次全国人口普查的户内母子和孩次匹配数据、1997 年和 2001 年这两次生育调查的合并数据均与实际官方公布数据或多或少存在一定偏差，但对于本研究总体来看还是较为有效的，因此可以用于后续研究。

第三章 ◀

性别偏好、性别选择与出生性别比

以往研究表明,育龄妇女生育子女的性别偏好以及性别选择可能是导致出生性别比失衡的重要原因之一(Seidl,1995;Kim,2004;Hesketh & Xing,2006;Lipatov 等,2008;Attané,2009)。本章就性别偏好、性别选择与中国出生性别比失衡的关系进行定量分析。首先,本研究将在回顾性别偏好相关研究的基础上,利用全国抽样调查数据对性别偏好与出生性别比失衡的量化关系进行估计和分析。其次,本研究建立性别选择与出生性别比失衡之间关系的估计方法,然后利用全国人口普查数据、抽样调查数据对性别选择与出生性别比失衡的关系进行多角度和多人群的定量分析。

第一节 性别偏好与出生性别比

性别偏好,主要指育龄夫妇在生育子女时,对所要生育子女性别有所偏重。按照已有研究,中国的性别偏好主要指男孩偏好,即育龄妇女在生育子女时,相对更为期望所生育的孩子为男孩(Graham et al.,1998;Short et al.,2000;Thorborg,2005;李树茁、韦艳、姜保全,2006b)。同时,大量研究表明,中国的男孩偏好更准确地说应该是在儿女双全基础上的男孩偏好(刘爽,

2005b；刘爽，2006；刘爽，2009b）。也就是说，中国大多数育龄夫妇最希望拥有的子女性别结构是儿女双全，但至少要保证有一个男孩。

许多研究表明，中国的男孩偏好在农村地区较为突出。农村地区的家庭仍然承担着经济生产、抚养幼儿和养老保障等诸多经济和社会功能，这也在某种程度上决定了男孩偏好在中国广大农村地区仍有存在的土壤（穆光宗、陈俊杰，1996；刘虹雁、顾宝昌，1998；朱楚珠等，1998；楚军红，2001；Secondi，2002；陈彩霞、张纯元，2003；郭志刚、李建钊，2006；陈力勇等，2010；杜本峰，2010）。

一般来说，如果育龄夫妇能够生育两个及以上的子女，那么中国家庭通常期望儿女双全。这时，虽然育龄夫妇本身存在较为强烈的男孩偏好，但是并没有表现在生育行为上。也就是说，在可以生育两个或更多子女的情况下，男孩偏好的存在并没有导致出生性别比的失衡。因此，中国传统社会虽然是以农耕文明为基础的家本位社会，存在强烈的男孩偏好，但在大部分时间并没有出现出生性别比的严重失衡现象。

男孩偏好真正导致中国出生性别比的失衡起始于 20 世纪 80 年代初。随着改革开放和以独生子女为主的人口政策的实施，中国的经济和社会发生了显著变化。人们的生育空间相比从前也受到压缩。一方面，社会主义市场经济的发展使得育龄夫妇考虑生育子女数量时更多地关注生育的成本与收益，从而使得生育数量明显减少。另一方面，人口政策会对人们的生育数量做出一定限制，这同样会压缩育龄妇女生育子女的数量空间。

基于此，当育龄夫妇的生育子女数量与生育子女的性别偏好发生矛盾时，大多数育龄夫妇通常会选择"以质量换数量"，即在压缩后的生育子女数量空间内，努力做到至少能生育一个男孩。尤其是随着性别选择技术的出现和普及，男孩偏好成功转化为性别选择。这样，男孩偏好便在一定程度上开始导致中国出生性别比的失衡。

一 性别偏好相关研究

国外有关性别偏好的研究，一般可以分为性别偏好的理论探讨、性别偏好的测量方法、不同人群的性别偏好研究三个类别（刘爽，2009a）。其中，性别偏好的理论探讨主要聚焦于性别偏好的概念及界定。性别偏好的测量方法则集中于性别偏好概念的操作化处理，探讨何种测量方法更加有效和可靠。不同人群的性别偏好研究不仅包括发达国家内部不同地区、不同种族的性别偏好差异，还涉及对中国和印度等发展中国家性别偏好的研究和讨论（Bongaarts，2001；Junhong，2001；Kim，2004；Ding & Hesketh，2006；Guilmoto，2009；Gupta et al.，2009；Guilmoto，2012；Bongaarts，2013；Kaur，2013）。

国内性别偏好的研究，尤其是关于性别偏好与出生性别比失衡关系的研究，大多集中于理论探讨和个案分析。总体来说，能够利用全国抽样调查数据对性别偏好进行测量，并分析其与出生性别比失衡定量关系的研究相对较少（刘爽，2009b）。

国内有关性别偏好的研究主要集中于三个领域。第一个领域是对性别偏好的产生原因进行探讨，比如从农村经济生产形式、家庭和家族结构、生育需求的层次等角度来分析男孩偏好产生的根源（穆光宗、陈俊杰，1996；刘爽，2009b）。第二个领域是对性别偏好本身进行测量和分析，通常发现城乡居民虽然男孩偏好有所减弱，但总体尤其是农村地区仍呈现较为明显的男孩偏好（风笑天、张青松，2002；刘爽，2009b）。第三个领域是对性别偏好与生育行为的关系，尤其是对男孩偏好与出生性别比的关系进行量化分析（陈卫，2002；刘爽，2009b）。比如，陈卫（2002）利用全国抽样调查数据分析了性别偏好对育龄妇女生育行为的影响，并发现性别偏好对育龄妇女的避孕使用、妊娠中止选择和生育间隔等方面都具有显著影响。又比如，刘爽（2009b）使用育龄妇女最后一个孩子的性别比、按已有孩子性别的孩次递进比、育龄妇女的活产和存活子女性别比等指标来测量性别偏好，定量探讨了男孩偏好与出生性别比之间的大致关系。

通过以上文献梳理可以看出，虽然有不少研究已经探讨了性别偏好对妊娠中止、生育间隔等方面的影响，但有关性别偏好与出生性别比失衡之间关系的定量分析相对较少。刘爽（2009b）虽然对男孩偏好与出生性别比之间的关系进行了探讨，但其研究是直接将出生性别比失衡作为测量性别偏好的主要指标，即将生育偏好与性别比失衡融为一体。有鉴于此，本研究将采用全国抽样调查数据，在对性别偏好进行测量的基础上，定量化分析性别偏好与出生性别比失衡这二者之间的关系。

本部分使用 1997 年全国与生殖健康抽样调查（简称"1997年调查"）个人层次数据与 2001 年全国计划生育/生殖健康调查（简称"2001 年调查"）个人层次数据的合并数据，以及 2001 年调查的个人层次和村镇层次数据，力图找出最能定量刻画中国育龄妇女生育偏好的指标，并运用上述数据对生育偏好对出生性别比失衡的影响方向和幅度进行定量分析。

首先通过对 1997 年调查和 2001 年调查的合并数据中与生育偏好有关的变量和指标与出生性别比关系的描述性分析，在结合已有研究基础上，找出最能代表中国育龄妇女生育偏好的指标，即理想男孩数。关于理想男孩数，本研究主要分为无所谓有无男孩、至少想要一个男孩、想要两个或以上男孩这三种情况。

然后运用 Logistic 模型①，以出生性别比为因变量，理想男孩

---

① 有关 Logistic 模型的详细介绍和操作说明请见郭志刚（1999）。

数为自变量，在控制育龄妇女个人信息、生育史和区域等特征的条件下，定量估计生育偏好对出生性别比①的影响程度。此外，本研究尤其关注生育偏好对出生性别比影响的时期差异②、城乡差异和民族差异③，会对这三方面差异进行详细分析。

二　性别偏好的测量指标：理想男孩数

2001 年调查的个人问卷详细询问了育龄妇女所认为的一个家庭最为理想的子女数量，并且追问了最理想的男孩数量，这在全国性大型调查中属首次。这样就为我们更好地研究男孩偏好，尤其是定量研究育龄妇女男孩偏好与出生性别比失衡之间的关系提供了宝贵的测量指标。

通过 2001 年调查可以看出，中国妇女还是具有较强的男孩偏好，有明显男孩偏好的比例高达 69.35%。其中，想要两个或以上男孩的占比 10.72%，至少想要一个男孩的占比 58.62%，而无所谓有无男孩的占比为 30.65%。

理想男孩数与生育子女性别比的关系方面，如果育龄妇女的男孩偏好越强烈，那么其生育子女的性别比失衡就越严重。其

---

① 出生性别比是从国家或地区等集合层面上来讨论性别失衡问题。而出生性别比还原到育龄妇女个人层面上，则主要表现为育龄妇女生育男孩可能性与生育女孩可能性之比。也就是说，如果出生性别比正常（103~107），那么还原到育龄妇女个人层面，就是指其生育男孩的可能性和生育女孩的可能性之比在 1.03~1.07 的区间范围内。如果出生性别比失衡（高于107），那么还原到育龄妇女个人层面，就是表示其生育男孩的可能性与生育女孩的可能性之比明显高于 1.07。本研究中讨论某一因素与出生性别比失衡之间的关系，都是将国家或地区等集合层面的出生性别比还原为育龄妇女个人层面生育男孩可能性与生育女孩可能性之比。本书以后的各章节不再对此加以特别说明。
② 这里主要分为五个时期，分别为 1979 年及以前、1980~1984 年、1985~1989 年、1990~1994 年、1995 年及以后。
③ 民族差异，主要指汉族和少数民族的差异。鉴于所用数据的局限，本研究并没有对少数民族进行进一步的区分。其实少数民族内部在出生性别比方面也存在明显差异，比如满族、壮族和黎族等少数民族与汉族一样，也存在较为强烈的男孩偏好。

中，无所谓有无男孩的育龄妇女所生婴儿的性别比为 102.01，在
正常值范围内；至少想要一个男孩的妇女所生婴儿的性别比为
120.24，明显高于正常值范围；而想要两个或以上男孩的妇女所
生婴儿的性别比更是高达 135.83，明显偏离正常值水平。

表 3-1　理想男孩数与出生性别比

单位：人

理想男孩数	生育男孩	生育女孩	出生总数	出生性别比
无所谓有无男孩	9331	9147	18478	102.01
至少想要一个男孩	17845	14841	32686	120.24
想要两个或以上男孩	3264	2403	5667	135.83

数据来源：2001 年全国计划生育/生殖健康调查。

1997 年调查个人问卷同样询问了育龄妇女所认为的一个家庭
最理想的子女数量，但在关于理想子女性别的选项中，提供了 15
个选项，分别为：（1）不要孩子；（2）一个男孩；（3）一个女
孩；（4）一个孩子，无所谓男女；（5）一男一女；（6）两个男
孩；（7）两个女孩；（8）两个孩子，无所谓男女；（9）至少要
有一个男孩；（10）至少要有一个女孩；（11）至少要有一男一
女；（12）越多越好；（13）顺其自然；（14）其他；（15）说
不清。

为了将 1997 年调查和 2001 年调查数据进行合并，并得到
1997 年调查的理想男孩数，本研究做出以下规定：（1）1997 年
调查的理想子女性别选项中的第 2、5、9、11 四种情况的理想男
孩数为 1；（2）第 6 种情况的理想男孩数为 2；（3）第 12 种情况
的理想男孩数为 3。这样，本研究便得到了 1997 年调查的理想男
孩数，从而就可以对 1997 年调查和 2001 年调查的数据进行合并。

评估结果表明，1997 年和 2001 年合并数据男孩偏好指标的
各项分布与 2001 年调查数据基本一致。有明显男孩偏好的比例

为 67.94% ，其中想要两个男孩及以上的占比 8.40% ，至少想要一个男孩的占比 59.54% 。

合并数据同样存在男孩偏好越强，则出生性别比失衡越严重的特点。其中，无所谓有无男孩的育龄妇女所生婴儿的性别比为103.76，在正常值范围内；至少想要一个男孩的育龄妇女所生婴儿的性别比为 117.42，远高于正常值范围，不过略低于 2001 年调查；想要两个男孩及以上的育龄妇女所生婴儿的性别比更是高达 137.54，远远偏离正常值水平，也略高于 2001 年调查。

表 3 - 2　理想男孩数与生育子女性别比的关系

单位：人

理想男孩数	生育男孩	生育女孩	出生总数	生育性别比
无所谓有无男孩	13691	13195	26886	103.76
至少想要一个男孩	25426	21654	47080	117.42
想要两个或以上男孩	3587	2608	6195	137.54

数据来源：1997 年调查和 2001 年调查合并数据。

通过以上分析可以看出，就理想男孩数这一指标的各项分布而言，1997 年和 2001 年合并数据与 2001 年调查数据基本一致。无论是理想男孩数的分布，还是理想男孩数与出生性别比失衡之间的关系，合并数据和 2001 年数据基本类似。因此，后续研究中不仅可以使用 2001 年数据，也可以使用 1997 年和 2001 年的合并数据进行相应统计分析。

鉴于理想男孩数与出生性别比之间存在的密切联系，本研究选定该指标作为性别偏好的主要测量指标。接下来，本研究将引入统计控制，运用 Logistic 模型定量分析男孩偏好对出生性别比失衡的影响。本研究还特别关注不同时期、城乡和民族之间男孩偏好对出生性别比失衡影响的差异。本章最后还将运用多层线性模型（简称 HLM 模型）专门分析农村妇女的男孩偏好对农村出生性别比失衡的影响。

三　性别偏好的影响因素分析

本研究主要利用 Logistic 多元回归模型对育龄妇女性别偏好的影响因素进行分析。模型的因变量为性别偏好这一变量，将理想男孩数为 0 定义为无明显男孩偏好，赋值为 0，同时将理想男孩数为 1 及以上定义为存在男孩偏好，赋值为 1。

模型的自变量包括育龄妇女的出生年代、户籍、民族、受教育程度以及所在区域。其中，本研究将出生年代划分为 1956 年及以前、1957～1964 年、1965～1970 年、1971 年及以后这四个主要时期，并且以出生在 1956 年及以前的育龄妇女作为参照类[①]；户籍方面，本研究将城镇育龄妇女作为参照类，农村妇女赋值为 1，城镇妇女则赋值为 0；民族方面，本研究以少数民族育龄妇女作为参照类，汉族育龄妇女赋值为 1，少数民族育龄妇女赋值为 0；受教育程度方面，本研究主要将其划分为文盲、小学、初中、高中及以上这四个主要类别，并且以受教育程度为文盲的育龄妇女作为参照类；所在区域方面，本研究按照传统的东部、中部和西部的三类别划分方法，并且以中部地区作为参照。

表 3－3　育龄妇女性别偏好的影响因素模型

变量名称	系数	标准误	显著度	优势比
出生年代（参照：1956 年及以前）				
1957～1964 年	0.184	0.020	0.000	1.202
1965～1970 年	0.124	0.022	0.000	1.132
1971 年及以后	−0.153	0.024	0.000	0.858

---

①　这部分女性在 2001 年调查时年龄在 45 岁以上，已经基本退出了育龄妇女队列。

续表

变量名称	系数	标准误	显著度	优势比
母亲户籍（参照：城镇户籍）				
农村户籍	0.671	0.022	0.000	1.956
母亲民族（参照：少数民族）				
汉族	−0.058	0.026	0.027	0.943
母亲受教育程度（参照：文盲）				
小学	−0.200	0.020	0.000	0.819
初中	−0.524	0.022	0.000	0.592
高中及以上	−0.705	0.031	0.000	0.494
地区（参照：中部地区）				
东部地区	−0.169	0.018	0.000	0.845
西部地区	−0.134	0.020	0.000	0.874

数据来源：1997 年调查和 2001 年调查的合并数据。

　　从 Logistic 多元回归模型的最终输出结果（表 3 − 3）可以看出，即使在控制其他变量的情况下，育龄妇女的出生年代、户籍、民族、受教育程度和所在地区对其生育子女的性别偏好均有显著影响。

　　首先看出生年代对育龄妇女生育子女的性别偏好的影响。相比 1956 年及以前出生的已经基本完成生育行为的育龄妇女，出生在 1957 ~ 1970 年的育龄妇女生育子女的男孩偏好强度要明显更高，而出生在 1971 年及以后的育龄妇女生育子女的男孩偏好程度则要更低。其中，1957 ~ 1964 年出生和 1965 ~ 1970 年出生的育龄妇女生育子女的男孩偏好的发生比分别是参照类已基本完成生育行为的妇女的 1.202 倍和 1.132 倍，并且统计性显著。与之相反，出生在 1971 年及以后的育龄妇女生育子女的男孩偏好的发生比是参照类已基本完成生育行为的妇女的 0.858 倍，同样统计性显著。

　　通过以上分析可以看出，在控制其他变量的情况下，从妇女年龄来看，男孩偏好随着育龄妇女年龄的降低呈现先升高后降低的趋势。具体来说，与出生在 1956 年及以前的妇女相比，1957～1964 年出生的育龄妇女的生育子女的男孩偏好呈现显著升高趋势，而 1965～1970 年出生的育龄妇女的生育子女的男孩偏好虽然略有下降，但相对 1956 年及以前出生的妇女仍是显著升高的，1971 年及以后出生的育龄妇女的生育子女的男孩偏好出现了显著下降，已经明显低于出生在 1956 年及以前的妇女的相应水平。

其次看户籍对育龄妇女生育子女的性别偏好的影响。可以很清楚地看出，农村户籍的育龄妇女生育子女的男孩偏好要明显高于城镇户籍的育龄妇女。在其他条件不变的情况下，农村户籍的育龄妇女生育子女的男孩偏好的发生比是城镇户籍育龄妇女的 1.956 倍，且统计性非常显著。这与以往研究结果基本一致，主要解释包括农村妇女具有较强的传统生育观念、基于农耕文明的生产方式以及主要依靠儿子养老等，这些因素导致了农村育龄女性对男孩的渴望和需求要明显高于城镇妇女。

再次看受教育程度对育龄妇女生育子女的性别偏好的影响。定量分析结果表明，受教育程度的提高对降低育龄妇女生育子女的男孩偏好的作用非常明显。具体来说，育龄妇女的受教育程度越高，其生育子女的男孩偏好则越弱。其中，受教育程度为小学、初中、高中及以上的育龄妇女的生育子女的男孩偏好的发生比分别为受教育程度为文盲的育龄妇女的 0.819 倍、0.592 倍和 0.494 倍，其差异均为统计性显著。从数据结果可以清晰地看到，育龄妇女受教育程度的提高可以有效降低其生育子女的男孩偏好，从而很可能对降低中国出生性别比的失调程度起到积极作用。

复次看地区对育龄妇女生育子女的性别偏好的影响。可以看出，中国中部地区的育龄妇女生育子女的男孩偏好最高，不仅明显高于经济较为发达的东部地区，也要明显高于西部地区。具体来说，东部地区、西部地区育龄妇女生育子女的男孩偏好的发生比分别为中部地区的 0.845 倍和 0.874 倍，且均为统计性显著。

最后看民族对育龄妇女生育子女的性别偏好的影响。模型结果表明，在控制其他变量的情况下，汉族妇女生育子女的男孩偏好的发生比是少数民族男孩偏好发生比的 0.943 倍，且差异统计性显著，这与通常认为的少数民族妇女的男孩偏好程度相对较弱正好相反。

为了探明民族对育龄妇女生育子女的性别偏好的影响方向与预期不一致的原因，本研究对汉族和少数民族育龄妇女生育子女的男孩偏好进行了更加深入的分析。分析结果表明，少数民族育龄妇女中，理想男孩数为两个及以上的占比要明显高于无所谓有无男孩和至少想要一下男孩的占比，这可能导致了民族对育龄妇女生育子女的性别偏好作用方向的改变。其中，在无所谓有无男孩的育龄妇女中，少数民族占比 10.14%，而汉族占比 89.86%；在生育子女的性别偏好为至少想要一个男孩的育龄妇女中，少数民族占比 9.90%，而汉族占比 90.10%；在生育子女的性别偏好为想要两个或以上男孩的育龄妇女中，少数民族占比则升到 25.28%，而汉族占比则下降为 74.72%。

表 3 - 4　汉族和少数民族育龄妇女的性别偏好

单位：人，%

性别偏好	汉族	少数民族	合计	少数民族占比
无所谓有无男孩	25298	2855	28153	10.14
至少想要一个男孩	43251	4752	48003	9.90
想要两个或以上男孩	4780	1464	6244	25.28

数据来源：1997 年调查和 2001 年调查的合并数据。

其实，如果仅将性别偏好中的无所谓有无男孩偏好和想要至少一个男孩的育龄妇女的案例进行分析，最终结果请见表 3 - 5，可以看出，育龄妇女的出生年代、户籍、受教育程度、地区依然会对其生育子女的男孩偏好水平产生显著影响，并且作用的方向和幅度与上述分析基本类似，在此不再详述。在民族对育龄妇女生育子女的男孩偏好的影响方面，笔者取得了与通常认识相一致的结果，即在控制其他变量的情况下，少数民族育龄妇女生育子女的男孩偏好要弱于汉族育龄妇女。

表 3 - 5　生育子女性别偏好的影响因素模型
（不包括两个或以上的男孩偏好）

	系数	标准误	显著度	优势比
出生年代（参照：1956 年及以前）				
1957～1964 年	0.176	0.021	0.000	1.192
1965～1970 年	0.147	0.022	0.000	1.158
1971 年及以后	-0.108	0.025	0.000	0.898
母亲户籍（参照：城镇户籍）				
农村户籍	0.614	0.022	0.000	1.848
母亲民族（参照：少数民族）				
汉族	0.070	0.027	0.010	1.072
母亲受教育程度（参照：文盲）				
小学	-0.190	0.021	0.000	0.827
初中	-0.460	0.023	0.000	0.632
高中及以上	-0.619	0.031	0.000	0.538
地区（参照：中部地区）				
东部地区	-0.242	0.018	0.000	0.785
西部地区	-0.206	0.021	0.000	0.814

数据来源：1997 年调查和 2001 年调查的合并数据。

在此基础之上，本研究还对无所谓有无男孩、想要两个或以上男孩的育龄妇女的案例进行了分析，最终模型结果请见表3-6。其中，在出生年代方面，与1956年及以前出生的已基本完成生育行为的妇女相比，出生在1957~1964年的育龄妇女想要两个或以上男孩的发生比是已完成生育行为的妇女的1.321倍；而出生在1965~1970年的育龄妇女想要两个或以上男孩的发生比与1956年及以前出生的已基本完成生育行为的妇女相比已经不再显著；出生在1971年及以后的育龄妇女想要两个或以上男孩的发生比则是已完成生育妇女的0.621倍。可以看出，从育龄妇女的年龄来看，想要两个或以上男孩的偏好呈现随年龄下降而不断下降的趋势，即一般来说，年龄越小，其男孩偏好则越弱。

户籍方面，育龄妇女想要两个或以上男孩的分布同样呈现明显的户籍差异。即使在控制其他变量的情况下，农村户籍育龄妇女想要两个或以上男孩的比例要明显高于城镇户籍妇女。具体来说，农村户籍的育龄妇女想要两个或以上男孩的发生比是城镇妇女的3.820倍，且差异统计性显著。

在受教育程度方面，即使在控制其他变量的情况下，育龄妇女想要两个或以上男孩的愿望同样呈现受教育程度越高，而男孩偏好越弱的模式。其中，受教育程度为小学、初中、高中及以上的育龄妇女想要两个或以上男孩的发生比分别是受教育程度为文盲的育龄妇女的0.778倍、0.342倍和0.172倍。

在民族方面，在其他条件相同的情况下，少数民族育龄妇女想要两个或以上男孩的偏好要显著强于汉族。具体来说，在控制其他变量的情况下，汉族育龄妇女想要两个或以上男孩的发生比是少数民族妇女的0.521倍。这也在某种程度上解释了为什么如果把至少想要一个男孩的偏好、想要两个或以上男孩的偏好都笼统地归为男孩偏好，那么民族对男孩偏好的作用方向会出现与通常认为的相反的结果。

表 3 - 6　生育子女性别偏好的影响因素模型
（不包括仅为一个的男孩偏好）

	系数	标准误	显著度	优势比
出生年代（参照：1956 年及以前）				
1957～1964 年	0.278	0.037	0.000	1.321
1965～1970 年	-0.029	0.042	0.484	0.971
1971 年及以后	-0.477	0.054	0.000	0.621
母亲户籍（参照：城镇户籍）				
农村户籍	1.340	0.067	0.000	3.820
母亲民族（参照：少数民族）				
汉族	-0.652	0.042	0.000	0.521
母亲受教育程度（参照：文盲）				
小学	-0.251	0.034	0.000	0.778
初中	-1.072	0.045	0.000	0.342
高中及以上	-1.759	0.095	0.000	0.172
地区（参照：中部地区）				
东部地区	0.558	0.039	0.000	1.747
西部地区	0.592	0.043	0.000	1.808

数据来源：1997 年调查和 2001 年调查的合并数据。

　　通过以上分析可以看出，中国育龄妇女的性别偏好虽然主
要表现为男孩偏好，但男孩偏好本身是一个多层次的变量，而
不能简单地将其归为有男孩偏好和没有男孩偏好。本研究发现，
1997 年和 2001 年调查中的育龄妇女的理想男孩数虽然是代表
男孩偏好的较好指标，但是这里的性别偏好是有明显层次的，
即主要分为无所谓有无男孩、至少想要一个男孩的偏好、想
要两个或以上男孩的偏好这三个层次。正是由于汉族和少数

民族育龄妇女在想要两个或以上男孩偏好的分布上存在着巨大差异，因此如果不对至少想要一个男孩的偏好、想要两个或以上男孩的偏好进行区分，那么在对育龄妇女生育子女的性别偏好的影响因素进行定量分析时，就可能得出一些较有困惑性的结论。

因此，本研究在接下来定量分析中国育龄妇女生育子女的性别偏好对出生性别比失衡影响的作用方向和幅度时，将性别偏好细分为无所谓有无男孩、至少想要一个男孩偏好、想要两个或以上男孩偏好这三个层次。只有进行这样的划分，才更加符合中国育龄妇女的实际性别偏好，也才能更加准确地估计育龄妇女的性别偏好与出生性别比失衡之间存在的定量关系。

四　性别偏好对出生性别比失衡影响的定量分析

在确定了性别偏好的测量指标以及探讨了性别偏好的影响因素之后，本研究接下来将重点分析育龄妇女生育子女的性别偏好对中国出生性别比失衡的影响。基于 1997 年和 2001 年两次调查的合并数据，本研究主要使用 Logistic 二分类模型针对性别偏好对出生性别比失衡的影响进行定量分析。

（一）性别偏好对中国出生性别比失衡的影响

模型使用的因变量为接受调查的育龄妇女实际生育子女的性别，其中如果生育子女为男孩，那么因变量赋值为 1，如果为女孩则因变量赋值为 0。本研究的自变量为育龄妇女生育子女的性别偏好，主要分为无所谓有无男孩、至少想要一个男孩、想要两个或以上男孩，其中模型将无所谓有无男孩的育龄妇女作为参照。

本模型的控制变量主要包括育龄妇女的个人生育史、个人基本情况、丈夫个人基本情况、地区四个方面。其中，妇女个人生育史主要包括生育孩次、生育该子女时的年龄和生育该子女时的所处年代。其中，生育孩次分为孩次 1、孩次 2、孩次 3 及以上，并将孩次 3 及以上作为参照。育龄妇女生育该子女时的年龄主要分为 15～24 岁、25～29 岁、30～34 岁、35 岁及以上这四个主要年龄段，并将 15～24 岁作为参照。育龄妇女生育该子女时的所处年代分为 1979 年及以前、1980～1984 年、1985～1989 年、1990～1994 年和 1995～2001 年这 5 个时期，并将 1979 年及以前作为参照。

　　育龄妇女个人基本情况主要包括育龄妇女的户籍、民族和受教育程度。其中，育龄妇女的户籍主要分为城镇户籍和农村户籍，并且将城镇户籍作为参照。育龄妇女的民族主要分为汉族和少数民族，并将少数民族作为参照。受教育程度主要分为文盲、小学、初中、高中及以上 4 个类别，其中将受教育程度为文盲的育龄妇女作为参照。

　　育龄妇女的丈夫个人基本情况主要包括民族和受教育程度等。本研究在同时将育龄妇女个人基本情况和其丈夫的个人基本情况放入统计模型的情况下，产生了较为严重的多元共线性问题。这主要在于夫妻双方既然能够实现婚姻匹配，那么两者通常在民族和受教育程度等方面会比较相似，在户籍、地区等方面则基本一致。为了避免同时纳入两者个人信息所产生的多元共线性问题，Logistic 回归模型将不再纳入育龄妇女丈夫的个人基本情况。

　　地区信息则依旧按照中国东部地区、中部地区和西部地区的三分法，并且以中部地区作为参照。其中，1997 年和 2001 年两次调查中的东部地区、中部地区和西部地区接受调查的育龄妇女的占比分别为 37%、28% 和 35%。

表 3 - 7　主要变量分布的概要统计

变量名称	全国	城市	农村
因变量			
生育性别			
男孩	0. 53	0. 53	0. 53
女孩	0. 47	0. 47	0. 47
自变量			
性别偏好			
无所谓有无男孩	0. 34	0. 53	0. 30
至少想要一个男孩	0. 58	0. 45	0. 61
想要两个或以上男孩	0. 08	0. 02	0. 09
控制变量			
妇女生育史数据			
生育孩次			
孩次 1	0. 53	0. 73	0. 49
孩次 2	0. 30	0. 20	0. 32
孩次 3 及以上	0. 17	0. 07	0. 19
生育年龄			
15 ~ 24 岁	0. 57	0. 50	0. 59
25 ~ 29 岁	0. 34	0. 42	0. 32
30 ~ 34 岁	0. 08	0. 07	0. 08
35 岁及以上	0. 01	0. 01	0. 01
生育年代			
1979 年及以前	0. 20	0. 20	0. 20
1980 ~ 1984 年	0. 19	0. 20	0. 19
1985 ~ 1989 年	0. 25	0. 23	0. 26
1990 ~ 1994 年	0. 20	0. 20	0. 20
1995 ~ 2001 年	0. 16	0. 17	0. 15
妇女个人信息			
户籍			

续表

变量名称	全国	城市	农村
城镇户籍	0.17		
农村户籍	0.83		
民族			
汉族	0.89	0.92	0.88
少数民族	0.11	0.08	0.12
受教育程度			
文盲	0.29	0.07	0.33
小学	0.34	0.15	0.38
初中	0.27	0.37	0.25
高中及以上	0.10	0.41	0.04
丈夫个人信息			
民族			
汉族	0.90	0.93	0.89
少数民族	0.10	0.07	0.11
受教育程度			
文盲	0.09	0.06	0.10
小学	0.31	0.11	0.35
初中	0.42	0.36	0.43
高中及以上	0.18	0.47	0.12
地区			
东部地区	0.37	0.45	0.35
中部地区	0.28	0.28	0.36
西部地区	0.35	0.27	0.29

数据来源：1997 年调查和 2001 年调查的合并数据。

性别偏好对中国出生性别比失衡影响的模型结果见表 3 - 8。定量分析结果表明，即使在其他条件相同的情况下，育龄妇女生育子女的男孩偏好越强烈，实际生育子女性别越倾向为男孩。

具体来说，在控制其他变量的条件下，性别偏好属于至少想要一个男孩的育龄妇女，其实际生育子女为男孩的发生比是无所谓有无男孩的育龄妇女的 1.127 倍，且差异统计性显著。而性别偏好属于想要两个或以上男孩的育龄妇女，其实际生育子女为男孩的发生比是无所谓有无男孩的育龄妇女的 1.320 倍，且差异统计性显著。

以上基于微观数据的分析，说明了育龄妇女生育子女的男孩偏好的确加大了其实际生育男孩的可能性，这在宏观层面导致了出生性别比的失衡。并且，男孩偏好越强烈，从育龄妇女微观层面来看其实际生育男孩的可能性越大。

表3-8 性别偏好对出生性别比失衡的影响

变量名称	系数	标准误	显著度	优势比
自变量				
性别偏好（参照：无所谓有无男孩）				
至少想要一个男孩	0.119	0.016	0.000	1.127
想要两个或以上男孩	0.278	0.029	0.000	1.320
控制变量				
生育孩次（参照：孩次1）				
孩次2	0.145	0.018	0.000	1.156
孩次3及以上	0.179	0.025	0.000	1.197
生育年龄（参照：15~24岁）				
25~29岁	0.013	0.017	0.452	1.013
30~34岁	0.015	0.029	0.622	1.015
35岁及以上	-0.132	0.065	0.041	0.876
生育年代（参照：1979年及以前）				
1980~1984年	0.043	0.024	0.075	1.043
1985~1989年	0.054	0.023	0.019	1.055
1990~1994年	0.158	0.024	0.000	1.171

变量名称	系数	标准误	显著度	优势比
1995~2001 年	0.189	0.026	0.000	1.208
妇女户籍（参照：城镇户籍）				
农村户籍	-0.070	0.022	0.002	0.932
妇女民族（参照：少数民族）				
汉族	0.073	0.025	0.003	1.076
妇女受教育程度（参照：文盲）				
小学	0.008	0.018	0.666	1.008
初中	0.008	0.021	0.690	1.008
高中及以上	0.034	0.031	0.268	1.035
地区（参照：中部地区）				
东部地区	-0.017	0.017	0.315	0.983
西部地区	-0.037	0.019	0.052	0.963

数据来源：1997 年调查和 2001 年调查的合并数据。

在重点研究了育龄妇女生育子女的性别偏好通过增加其生育男孩的可能性从而造成宏观层面的出生性别比失衡的作用方向和程度之后，本研究继续分析控制变量的影响。

首先看育龄妇女个人生育史的相应变量。研究发现，如果生育孩次、生育年龄和生育年代不同，那么育龄妇女生育男孩的可能性就明显不同，即宏观层面的出生性别比存在明显差异。其中，在其他条件相同的情况下，孩次越高，则育龄妇女生育男孩的可能性越大。具体来说，在控制其他变量的条件下，育龄妇女生育 2 孩为男孩的发生比是 1 孩的 1.156 倍，且差异统计性显著。育龄妇女生育 3 孩及以上为男孩的发生比是 1 孩的 1.197 倍，其差异同样统计性显著。

研究还发现，生育年份越接近于当前，育龄妇女实际生育男孩的可能性越大。具体来说，在控制其他变量的条件下，生育年份在 1980~1984 年的育龄妇女，其当年生育男孩的发生比是生育年代在 1979 年及以前的育龄妇女当年实际生育男孩的发生比的 1.043 倍，并且统计性边缘显著（0.075）。而生育年代在 1985 ~ 1989 年、1990 ~ 1994 年、1995 ~ 2001 年的育龄妇女当年实际生育子女为男孩的发生比分别是 1979 年及以前的育龄妇女当年实际生育男孩的发生比的 1.055 倍、1.171 倍和 1.208 倍，并且均为统计性显著。在某种程度上可以看出，育龄妇女实际生育男孩的可能性随年代呈递增趋势。

其次看育龄妇女的个人基本情况。研究发现，育龄妇女本人的户籍和民族均对生育男孩的可能性产生显著影响，即在宏观层面上导致了出生性别比的失衡。其中，户籍方面，在控制其他变量的条件下，农村户籍的育龄妇女实际生育男孩的发生比是城镇户籍育龄妇女的 0.932 倍，即在其他条件相同情况下的农村户籍育龄妇女实际生育男孩的可能性要略低于城镇户籍育龄妇女。

民族方面，在其他条件相同的情况下，汉族育龄妇女生育男孩的可能性要明显高于少数民族的育龄妇女，即汉族出生性别比失衡程度要明显高于少数民族。具体来说，在控制其他变量的条件下，汉族育龄妇女实际生育子女为男孩的发生比是少数民族妇女的 1.076 倍，且差异统计性显著。

最后看地区信息。研究发现，在其他条件相同的情况下，中国西部地区育龄妇女实际生育男孩的可能性要低于东部地区和中部地区。具体来说，在控制其他变量的条件下，西部地区育龄妇女实际生育子女为男孩的发生比是中部地区育龄妇女的 0.963 倍，且差异统计性边缘显著。而东部地区育龄妇女实际生育子女为男孩的发生比与中部地区育龄妇女的差异则统计性不显著。

通过以上分析可以看出，在其他条件相同的情况下，育龄妇女的性别偏好对其实际生育子女为男孩的可能性有显著影响，即其男孩偏好越强烈，则实际生育为男孩的可能性越大。通过之前对于性别偏好影响因素的分析，中国育龄妇女的生育偏好在城乡、民族间均存在显著差异。因此，本研究接下来分城乡和民族来分析性别偏好对出生性别比失衡的影响，并同样采用 Logistic 多元回归模型进行相关定量估计和分析。

（二）城市育龄妇女的性别偏好对出生性别比失衡的影响

中国城乡之间在经济和社会发展等方面都存在明显差异，生育观念和生育行为同样如此。本研究发现，城镇户籍的育龄妇女生育子女的性别偏好属于至少想要一个男孩的比例为 45%，这要明显低于中国总体 58% 的平均水平。城镇户籍的育龄妇女生育子女的性别偏好属于想要两个或以上男孩的比例仅为 2%，更是明显低于中国总体 8% 的平均水平。

实际生育子女方面，城镇户籍育龄妇女同样与中国总体水平明显不同。在城镇户籍育龄妇女生育子女中，1 孩的占比约为 73%，2 孩的占比约为 20%，而 3 孩及以上的占比仅约为 7%。与中国总体平均水平相比，城镇户籍育龄妇女生育子女的 1 孩占比要明显高于 53% 的全国平均水平，而 2 孩占比和 3 孩及以上占比则要明显低于 30% 和 17% 的全国平均水平。导致这种现象出现的原因，一是城镇地区的人口政策要更为严格，二是城镇地区相比农村地区，其社会经济发展水平、社会保障程度和现代化观念要更为先进一些。

城镇户籍育龄妇女在生育年龄和受教育程度方面也明显不同于全国平均水平。其中，在生育年龄方面，城镇户籍育龄妇女要明显高于全国平均水平。比如，城镇户籍育龄妇女生育年龄在 25～29 岁的占比为 42%，这要显著高于 34% 的全国平均水平。另外，城镇户籍育龄妇女的受教育程度也要明显高于全国平均水平。比如，城镇户籍育龄妇女受教育程度为高中及以上的比例为 41%，而全国平均水平仅为 10%，二者差异非常明显。

城镇户籍育龄妇女生育子女的性别偏好对出生性别比失衡影

响的定量估计结果见表 3 - 9。研究发现，即使在其他条件相同的情况下，中国城镇户籍的育龄妇女生育子女的男孩偏好越强烈，实际生育子女性别越倾向于男孩。具体来说，在控制其他变量的条件下，性别偏好属于至少想要一个男孩的育龄妇女，其实际生育子女为男孩的发生比是无所谓有无男孩的育龄妇女的 1.509 倍，且差异统计性显著。而性别偏好属于想要两个或以上男孩的育龄妇女，其实际生育子女为男孩的发生比是无所谓有无男孩的育龄妇女的 2.990 倍，且差异统计性显著。

基于以上分析可以看出，城镇户籍育龄妇女的性别偏好与实际生育男孩可能性之间的关系模式与中国总体基本类似，即生育子女的男孩偏好越强烈，则育龄妇女本人实际生育男孩的可能性越大。

表 3 - 9　性别偏好对出生性别比失衡的影响（城镇户籍）

变量名称	系数	标准误	显著度	优势比
自变量				
性别偏好（参照：无所谓有无男孩）				
至少想要一个男孩	0.411	0.036	0.000	1.509
想要两个或以上男孩	1.095	0.138	0.000	2.990
控制变量				
生育孩次（参照：孩次1）				
孩次2	0.044	0.051	0.392	1.045
孩次3及以上	-0.029	0.087	0.736	0.971
生育年龄（参照：15~24岁）				
25~29岁	0.107	0.039	0.006	1.113
30~34岁	0.183	0.074	0.014	1.201
35岁及以上	0.166	0.171	0.333	1.181
生育年代（参照：1979年及以前）				
1980~1984年	0.022	0.061	0.712	1.023

续表

变量名称	系数	标准误	显著度	优势比
1985～1989 年	0.001	0.059	0.983	1.001
1990～1994 年	0.059	0.061	0.337	1.061
1995～2001 年	0.036	0.065	0.579	1.037
妇女民族（参照：少数民族）				
汉族	-0.026	0.070	0.707	0.974
妇女受教育程度（参照：文盲）				
小学	-0.052	0.080	0.511	0.949
初中	0.117	0.075	0.119	1.124
高中及以上	0.066	0.078	0.397	1.068
地区（参照：中部地区）				
东部地区	-0.047	0.043	0.273	0.954
西部地区	0.016	0.049	0.745	1.016

数据来源：1997 年调查和 2001 年调查的合并数据。

除此之外，还有一个发现值得注意，即城镇户籍的育龄妇女，无论是至少想要一个男孩的性别偏好还是想要两个或以上男孩的性别偏好，其实际生育男孩的发生比相对于无所谓有无男孩育龄妇女的差异程度，都要明显高于全国平均水平。

控制变量方面，城镇户籍育龄妇女的生育孩次、生育年代、民族和受教育程度、地区等都没有取得统计显著性的结果。这在某种程度上可能说明，对于城镇户籍育龄妇女来说，尽管其仍然存在生育孩次、生育年代、民族和受教育程度等方面的差异，但是如果其仍然对生育子女存在性别偏好，那么民族、受教育程度等方面的差异并没有导致城镇户籍育龄妇女在实际生育子女性别方面存在显著差异。

（三）农村户籍育龄妇女的生育偏好对出生性别比失衡的影响

本研究发现，农村户籍的育龄妇女生育子女的性别偏好属于至少想要一个男孩的比例为 61%，这要明显高于城镇户籍育龄妇女的相应比例（45%）。而农村户籍的育龄妇女生育子女的性别偏好属于想要两个或以上男孩的比例为 9%，更是要明显高于城镇户籍育龄妇女的相应比例（2%）。

实际生育子女方面，农村户籍育龄妇女同样与城镇户籍育龄妇女明显不同。在农村户籍育龄妇女生育子女中，1 孩的占比约为 49%，2 孩的占比约为 32%，而 3 孩及以上的占比约为 19%。与城镇户籍育龄妇女相比，农村户籍育龄妇女生育子女的 2 孩占比和 3 孩及以上占比都要明显高于城镇户籍育龄妇女的相应水平（20% 和 7%）。

农村户籍育龄妇女在受教育程度方面则要明显低于城镇户籍育龄妇女。比如，农村户籍育龄妇女的高中及以上学历的比例仅为 4%，这要大幅低于城镇户籍育龄妇女高达 41% 的高中及以上学历占比。农村户籍育龄妇女初中学历的占比仅为 25% 左右，同样要明显低于城镇户籍育龄妇女的相应水平（37%）。与之相对，农村户籍育龄妇女受教育程度为文盲的比例则高达 33%，而城镇户籍育龄妇女的文盲比例仅为 7%，可以说差异悬殊。

农村户籍育龄妇女生育子女的性别偏好对出生性别比失衡影响的定量估计结果见表 3 - 10。研究发现，即使在其他条件相同的情况下，中国农村户籍的育龄妇女生育子女的男孩偏好越强烈，那么实际生育子女性别越倾向于男孩。具体来说，在控制其他变量的条件下，性别偏好属于至少想要一个男孩的农村户籍育龄妇女，其实际生育子女为男孩的发生比是无所谓有无男孩的育龄妇女的 1.052 倍，且差异统计性显著。而性别偏好属于想要两个或以上男孩的育龄妇女，其实际生育子女为男孩的发生比是无所谓有无男孩的育龄妇女的 1.223 倍，且差异统计性显著。

控制变量方面，首先看育龄妇女个人生育史的相应变量。研究发现，如果生育孩次和生育年代不同，那么农村户籍育龄妇女生育男孩的可能性就明显不同，即宏观层面的出生性别比存在明显差异。其中，在其他条件相同的情况下，孩次越高，则育龄妇女生育男孩的可能性越大。具体来说，在控制其他变量的条件下，农村户籍育龄妇女生育2孩为男孩的发生比是1孩的1.175倍，且差异统计性显著。农村户籍育龄妇女生育3孩及以上为男孩的发生比是1孩的1.236倍，其差异同样统计性显著。

研究还发现，生育年代越接近于当前，农村户籍育龄妇女实际生育男孩的可能性越大。具体来说，在控制其他变量的条件下，生育年代在1980～1984年、1985～1989年、1990～1994年、1995～2001年的育龄妇女当年实际生育子女为男孩的发生比分别是1979年及以前的育龄妇女当年实际生育男孩的发生比的1.052倍、1.074倍、1.203倍和1.261倍，并且除1980～1984年为统计性边缘显著外，其余均为统计性显著。

从以上数据中可以看出，农村出生性别比失衡的趋势起始于20世纪80年代初，但整个80年代出生性别比失衡的程度并不严重，1980～1984年、1985～1989年生育子女为男孩的发生比分别仅为1979年及以前生育子女为男孩发生比的1.052倍和1.074倍。大约自20世纪90年代开始，农村地区出生性别比不断升高且升高速度不断加快，1990～1994年、1995～2001年生育子女为男孩的发生比分别为1979年及以前生育子女为男孩发生比的1.203倍和1.261倍。

其次看农村户籍育龄妇女的个人基本情况。研究发现，育龄妇女本人的民族对生育男孩的可能性产生显著影响。其中，民族方面，在控制其他变量的条件下，汉族农村户籍育龄妇女实际生育男孩的发生比是少数民族农村户籍育龄妇女的1.095倍，即在其他条件相同的情况下的汉族农村户籍育龄妇女实际生育男孩的可能性要略高于少数民族农村户籍育龄妇女。

最后看地区信息。研究发现，在其他条件相同的情况下，中国西部地区农村户籍育龄妇女实际生育男孩的可能性要低于东部地区和中部地区的农村户籍育龄妇女。具体来说，在控制其他变量的条件下，西部地区农村户籍育龄妇女实际生育子女为男孩的发生比是中部地区农村户籍育龄妇女的 0.952 倍，且差异统计性显著。而东部地区农村户籍育龄妇女实际生育子女为男孩的发生比与中部地区农村户籍育龄妇女的差异统计性不显著。

表 3 – 10　性别偏好对出生性别比失衡的影响（农村户籍）

变量名称	系数	标准误	显著度	优势比
自变量				
性别偏好（参照：无所谓有无男孩）				
至少想要一个男孩	0.050	0.017	0.004	1.052
想要两个或以上男孩	0.202	0.031	0.000	1.223
控制变量				
生育孩次（参照：孩次1）				
孩次2	0.161	0.019	0.000	1.175
孩次3及以上	0.212	0.026	0.000	1.236
生育年龄（参照：15~24岁）				
25~29岁	-0.011	0.019	0.562	0.989
30~34岁	-0.023	0.032	0.468	0.977
35岁及以上	-0.190	0.070	0.007	0.827
生育年代（参照：1979年及以前）				
1980~1984年	0.051	0.026	0.052	1.052
1985~1989年	0.071	0.025	0.004	1.074
1990~1994年	0.184	0.026	0.000	1.203
1995~2001年	0.232	0.029	0.000	1.261
妇女民族（参照：少数民族）				
汉族	0.090	0.026	0.001	1.095
妇女受教育程度（参照：文盲）				
小学	0.004	0.019	0.841	1.004

变量名称	系数	标准误	显著度	优势比
初中	-0.024	0.022	0.280	0.976
高中及以上	0.049	0.041	0.236	1.050
地区（参照：中部地区）				
东部地区	-0.018	0.019	0.329	0.982
西部地区	-0.049	0.021	0.019	0.952

数据来源：1997 年调查和 2001 年调查的合并数据。

（四）汉族育龄妇女性别偏好对出生性别比失衡的影响

由于经济和社会发展、历史和传统等因素，汉族与少数民族育龄妇女在生育观念和生育行为方面存在一定差异性（Anderson & Silver，1995；罗华、鲍思顿，2005；张丽萍，2006；吕红平等，2010）。本研究发现，汉族育龄妇女生育子女的性别偏好属于至少想要一个男孩的比例为 59%，而想要两个或以上男孩的比例为 7%，均略高于全国总体的相应水平。

实际生育子女方面，在汉族育龄妇女生育子女中的 1 孩占比约为 54%，2 孩占比约为 30%，而 3 孩及以上占比约为 16%。与全国平均水平相比，汉族育龄妇女生育子女的 1 孩占比和 2 孩占比与全国平均水平大致持平，而生育子女的 3 孩占比则要略低于 17% 的全国平均水平。

表 3-11 分民族的变量分布概要统计

变量名称	汉族	少数民族	全国
因变量			
生育性别			
男孩	0.53	0.52	0.53
女孩	0.47	0.48	0.47

续表

变量名称	汉族	少数民族	全国
自变量			
理想男孩数			
无所谓有无男孩	0.34	0.32	0.34
至少想要一个男孩	0.59	0.52	0.58
想要两个或以上男孩	0.07	0.16	0.08
控制变量			
妇女生育史数据			
生育孩次			
孩次 1	0.54	0.44	0.53
孩次 2	0.30	0.30	0.30
孩次 3 及以上	0.16	0.26	0.17
生育年龄			
15 ~ 24 岁	0.57	0.59	0.57
25 ~ 29 岁	0.34	0.30	0.34
30 ~ 34 岁	0.08	0.09	0.08
35 岁及以上	0.01	0.02	0.01
生育年代			
1979 年及以前	0.20	0.17	0.20
1980 ~ 1984 年	0.19	0.17	0.19
1985 ~ 1989 年	0.26	0.25	0.25
1990 ~ 1994 年	0.20	0.22	0.20
1995 ~ 2001 年	0.15	0.19	0.16
妇女个人信息			
户籍			
城镇户籍	0.18	0.12	0.17
农村户籍	0.82	0.88	0.83
民族			
汉族			0.89

变量名称	汉族	少数民族	全国
少数民族			0.11
受教育程度			
文盲	0.27	0.38	0.29
小学	0.34	0.37	0.34
初中	0.28	0.19	0.27
高中及以上	0.11	0.06	0.10
丈夫个人信息			
民族			
汉族	0.98	0.19	0.90
少数民族	0.02	0.81	0.10
受教育程度			
文盲	0.08	0.20	0.09
小学	0.30	0.38	0.31
初中	0.43	0.30	0.42
高中及以上	0.19	0.12	0.18
地区			
东部地区	0.39	0.13	0.37
中部地区	0.39	0.11	0.28
西部地区	0.22	0.76	0.35

数据来源：1997 年调查和 2001 年调查的合并数据。

汉族育龄妇女生育子女的性别偏好对出生性别比失衡影响的定量估计结果见表 3-12。研究发现，即使在其他条件相同的情况下，汉族育龄妇女生育子女的男孩偏好越强烈，那么实际生育子女性别越倾向于男孩。具体来说，在控制其他变量的条件下，性别偏好属于至少想要一个男孩的汉族育龄妇女，其实际生育子女为男孩的发生比是无所谓有无男孩的育龄妇女的 1.131 倍，且差异统计性显著。而性别偏好属于想要两个或以上男孩的汉族育龄妇女，其实际生育子女为男孩的发生比是无所谓有无男孩的育龄妇女的 1. 351 倍，且差异统计性显著。

表 3 - 12　性别偏好对出生性别比失衡的影响（汉族）

变量名称	系数	标准误	显著度	优势比
自变量				
理想男孩数（参照：无所谓有无男孩）				
至少想要一个男孩	0. 123	0. 017	0. 000	1. 131
想要两个或以上男孩	0. 301	0. 033	0. 000	1. 351
控制变量				
生育孩次（参照：孩次 1）				
孩次 2	0. 157	0. 019	0. 000	1. 170
孩次 3 及以上	0. 210	0. 027	0. 000	1. 234
生育年龄（参照：15 ~ 24 岁）				
25 ~ 29 岁	0. 003	0. 018	0. 883	1. 003
30 ~ 34 岁	0. 004	0. 032	0. 911	1. 004
35 岁及以上	- 0. 169	0. 071	0. 018	0. 845
生育年代（参照：1979 年及以前）				
1980 ~ 1984 年	0. 041	0. 025	0. 100	1. 042
1985 ~ 1989 年	0. 054	0. 024	0. 025	1. 056
1990 ~ 1994 年	0. 167	0. 026	0. 000	1. 182
1995 ~ 2001 年	0. 209	0. 028	0. 000	1. 232
妇女户籍（参照：城镇户籍）				
农村户籍	- 0. 066	0. 023	0. 005	0. 937
妇女受教育程度（参照：文盲）				
小学	- 0. 002	0. 020	0. 925	0. 998
初中	0. 000	0. 022	0. 993	1. 000
高中及以上	0. 035	0. 032	0. 277	1. 036
地区（参照：中部地区）				
东部地区	- 0. 024	0. 017	0. 174	0. 977

变量名称	系数	标准误	显著度	优势比
西部地区	−0.040	0.020	0.049	0.961

数据来源：1997 年调查和 2001 年调查的合并数据。

　　控制变量方面，首先看育龄妇女个人生育史的相应变量。研究发现，如果生育孩次和生育年代不同，那么汉族育龄妇女生育男孩的可能性就明显不同，即宏观层面的出生性别比存在明显差异。其中，在其他条件相同的情况下，孩次越高，汉族育龄妇女生育男孩的可能性越大。具体来说，在控制其他变量的条件下，汉族育龄妇女生育 2 孩为男孩的发生比是 1 孩的 1.170 倍，且差异统计性显著。汉族育龄妇女生育 3 孩及以上为男孩的发生比是 1 孩的 1.234 倍，其差异同样统计性显著。

　　研究发现，至少从 1985 年开始，生育年代越接近于当前，汉族育龄妇女实际生育男孩的可能性越大。具体来说，在控制其他变量的条件下，生育年代在 1985~1989 年、1990~1994 年、1995~2001 年的育龄妇女当年实际生育子女为男孩的发生比分别是 1979 年及以前的育龄妇女当年实际生育男孩的发生比的 1.056 倍、1.182 倍和 1.232 倍，并且统计性显著。

　　其次看汉族育龄妇女的个人基本情况。研究发现，汉族育龄妇女本人的户籍性质对生育男孩的可能性产生显著影响。在控制其他变量的条件下，汉族农村户籍育龄妇女实际生育男孩的发生比是汉族城镇户籍育龄妇女的 0.937 倍，即在其他条件相同情况下的汉族农村户籍育龄妇女实际生育男孩的可能性要略低于汉族城镇户籍育龄妇女。

　　最后看地区信息。研究发现，在其他条件相同的情况下，中国西部地区汉族育龄妇女实际生育男孩的可能性要低于东部地区和中部地区的汉族育龄妇女。具体来说，在控制其他变量的条件下，西部地区汉族育龄妇女实际生育子女为男孩的发生比是中部地区汉族育龄妇女的 0.961 倍,且差异统计性显著。而东部地区汉族育龄妇女实际生育子女为男孩的发生比与中部地区汉族育龄妇女的差异统计性不显著。

(五) 少数民族育龄妇女性别偏好对出生性别比失衡的影响

研究发现,少数民族育龄妇女生育子女的性别偏好属于至少想要一个男孩的比例为 52%,这要略低于汉族育龄妇女的相应比例(59%)。同时,少数民族育龄妇女想要两个或以上男孩的比例为 16%,这一比例要明显高于汉族育龄妇女的相应比例(7%)。

实际生育子女方面,少数民族育龄妇女生育子女中的 1 孩占比约为 44%,2 孩占比约为 30%,而 3 孩及以上占比约为 26%。与汉族育龄妇女相比,少数民族育龄妇女生育子女的 1 孩占比要明显低于汉族育龄妇女(54%),其 2 孩占比与汉族育龄妇女大致持平,而其 3 孩及以上占比则要明显高于汉族育龄妇女(14%)。

受教育程度方面,少数民族育龄妇女的受教育程度要明显低于汉族育龄妇女。其中,少数民族育龄妇女受教育程度为高中及以上的占比仅为 6%,这差不多是汉族育龄妇女相应水平(11%)的一半。少数民族育龄妇女受教育程度为初中的比例也仅为 19%,同样明显低于汉族育龄妇女相应水平(28%)。

表 3 - 13 性别偏好对出生性别比失衡的影响 (少数民族)

变量名称	系数	标准误	显著度	优势比
自变量				
理想男孩数 (参照: 无所谓有无男孩)				
至少想要一个男孩	0.073	0.049	0.133	1.076
想要两个或以上男孩	0.193	0.068	0.004	1.213

续表

变量名称	系数	标准误	显著度	优势比
控制变量				
生育孩次（参照：孩次1）				
孩次2	0.043	0.052	0.413	1.044
孩次3及以上	-0.029	0.065	0.661	0.972
生育年龄（参照：15~24岁）				
25~29岁	0.100	0.053	0.056	1.106
30~34岁	0.091	0.083	0.270	1.096
35岁及以上	0.080	0.154	0.605	1.083
生育年代（参照：1979年及以前）				
1980~1984年	0.069	0.077	0.370	1.072
1985~1989年	0.065	0.072	0.369	1.067
1990~1994年	0.105	0.074	0.156	1.110
1995~2001年	0.080	0.077	0.299	1.084
妇女户籍（参照：城镇户籍）				
农村户籍	-0.176	0.077	0.021	0.838
妇女受教育程度（参照：文盲）				
小学	0.045	0.051	0.377	1.046
初中	0.045	0.065	0.487	1.046
高中及以上	-0.019	0.109	0.858	0.981
地区（参照：中部地区）				
东部地区	0.171	0.089	0.054	1.186
西部地区	0.089	0.071	0.210	1.093

数据来源：1997年调查和2001年调查的合并数据。

　　少数民族育龄妇女生育子女的性别偏好对出生性别比失衡影响的定量估计结果见表3-13。研究发现，即使在其他条件相同的情况下，少数民族育龄妇女生育子女的男孩偏好越强烈，那么实际生育子女性别越倾向于男孩。具体来说，在控制其他变量的条件下，性别偏好属于至少想要一个男孩的少数民族育龄妇女，其实际生育子女为男孩的发生比是无所谓有无男孩的育龄妇女的1.076倍，且差异统计性不显著。而性别偏好属于想要两个或以上男孩的少数民族育龄妇女，其实际生育子女为男孩的发生比是无所谓有无男孩的育龄妇女的1.213倍，且差异统计性显著。

控制变量方面，少数民族育龄妇女本人的户籍性质同样对生育男孩的可能性产生显著影响。在控制其他变量的条件下，少数民族农村户籍育龄妇女实际生育男孩的发生比是少数民族城镇户籍育龄妇女的0.838倍，即在其他条件相同情况下的少数民族农村户籍育龄妇女实际生育男孩的可能性同样要略低于少数民族城镇户籍育龄妇女。

第二节　性别选择与出生性别比

基于全国性调查数据，本研究发现中国育龄妇女生育子女的性别偏好可能是导致中国出生性别比失衡的一个重要因素。进一步的研究发现，无论城镇户籍还是农村户籍，无论汉族还是少数民族，育龄妇女生育子女的性别偏好都通过显著影响其实际生育子女的性别而在宏观层面造成出生性别比的失衡。

在确定生育子女的性别偏好是出生性别比失衡的重要原因之后，接下来需要解决的一个问题是，从性别偏好到出生性别比失衡之间的具体机制链条是什么？也就是说，如果人们怀有强烈的性别偏好，即生育男孩的偏好，那么这种偏好是如何转化为实际生育男孩的行为的？进一步说，如果只有男孩偏好，而没有实现实际生育男孩的方法和手段，那么这种性别偏好即使存在，也不能造成出生性别比的失衡。

正是由于20世纪中期以来科学技术的快速发展，尤其是随着B超机的出现，胎儿的性别鉴定和性别选择真正成为可能

（Stephen，2000）。一般来说，B超机从20世纪80年代开始逐渐在中国普及，与此同时中国的3孩及以上的出生性别比开始失衡，并且逐渐蔓延到2孩和1孩出生性别比失衡。

因此，只有在性别鉴定设备和手段成为可能并且可以获得时，人们才会在生育子女的有限数量空间之内，通过性别鉴定技术对胎儿性别进行判断，并且根据实际情况选择妊娠中止。微观层面上的个体通过性别鉴定技术最终实现了生育男孩的目标，而这也造成了宏观层面上出生性别比的失衡。

基于此，本部分首先分析在性别鉴定技术和设备逐渐普及的背景下，存在生育子女的性别偏好的中国育龄妇女实际进行性别鉴定和性别选择的模式到底是怎样的以及这一模式随时间的变化趋势如何。其次，重点分析只有女孩的家庭再次生育的性别选择及特点。最后，对妊娠中止与出生性别比失衡的关系进行一定的探讨。

一 生育性别选择的相关研究

总的来说，性别选择的相关研究主要包括妊娠中止及其与出生性别比失衡关系的研究、生育间隔及其与性别选择和出生性别比失衡关系的研究、孩次性别递进人口发展模型及其应用这三大类别。

首先是妊娠中止及其与出生性别比失衡关系的研究，研究者基本认为妊娠中止可能是导致中国出生性别比失衡的一个重要原因（李涌平，1993b；黄润龙、虞沈冠，2000；Junhong，2001；陈卫，2005；刘鸿雁，2004；乔晓春，2004；Löfstedt et al.，2004；屈坚定、杜亚平，2007；韦艳等，2005）。

其中，李涌平（1993b）分析了妊娠中止与出生性别比失衡之间的定量关系，并认为妊娠中止基本可以解释中国1990年出生性别比失衡问题。乔晓春（2004）则基于1997年全国人口与生殖健康调查数据，对性别偏好、性别选择与出生性别比的定量关系进行了较为深入的分析，认为中国出生性别比失衡可能主要是由妊娠中止导致。韦艳等（2005）则定量研究了中国农村育龄妇女男孩偏好和妊娠中止的关系，并发现妊娠中止与出生性别比失衡的特征和变化模式基本保持一致。

其次是生育间隔及其与性别选择和出生性别比失衡关系的研究，研究者大多发现生育间隔与妊娠中止和已有子女性别存在紧密关系（郭志刚、李建钗，2006；巫锡炜，2010；刘爽，2011）。其中，郭志刚、李建钗（2006）利用2001年全国计划生育与生殖健康调查数据，发现中国农村妇女的生育间隔内妊娠中止次数对其2孩生育间隔有着显著影响，妊娠中止次数越多，则2孩生育间隔越长。巫锡炜（2010）利用1997年全国人口与生殖健康调查数据，发现初育为女孩将导致2孩生育间隔的缩短，间隔期内妊娠中止次数较多则会显著延长2孩生育间隔。

最后是孩次性别递进人口发展模型及其应用，研究者发现性别选择和控制可能是造成中国出生性别比失衡的一个重要原因（杨书章、王广州，2006a；杨书章、王广州，2006b；王广州、傅崇辉，2009）。其中，杨书章、王广州（2006a，2006b）提出了性别选择和控制的预警指标，即纯女户生育子女的性别比，并认为该指标从1986年就已攀升到133，明显早于总体出生性别比的失衡，因此可以用于出生性别比的监测和预警。王广州、傅崇辉（2009）的研究发现，中国从20世纪80年代初就已经显示了生育子女性别干预的特征，2000年以来纯女户生育子女的性别比更是攀升到190以上。

通过对以往研究的回顾可以看出，虽然当前研究已经发现了妊娠中止等性别选择是出生性别比失衡的重要原因，但是关于中国育龄妇女实际性别鉴定和性别选择的比例等基础信息却鲜有研究。有鉴于此，本部分首先确定性别鉴定和性别选择比例的估计方法，然后基于 1990 年和 2000 年这两次全国人口普查数据，对中国育龄妇女性别鉴定和性别选择的比例及其随时间的变化趋势进行分析。

二 性别鉴定和性别选择的估计方法

通常意义上的出生性别比是指一年内活产男婴与活产女婴之间的比值，再乘以 100，出生性别比的正常值一般在 103～107。如果出生性别比高于 107，则说明出生性别比已经失衡。而实际出生性别比的计算方法为实际活产男婴与女婴的比值再乘以 100。

公式 3 - 1

实际出生性别比 =（活产男婴数/活产女婴数）×100

出生性别比失衡程度，则是指实际出生性别比与正常出生性别比水平（本研究假定为出生性别比正常值范围的上限值 107）的偏离程度，其计算公式为：

公式 3 - 2

实际出生性别比失衡程度 =（实际出生性别比 - 107）/107 ×100%

注：如果实际出生性别比小于107，则认为不存在性别选择问题

如果没有性别选择，那么育龄妇女生育子女的性别比应该是正常的，本研究假设其数值为出生性别比正常值范围的上限 107。

公式 3 - 3

〔出生男孩数/（出生女孩数 + 被妊娠中止的女婴数）〕×100 = 107

现在将公式 3 - 3 的两边各取倒数，并经过一定整理可以得到公式。

公式 3 - 4

（出生女孩数 + 被妊娠中止的女孩数）/出生男孩数 = 100/107

接着，将公式 3 - 1 取倒数，并经过一定整理得到公式。

公式 3 – 5

出生女孩数/出生男孩数 = 100/实际出生性别比

这样，公式 3 – 4 两边分别减去公式 3 – 5 的两边，经过一定整理就可以得出被妊娠中止的女孩数量。

公式 3 – 6

被妊娠中止的女孩数 = 出生男孩数 ×（1/107 – 1/实际出生性别比）× 100

通过公式 3 – 6 可以计算出被妊娠中止的女孩数量，但进行过性别鉴定的育龄妇女所怀胎儿既可能是女孩，也可能是男孩。由于不知道选择进行性别鉴定的育龄妇女所怀胎儿性别的真实分布，只能暂且假定进行胎儿性别鉴定的育龄妇女所怀胎儿的性别比为出生性别比正常值的中间值 105。这样进行过性别鉴定并且所怀胎儿为男孩的妇女数量便为实施妊娠中止女孩的育龄妇女人数的 1.05 倍，从而得出进行过性别鉴定的育龄妇女人数。

公式 3 – 7

性别鉴定的妇女人数 = 被妊娠中止的女孩数 + 鉴定结果为男孩的数量
= 被妊娠中止的女孩数 + 1.05 × 被妊娠中止的女孩数
= 2.05 × 出生男孩数 ×（1/107 – 1/实际出生性别比）× 100

而进行过性别选择的育龄妇女，即将所怀女婴进行妊娠中止的妇女人数为：

公式 3 – 8

性别选择的妇女人数 = 被妊娠中止的女孩数 =
出生男孩数 ×（1/107 – 1/实际出生性别比）× 100

在以上公式的基础上，本研究接下来要计算进行过性别鉴定的育龄妇女比例以及进行过性别选择的育龄妇女比例，这样就需要估计存在性别鉴定和性别选择机会的育龄妇女总体规模，这就不仅包括实际生育男孩和女孩的育龄妇女人数，而且还包括对所怀女婴进行妊娠中止的育龄妇女人数。其计算公式为：

公式 3 – 9

存在性别鉴定和性别选择机会的妇女人数 = 出生男孩数 + 出生女孩数 +

被妊娠中止的女孩数 = 出生男孩数 + 出生女孩数 +

出生男孩数 × 100 × (1/107 − 1/实际出生性别比)

这样，本研究就可以估计出进行过性别鉴定的育龄妇女比例，其估计方法请见公式 3 – 10。

公式 3 – 10

进行过性别鉴定的妇女比例 = 进行过性别鉴定的妇女人数/

存在性别鉴定和性别选择机会的妇女人数 = [2.05 × 出生男孩数 ×

(1/107 − 1/实际出生性别比) × 100]/[出生男孩数 + 出生女孩数 +

出生男孩数 × 100 × (1/107 − 1/实际出生性别比)] × 100%

同样，本研究也可以估计出进行过性别选择的妇女比例，其估计方法见公式 3 – 11。

公式 3 – 11

进行过性别选择的妇女比例 = 进行过性别选择的妇女人数/

存在性别鉴定和性别选择机会的妇女人数 = [出生男孩数 ×

(1/107 − 1/实际出生性别比) × 100]/[出生男孩数 + 出生女孩数 +

出生男孩数 × 100 × (1/107 − 1/实际出生性别比)] × 100%

最后，本研究将出生性别比失衡程度（公式 3 – 2）与进行过性别选择的妇女比例（公式 3 – 11）之间的比值定义为性别选择对出生性别比的影响程度，其计算方法见公式 3 – 12。

公式 3 – 12

性别选择对出生性别比的影响程度 = 实际出生性别比失衡程度/

进行过性别选择的妇女比例 = (实际出生性别比 − 107) ×

[出生男孩数 + 出生女孩数 + 出生男孩数 × 100 × (1/107 − 1/

实际出生性别比）]/107/[出生男孩数×（1/107 – 1/
实际出生性别比）×100]

三　性别选择与出生性别比失衡的量化关系

本研究接下来估计性别选择比例与出生性别比失衡的量化
关系。具体方法为，首先利用进行过户内母子匹配和孩次匹配
的 1990 年全国人口普查的抽样数据来计算 1980～1990 年总体
及分孩次的出生性别比，以及利用进行过户内母子匹配和孩次
匹配的 2000 年全国人口普查的抽样数据来计算 1991～2000 年
总体及分孩次的出生性别比。然后，根据前面的相关公式计算
中国出生性别比失衡程度、分别进行过胎儿性别鉴定和性别选
择的妇女人数及相应比例、性别选择对出生性别比失衡的影响
程度等指标。

（一）中国总体性别选择与出生性别比失衡的量化关系

首先看中国出生性别比失衡的历史变化趋势。总的来看，中
国出生性别比主要从 1988 年开始出现明显失衡，而进入 20 世纪
90 年代以来，中国出生性别比失衡状况进一步加剧。具体来说，
中国出生性别比在 1980～1987 年已经出现了失衡，但其程度比较
轻。从 1988 年开始，中国出生性别比超过了 110，出生性别比的
失衡程度达到了 3.37%。进入 20 世纪 90 年代以来，中国的出生
性别比失衡程度继续加剧，1995 年达到了 11.61%，而到了 2000
年则已经高达 15.27%。

其次看可能进行过胎儿性别鉴定的育龄妇女比例。与出生性
别比失衡程度的历史走势一致，进行过胎儿性别鉴定的中国育龄
妇女比例也是从 1988 年开始呈现明显递增趋势。具体来说，除
了 1983 年之外，1980～1987 年的育龄妇女进行过性别鉴定的人
比例都在 2% 以下。也就是说，当时即使存在胎儿性别鉴定现象，
其人群规模和比例也相对较小。大约从 1988 年开始，进行过胎

儿性别鉴定的中国育龄妇女比例上升到了 3.23% ，1995 年则上升到了 10.30% ，2000 年更是达到了 13.12% 。

表 3 – 14　性别选择与出生性别比失衡的关系

生育年份	出生性别比	出生性别比失衡程度	性别鉴定比例	性别选择比例	性别选择的影响程度
1980	107.24	0.22%	0.22%	0.11%	2.04
1981	106.57	0.00%	0.00%	0.00%	0.00
1982	108.01	0.95%	0.93%	0.45%	2.10
1983	109.60	2.43%	2.35%	1.15%	2.12
1984	108.15	1.08%	1.06%	0.51%	2.10
1985	107.38	0.36%	0.35%	0.17%	2.10
1986	108.13	1.06%	1.04%	0.51%	2.09
1987	108.73	1.62%	1.58%	0.77%	2.10
1988	110.61	3.37%	3.23%	1.57%	2.14
1989	109.24	2.09%	2.03%	0.99%	2.11
1990	110.61	3.38%	3.23%	1.58%	2.14
1991	117.17	9.50%	8.59%	4.19%	2.27
1992	114.49	7.00%	6.47%	3.16%	2.22
1993	119.76	11.92%	10.55%	5.15%	2.32
1994	118.21	10.48%	9.39%	4.58%	2.29
1995	119.42	11.61%	10.30%	5.03%	2.31
1996	120.99	13.07%	11.46%	5.59%	2.34
1997	123.65	15.56%	13.33%	6.50%	2.39
1998	121.88	13.91%	12.10%	5.90%	2.36
1999	120.22	12.35%	10.89%	5.31%	2.32
2000	123.34	15.27%	13.12%	6.40%	2.39

数据来源：1990 年全国人口普查、2000 年全国人口普查。

最后看可能进行过胎儿性别选择的育龄妇女比例。同样与出生性别比失衡程度的历史走势一致，可能进行过胎儿性别选择的中国育龄妇女比例大约从 1988 年开始呈现显著增加趋势。具体来说，除了 1983 年之外，1980～1987 年的育龄妇女进行过性别选择的比例都明显低于 1%。1988 年，进行过胎儿性别选择的中国育龄妇女比例达到了 1.57%，1995 年则进一步上升到了 5.03%，2000 年更是达到 6.40%。

以上分析清楚地表明，中国育龄妇女的性别选择可能加剧了出生性别比的失衡。1986 年，可能进行过性别选择的育龄妇女比例为 0.51%，而由此导致的出生性别比失衡程度则达到了 1.06%，即出生性别比失衡程度与性别选择比例的比值大约为 2.09。因此，在某种程度上可以说性别选择对出生性别比失衡起到一定的放大作用。通过历史数据可以看出，性别选择对出生性别比失衡的放大作用同样呈现增加趋势，1990 年出生性别比失衡程度与性别选择比例的比值为 2.14，1995 年该比值进一步上升到 2.31，2000 年更是达到 2.39。

（二）中国 2 孩性别选择与出生性别比失衡的量化关系

在 2000 年以前，中国出生性别比失衡主要体现为 2 孩及以上孩次的出生性别比的失衡。因此本部分专门对中国育龄妇女生育子女的性别选择比例与中国 2 孩出生性别比失衡的关系进行定量估计和分析。

首先看中国 2 孩出生性别比失衡的历史变化趋势。总体来看，中国 2 孩出生性别比主要从 1991 年开始明显失衡并且失衡状况不断加剧。具体来说，中国 2 孩出生性别比在 1980～1990 年虽然已经出现失衡，但失衡程度较轻。从 1991 年开始，中国 2 孩出生性别比超过了 128，出生性别比的失衡程度达到了 20.22%，已属于较为严重的失衡状态。随后，中国的 2 孩出生性别比失衡程度继续大幅加深，1995 年 2 孩出生性别比为 149.96，其失衡程度达到了 40.15%，2000 年 2 孩出生性别比为 162.60，其失衡程度更是高达 51.96%。

表 3 - 15　性别选择与出生性别比失衡的关系（2 孩）

生育年份	出生性别比	出生性别比失衡程度	性别鉴定比例	性别选择比例	性别选择的影响程度
1980	104.57	0.00%	0.00%	0.00%	0.00
1981	104.62	0.00%	0.00%	0.00%	0.00
1982	106.10	0.00%	0.00%	0.00%	0.00
1983	109.67	2.49%	2.41%	1.18%	2.12
1984	107.81	0.76%	0.75%	0.36%	2.09
1985	106.29	0.00%	0.00%	0.00%	0.00
1986	103.91	0.00%	0.00%	0.00%	0.00
1987	104.26	0.00%	0.00%	0.00%	0.00
1988	107.85	0.80%	0.78%	0.38%	2.08
1989	106.82	0.00%	0.00%	0.00%	0.00
1990	108.72	1.61%	1.57%	0.77%	2.10
1991	128.63	20.22%	16.66%	8.13%	2.49
1992	124.09	15.97%	13.63%	6.65%	2.40
1993	143.98	34.56%	25.45%	12.41%	2.78
1994	143.41	34.03%	25.15%	12.27%	2.77
1995	149.96	40.15%	28.39%	13.85%	2.90
1996	137.40	28.41%	21.90%	10.69%	2.66
1997	149.67	39.88%	28.23%	13.77%	2.90
1998	164.23	53.49%	34.53%	16.84%	3.18
1999	160.57	50.07%	33.05%	16.12%	3.10
2000	162.60	51.96%	33.84%	16.51%	3.15

数据来源：1990 年全国人口普查、2000 年全国人口普查。

　　其次看可能进行过 2 孩性别鉴定的育龄妇女比例。与 2 孩出生性别比失衡程度的历史走势一致，进行过 2 孩性别鉴定的中国育龄妇女比例从 1991 年开始呈现显著递增趋势。具体来说，1980~1990 年的育龄妇女进行过 2 孩性别鉴定的人比例都在 2.5% 以下。1991 年，进行过 2 孩性别鉴定的中国育龄妇女比例大幅上升到了 16.66%，1995 年则高达 28.39%，2000 年更是达到了 33.84%。

最后看可能进行过 2 孩性别选择的育龄妇女比例。同样与 2 孩出生性别比失衡程度的历史走势一致，可能进行过 2 孩性别选择的中国育龄妇女比例从 1991 年开始呈现明显增加趋势。具体来说，1980~1990 年的育龄妇女进行过 2 孩性别选择的人比例都低于 1.5%。1991 年，进行过 2 孩性别选择的中国育龄妇女比例达到了 8.13%，1995 年则进一步上升到了 13.85%，2000 年更是达到了 16.51%。

可以看出，中国育龄妇女的 2 孩性别选择明显加剧了出生性别比的失衡。1991 年，可能进行过 2 孩性别选择的育龄妇女比例为 8.13%，而由此导致的 2 孩出生性别比失衡程度则达到了 20.22%，即 2 孩出生性别比失衡程度与 2 孩性别选择比例的比值大约为 2.49。因此，2 孩性别选择比例同样对 2 孩出生性别比失衡起到了明显的放大作用。通过以往统计数据可以看出，2 孩性别选择比例对 2 孩出生性别比失衡的放大作用呈递增趋势，1990 年 2 孩出生性别比失衡程度与 2 孩性别选择比例的比值为 2.10，1995 年该比值大幅上升到 2.90，2000 年更是高达 3.15。

（三）中国 3 孩及以上胎儿性别选择与出生性别比失衡的量化关系

2000 年以前，除了 2 孩出生性别比之外，3 孩及以上的出生性别比失衡也是中国出生性别比总体失衡的重要原因。在前一部分对 2 孩出生性别比失衡及其与性别选择的定量关系进行分析的基础上，本部分专门对中国育龄妇女生育子女的性别选择与 3 孩及以上的出生性别比失衡之间的关系进行定量估计和分析。

首先看中国 3 孩及以上的出生性别比失衡的历史变化趋势。通过历史数据可以看出，中国 3 孩及以上的出生性别比从 1986 年开始就已出现明显失衡，随后其失衡程度不断加剧。具体来说，中国 3 孩及以上的出生性别比在 1980 ~ 1985 年基本处于正常值范围。从 1986 年开始，中国 3 孩及以上的出生性别比超过了 111，其出生性别比失衡程度为 3.98%。随后，中国的 3 孩及以上的出生性别比失衡程度不断大幅加深，1988 年 3 孩及以上的出生性别比超过了 120，其失衡程度达到 12.78%，1990 年 3 孩及以上的出生性别比超过了 130，其失衡程度为 21.94%。而 1999 年更是达到了当时的历史高位，3 孩及以上的出生性别比超过了 187，其出生性别比失衡程度达到了 74.93%。

表 3-16　性别选择与出生性别比失衡的关系（3 孩及以上）

生育年份	出生性别比	出生性别比失衡程度	性别鉴定比例	性别选择比例	性别选择的影响程度
1980	107.89	0.83%	0.82%	0.40%	2.08
1981	105.35	0.00%	0.00%	0.00%	0.00
1982	107.31	0.29%	0.28%	0.14%	2.10
1983	107.83	0.77%	0.76%	0.37%	2.08
1984	106.04	0.00%	0.00%	0.00%	0.00
1985	104.12	0.00%	0.00%	0.00%	0.00
1986	111.26	3.98%	3.79%	1.85%	2.15
1987	116.12	8.52%	7.78%	3.79%	2.25
1988	120.68	12.78%	11.23%	5.48%	2.33
1989	128.55	20.14%	16.60%	8.10%	2.49
1990	130.47	21.94%	17.82%	8.69%	2.52
1991	140.75	31.54%	23.72%	11.57%	2.73
1992	138.47	29.41%	22.47%	10.96%	2.68
1993	152.34	42.37%	29.44%	14.36%	2.95

生育年份	出生性别比	出生性别比失衡程度	性别鉴定比例	性别选择比例	性别选择的影响程度
1994	140.51	31.32%	23.66%	11.54%	2.71
1995	174.13	62.73%	38.16%	18.62%	3.37
1996	164.86	54.07%	34.72%	16.94%	3.19
1997	154.38	44.28%	30.45%	14.85%	2.98
1998	182.90	70.93%	41.13%	20.06%	3.54
1999	187.18	74.93%	42.39%	20.68%	3.62
2000	158.59	48.22%	32.34%	15.78%	3.06

数据来源：1990 年全国人口普查、2000 年全国人口普查。

其次看可能进行过 3 孩及以上胎儿性别鉴定的育龄妇女比例。与 3 孩及以上的出生性别比失衡程度的历史走势一致，进行过 3 孩及以上胎儿性别鉴定的中国育龄妇女比例从 1986 年开始呈现递增趋势。具体来说，1980～1985 年的育龄妇女进行过 3 孩及以上胎儿性别鉴定的人比例都在 1% 以下。从 1986 年开始，进行过 3 孩及以上胎儿性别鉴定的中国育龄妇女比例达到了 3.79%。随后，中国的 3 孩及以上胎儿性别鉴定的人比例不断攀升，1988 年 3 孩及以上胎儿性别鉴定的人比例为 11.23%，1990 年达到了 17.82%，1999 年 3 孩及以上胎儿性别鉴定的人比例达到了 42.39%。

最后看可能进行过 3 孩及以上胎儿性别选择的育龄妇女比例。同样与 3 孩及以上的出生性别比失衡程度的历史走势一致，可能进行过 3 孩及以上胎儿性别选择的中国育龄妇女比例从 1986 年开始呈现显著增加趋势。具体来说，1980～1985 年的育龄妇女进行过 3 孩及以上胎儿性别选择的人比例都在 0.4% 及以下。1986 年，进行过 3 孩及以上胎儿性别选择的中国育龄妇女比例达到了 1.85%。随后，中国的 3 孩及以上胎儿性别选择的人比例不断升高，1988 年 3 孩及以上胎儿性别选择的人比例为 5.48%，1990 年达到了 8.69%，1999 年 3 孩及以上胎儿性别选择的人比例达到了 20.68%。

可以看出，中国育龄妇女的 3 孩及以上胎儿性别选择明显加剧了出生性别比的失衡。1986 年，可能进行过 3 孩及以上胎儿性别选择的人比例为 1.85%，而由此导致的 3 孩及以上的出生性别比失衡程度则达到了 3.98%，即 3 孩及以上的出生性别比失衡程度与 3 孩及以上胎儿性别选择比例的比值大约为 2.15。因此，3 孩及以上胎儿性别选择比例同样对 3 孩及以上的出生性别比失衡起到了明显的放大作用。通过历史数据可以看出，3 孩及以上胎儿性别选择比例对 3 孩及以上的出生性别比失衡的放大作用呈递增趋势，1990 年 3 孩及以上的出生性别比失衡程度与 3 孩及以上胎儿性别选择比例的比值为 2.52，1995 年该比值为 3.37，1999 年达到了 3.62。

（四）农村性别选择与出生性别比失衡的量化关系

鉴于 2000 年之前中国出生性别比失衡主要发生在农村，因此本研究接下来重点分析中国农村育龄妇女性别选择与出生性别比失衡的量化关系。中国农村出生性别比最晚在 1982 年出现失衡，20 世纪 90 年代以来更是加速上升，1993 年开始超过了 120，出生性别比失衡程度达到 13.23%，2000 年达到了 129.36，出生性别比失衡程度为 20.90%。

表 3 - 17　性别选择与出生性别比失衡的关系（农村）

生育年份	出生性别比	出生性别比失衡程度	性别鉴定比例	性别选择比例	性别选择的影响程度
1980	107.07	0.07%	0.07%	0.03%	2.10
1981	106.48	0.00%	0.00%	0.00%	0.00
1982	108.03	0.97%	0.95%	0.46%	2.10

续表

生育年份	出生性别比	出生性别比失衡程度	性别鉴定比例	性别选择比例	性别选择的影响程度
1983	110.02	2.82%	2.72%	1.33%	2.13
1984	108.32	1.24%	1.21%	0.59%	2.10
1985	108.10	1.03%	1.01%	0.49%	2.09
1986	108.69	1.58%	1.54%	0.75%	2.11
1987	109.13	1.99%	1.94%	0.94%	2.11
1988	111.53	4.23%	4.02%	1.96%	2.16
1989	110.56	3.32%	3.19%	1.55%	2.14
1990	111.82	4.51%	4.27%	2.08%	2.16
1991	116.89	9.24%	8.39%	4.09%	2.26
1992	115.82	8.25%	7.55%	3.68%	2.24
1993	121.15	13.23%	11.57%	5.64%	2.34
1994	120.34	12.47%	10.98%	5.36%	2.33
1995	122.41	14.40%	12.47%	6.08%	2.37
1996	123.47	15.40%	13.21%	6.45%	2.39
1997	126.37	18.11%	15.17%	7.40%	2.45
1998	128.29	19.90%	16.43%	8.01%	2.48
1999	125.40	17.20%	14.52%	7.08%	2.43
2000	129.36	20.90%	17.13%	8.36%	2.50

数据来源：1990 年全国人口普查、2000 年全国人口普查。

与农村出生性别比失衡程度的历史走势一致，进行过胎儿性别鉴定和性别选择的中国农村育龄妇女比例也是从 1982 年开始呈现明显递增趋势。具体来说，20 世纪 80 年代，中国农村育龄妇女进行过性别鉴定和性别选择的人比例分别在 5% 和 2% 以下。也就是说，当时中国农村即使存在胎儿性别鉴定和性别选择现象，其人群规模和比例也相对较小。20 世纪 90 年代以来，进行过胎儿性别鉴定和性别选择的中国农村育龄妇女人数较为迅速地上升，1993 年分别上升到了 11.57% 和 5.64%，2000 年更是分别达到了 17.13% 和 8.36%。

中国农村育龄妇女的性别选择同样加剧了出生性别比失衡。通过历史数据可以看出，中国农村育龄妇女生育子女的性别选择比例对出生性别比失衡的作用呈现放大趋势，1985 年出生性别比失衡程度与性别选择比例的比值为 2.09，1995 年该比值上升到 2.37，2000 年达到了 2.50。

分孩次来看，中国农村出生性别比失衡同样主要集中于 2 孩和 3 孩及以上。因此，本研究分别对中国农村 2 孩性别选择与 2 孩出生性别比失衡的关系、3 孩及以上的性别选择与 3 孩及以上出生性别比失衡的关系进行具体分析。

首先看中国农村 2 孩性别选择与 2 孩出生性别比失衡的量化关系。中国农村 2 孩出生性别比虽然从 1983 年开始就已出现失衡，但整个 20 世纪 80 年代 2 孩出生性别比失衡状况并不明显。不过从 20 世纪 90 年代以来，2 孩出生性别比失衡呈现加速上升态势。具体来说，1991 年中国农村 2 孩出生性别比已经接近 130，出生性别比失衡程度达到 20.57%，1995 年继续上升为 152.66，出生性别比失衡程度上升到 42.68%，2000 年更是达到了 173.77 的历史高值，出生性别比失衡程度为 62.40%。

表 3-18　性别选择与出生性别比失衡的关系（农村，2 孩）

生育年份	出生性别比	出生性别比失衡程度	性别鉴定比例	性别选择比例	性别选择的影响程度
1980	105.08	0.00%	0.00%	0.00%	0.00
1981	104.42	0.00%	0.00%	0.00%	0.00
1982	106.94	0.00%	0.00%	0.00%	0.00
1983	109.99	2.79%	2.69%	1.31%	2.12
1984	108.32	1.23%	1.21%	0.59%	2.09
1985	106.95	0.00%	0.00%	0.00%	0.00

生育年份	出生性别比	出生性别比失衡程度	性别鉴定比例	性别选择比例	性别选择的影响程度
1986	104.29	0.00%	0.00%	0.00%	0.00
1987	104.47	0.00%	0.00%	0.00%	0.00
1988	108.86	1.73%	1.69%	0.82%	2.10
1989	107.65	0.61%	0.60%	0.29%	2.09
1990	109.70	2.52%	2.44%	1.19%	2.12
1991	129.01	20.57%	16.88%	8.23%	2.50
1992	122.96	14.91%	12.83%	6.26%	2.38
1993	146.63	37.04%	26.75%	13.05%	2.84
1994	142.45	33.13%	24.65%	12.02%	2.76
1995	152.66	42.68%	29.64%	14.46%	2.95
1996	136.44	27.52%	21.37%	10.42%	2.64
1997	155.00	44.86%	30.69%	14.97%	3.00
1998	166.29	55.41%	35.32%	17.23%	3.22
1999	165.73	54.89%	35.07%	17.11%	3.21
2000	173.77	62.40%	38.03%	18.55%	3.36

数据来源：1990 年全国人口普查、2000 年全国人口普查。

进行过 2 孩胎儿性别鉴定和性别选择的中国农村育龄妇女比例从 20 世纪 90 年代开始呈加速递增趋势。具体来说，1991 年进行过 2 孩胎儿性别鉴定和性别选择的中国农村育龄妇女比例分别上升到 16.88% 和 8.23%，1995 年则分别达到了 29.64% 和 14.46%，2000 年更是分别达到了 38.03% 和 18.55%。同时，中国农村 2 孩出生性别比失衡程度与 2 孩性别选择比例的比值从 1990 年的 2.12 上升到 1995 年的 2.95，2000 年更是达到了 3.36。

其次看中国农村 3 孩及以上的性别选择与 3 孩及以上出生性别比失衡的量化关系。中国农村 3 孩及以上出生性别比大约从 1982 年开始出现失衡，1986 年上升到 111.70，1988 年更是超过

120，出生性别比失衡程度为 12.99%，1989 年超过 130，出生性别比失衡程度为 22.19%，1998 年达到历史最高点 189.87，其出生性别比失衡程度为 77.45%。

表 3-19　性别选择与出生性别比失衡的关系（农村，3 孩及以上）

生育年份	出生性别比	出生性别比失衡程度	性别鉴定比例	性别选择比例	性别选择的影响程度
1980	106.59	0.00%	0.00%	0.00%	0.00
1981	105.38	0.00%	0.00%	0.00%	0.00
1982	107.17	0.16%	0.16%	0.08%	2.03
1983	108.01	0.94%	0.93%	0.45%	2.08
1984	106.20	0.00%	0.00%	0.00%	0.00
1985	104.98	0.00%	0.00%	0.00%	0.00
1986	111.70	4.39%	4.16%	2.03%	2.16
1987	117.20	9.53%	8.62%	4.21%	2.27
1988	120.90	12.99%	11.38%	5.55%	2.34
1989	130.75	22.19%	17.99%	8.78%	2.53
1990	131.81	23.18%	18.64%	9.09%	2.55
1991	139.31	30.20%	22.99%	11.21%	2.69
1992	137.95	28.92%	22.24%	10.85%	2.67
1993	152.42	42.44%	29.48%	14.38%	2.95
1994	142.69	33.35%	24.80%	12.10%	2.76
1995	174.94	63.49%	38.43%	18.75%	3.39
1996	163.17	52.50%	34.04%	16.61%	3.16
1997	157.34	47.05%	31.77%	15.50%	3.04
1998	189.87	77.45%	43.31%	21.13%	3.67
1999	178.29	66.62%	39.71%	19.37%	3.44
2000	171.13	59.94%	37.04%	18.07%	3.32

数据来源：1990 年全国人口普查、2000 年全国人口普查。

　　进行过 3 孩及以上胎儿性别鉴定和性别选择的中国农村育龄妇女比例从 1986 年开始呈加速增加趋势。具体来说，1986 年进行过 3 孩及以上胎儿性别鉴定和性别选择的中国农村育龄妇女比例分别为 4.16% 和 2.03%，1988 年分别上升到 11.38% 和 5.55%，1989 年则分别达到了 17.99% 和 8.78%，1998 年更是分别达到了 43.31% 和 21.13%。同时，中国农村 3 孩及以上出生性别比失衡程度与 3 孩及以上胎儿性别选择比例的比值从 1986 年的 2.16 上升到 1989 年的 2.53，1998 年达到了 3.67。

（五）汉族性别选择与出生性别比失衡的量化关系

　　本研究接下来还将分别对汉族和少数民族育龄妇女生育子女的性别选择与出生性别比失衡的关系进行分析，本部分则主要分析汉族育龄妇女。中国汉族育龄妇女生育子女的出生性别比从 1980 年开始出现失衡，不过整个 20 世纪 80 年代失衡状况并不严重。大约从 20 世纪 90 年代初开始，中国汉族育龄妇女生育子女的出生性别比呈加速失衡态势，1990 年为 111.42，出生性别比失衡程度为 4.13%，1995 年为 119.40，出生性别比失衡程度为 11.59%，2000 年更是达到了 125.70，出生性别比失衡程度为 17.47%。

表 3-20　性别选择与出生性别比失衡的关系（汉族）

生育年份	出生性别比	出生性别比失衡程度	性别鉴定比例	性别选择比例	性别选择的影响程度
1980	107.52	0.48%	0.48%	0.23%	2.06
1981	107.20	0.19%	0.18%	0.09%	2.12
1982	108.24	1.16%	1.13%	0.55%	2.10
1983	110.38	3.16%	3.04%	1.48%	2.13
1984	108.87	1.75%	1.70%	0.83%	2.11
1985	108.00	0.93%	0.91%	0.45%	2.09
1986	108.45	1.35%	1.32%	0.65%	2.09

生育年份	出生性别比	出生性别比失衡程度	性别鉴定比例	性别选择比例	性别选择的影响程度
1987	109.34	2.19%	2.12%	1.03%	2.12
1988	111.11	3.84%	3.67%	1.79%	2.15
1989	109.95	2.76%	2.66%	1.30%	2.13
1990	111.42	4.13%	3.93%	1.92%	2.16
1991	118.09	10.37%	9.30%	4.53%	2.29
1992	115.76	8.18%	7.50%	3.66%	2.24
1993	120.67	12.77%	11.21%	5.47%	2.33
1994	119.37	11.56%	10.25%	5.00%	2.31
1995	119.40	11.59%	10.29%	5.02%	2.31
1996	121.67	13.71%	11.95%	5.83%	2.35
1997	123.24	15.18%	13.06%	6.37%	2.38
1998	122.76	14.73%	12.71%	6.20%	2.38
1999	122.43	14.42%	12.49%	6.09%	2.37
2000	125.70	17.47%	14.73%	7.18%	2.43

数据来源：1990年全国人口普查、2000年全国人口普查。

与中国汉族育龄妇女生育子女的出生性别比失衡程度的历史走势一致，进行过胎儿性别鉴定和性别选择的中国汉族育龄妇女比例从1990年以来呈现明显递增趋势。具体来说，1990年进行过胎儿性别鉴定和性别选择的中国汉族育龄妇女比例分别为3.93%和1.92%，1995年则分别达到了10.29%和5.02%，2000年分别上升到14.73%和7.18%

中国汉族育龄妇女的性别选择同样加剧了出生性别比失衡。通过历史数据可以看出，中国汉族育龄妇女生育子女的性别选择比例对出生性别比失衡的放大作用呈现增加趋势，1990年出生性别比失衡程度与性别选择比例的比值为2.16，1995年该比值上升到2.31，2000年更是达到了2.43。

　　由于中国汉族育龄妇女生育子女的出生性别比失衡同样主要集中于 2 孩和 3 孩及以上。因此，本研究分别对中国汉族育龄妇女 2 孩性别选择与 2 孩出生性别比失衡的关系、3 孩及以上的性别选择与 3 孩及以上出生性别比失衡的关系进行具体分析。

　　首先看中国汉族育龄妇女生育子女的 2 孩性别选择与 2 孩出生性别比失衡的量化关系。中国汉族育龄妇女生育子女的 2 孩出生性别比虽然从 1983 年开始就出现失衡，但 20 世纪 80 年代 2 孩出生性别比失衡状况并不严重。20 世纪 90 年代初以来，中国汉族育龄妇女生育子女的 2 孩出生性别比失衡呈加速上升趋势。具体来说，1990 年中国汉族育龄妇女生育子女的 2 孩出生性别比为 110.07，出生性别比失衡程度为 2.86%，1995 年已经上升到 154.22，出生性别比失衡程度为 44.13%，2000 年更是达到了 169.53，出生性别比失衡程度为 58.44%。

表 3 - 21　性别选择与出生性别比失衡的关系（汉族，2 孩）

生育年份	出生性别比	出生性别比失衡程度	性别鉴定比例	性别选择比例	性别选择的影响程度
1980	104.76	0.00%	0.00%	0.00%	0.00
1981	105.12	0.00%	0.00%	0.00%	0.00
1982	106.23	0.00%	0.00%	0.00%	0.00
1983	110.29	3.08%	2.96%	1.44%	2.14
1984	108.58	1.48%	1.44%	0.70%	2.11
1985	107.40	0.38%	0.37%	0.18%	2.10
1986	104.74	0.00%	0.00%	0.00%	0.00
1987	105.20	0.00%	0.00%	0.00%	0.00
1988	108.87	1.75%	1.71%	0.83%	2.10
1989	107.95	0.89%	0.87%	0.43%	2.09
1990	110.07	2.86%	2.76%	1.35%	2.13
1991	130.12	21.61%	17.59%	8.58%	2.52

生育 年份	出生性 别比	出生性别比 失衡程度	性别鉴 定比例	性别选 择比例	性别选择的 影响程度
1992	125.13	16.95%	14.37%	7.01%	2.42
1993	147.08	37.46%	26.97%	13.16%	2.85
1994	147.36	37.72%	27.13%	13.23%	2.85
1995	154.22	44.13%	30.32%	14.79%	2.98
1996	140.70	31.49%	23.74%	11.58%	2.72
1997	151.91	41.97%	29.26%	14.27%	2.94
1998	170.73	59.56%	36.95%	18.02%	3.30
1999	169.96	58.84%	36.69%	17.90%	3.29
2000	169.53	58.44%	36.49%	17.80%	3.28

数据来源：1990 年全国人口普查、2000 年全国人口普查。

进行过 2 孩胎儿性别鉴定和性别选择的中国汉族育龄妇女比例从 20 世纪 90 年代以来呈大幅递增趋势。具体来说，1990 年进行过 2 孩胎儿性别鉴定和性别选择的中国汉族育龄妇女比例分别为 2.76% 和 1.35%，1995 年则分别上升到 30.32% 和 14.79%，2000 年更是分别达到了 36.49% 和 17.80%。同时，中国汉族育龄妇女生育子女的 2 孩出生性别比失衡程度与 2 孩性别选择比例的比值从 1990 年的 2.13 上升到 1995 年的 2.98，2000 年则达到了 3.28。

其次看中国汉族育龄妇女生育 3 孩及以上的性别选择与 3 孩及以上出生性别比失衡的量化关系。中国汉族育龄妇女生育子女的 3 孩及以上出生性别比从 1980 年开始就已出现失衡，1986 年上升到 112.39，1988 年更是超过 120，出生性别比失衡程度为 14.20%，1989 年超过 130，出生性别比失衡程度为 21.79%，1999 年达到历史最高点 199.31，其出生性别比失衡程度为 86.27%。

进行过 3 孩及以上胎儿性别鉴定和性别选择的中国汉族育龄妇女比例从 1986 年以来呈加速上升趋势。具体来说，1986 年进行

表 3 - 22　性别选择与出生性别比失衡的关系（汉族，3 孩及以上）

生育年代	出生性别比	出生性别比失衡程度	性别鉴定比例	性别选择比例	性别选择的影响程度
1980	108.37	1.28%	1.25%	0.61%	2.10
1981	106.24	0.00%	0.00%	0.00%	0.00
1982	107.48	0.45%	0.44%	0.21%	2.08
1983	110.27	3.05%	2.94%	1.43%	2.13
1984	107.29	0.27%	0.27%	0.13%	2.07
1985	105.71	0.00%	0.00%	0.00%	0.00
1986	112.39	5.04%	4.75%	2.32%	2.18
1987	117.96	10.25%	9.20%	4.49%	2.28
1988	122.19	14.20%	12.31%	6.01%	2.36
1989	130.32	21.79%	17.72%	8.64%	2.52
1990	132.81	24.12%	19.24%	9.39%	2.57
1991	146.20	36.63%	26.59%	12.97%	2.82
1992	143.56	34.17%	25.23%	12.31%	2.78
1993	159.04	48.63%	32.38%	15.80%	3.08
1994	144.10	34.67%	25.54%	12.46%	2.78
1995	186.85	74.63%	42.32%	20.64%	3.62
1996	182.59	70.65%	41.00%	20.00%	3.53
1997	161.57	51.00%	33.35%	16.27%	3.13
1998	194.03	81.34%	44.32%	21.62%	3.76
1999	199.31	86.27%	45.84%	22.36%	3.86
2000	168.57	57.71%	36.13%	17.62%	3.27

数据来源：1990 年全国人口普查、2000 年全国人口普查。

过 3 孩及以上胎儿性别鉴定和性别选择的中国汉族育龄妇女比例分别为 4.75% 和 2.32%，1988 年分别上升到 12.31% 和 6.01%，1989 年则分别达到了 17.72% 和 8.64%，1999 年更是分别达到了 45.84% 和 22.36%。同时，中国汉族育龄妇女生育子女的 3 孩及以上出生性别比失衡程度与 3 孩及以上胎儿性别选择比例的比值从 1986 年的 2. 18 上升到 1989 年的 2. 52，1999 年达到了 3. 86。

（六）少数民族性别选择比例与出生性别比失衡的量化关系

与汉族明显不同，少数民族育龄妇女生育子女的出生性别比在整个 20 世纪 80 年代都处于正常水平范围。从 1993 年开始，少数民族育龄妇女生育子女的出生性别比开始出现失衡，1993 年为 112. 23，出生性别比失衡程度为 4. 89%，1995 年为 119. 57，出生性别比失衡程度为 11. 74%，1997 年更是达到 126. 58 的历史高点，出生性别比失衡程度一度达到了 18. 30%。

表 3 - 23　性别选择与出生性别比失衡的关系（少数民族）

生育年份	出生性别比	出生性别比失衡程度	性别鉴定比例	性别选择比例	性别选择的影响程度
1980	104. 57	0. 00%	0. 00%	0. 00%	0. 00
1981	100. 24	0. 00%	0. 00%	0. 00%	0. 00
1982	105. 81	0. 00%	0. 00%	0. 00%	0. 00
1983	102. 52	0. 00%	0. 00%	0. 00%	0. 00
1984	101. 93	0. 00%	0. 00%	0. 00%	0. 00
1985	102. 06	0. 00%	0. 00%	0. 00%	0. 00
1986	105. 12	0. 00%	0. 00%	0. 00%	0. 00
1987	102. 68	0. 00%	0. 00%	0. 00%	0. 00
1988	105. 46	0. 00%	0. 00%	0. 00%	0. 00
1989	102. 15	0. 00%	0. 00%	0. 00%	0. 00
1990	103. 37	0. 00%	0. 00%	0. 00%	0. 00
1991	108. 65	1. 54%	1. 52%	0. 74%	2. 07
1992	103. 77	0. 00%	0. 00%	0. 00%	0. 00
1993	112. 23	4. 89%	4. 62%	2. 25%	2. 17
1994	109. 26	2. 11%	2. 10%	1. 03%	2. 06
1995	119. 57	11. 74%	10. 40%	5. 08%	2. 31

生育 年份	出生性 别比	出生性别比 失衡程度	性别鉴 定比例	性别选 择比例	性别选择的 影响程度
1996	115.80	8.22%	7.52%	3.67%	2.24
1997	126.58	18.30%	15.36%	7.49%	2.44
1998	115.83	8.25%	7.60%	3.71%	2.23
1999	105.97	0.00%	0.00%	0.00%	0.00
2000	108.96	1.83%	1.78%	0.87%	2.11

数据来源：1990 年全国人口普查、2000 年全国人口普查。

与少数民族育龄妇女生育子女的出生性别比失衡程度的历史走势一致，进行过胎儿性别鉴定和性别选择的中国少数民族育龄妇女比例从 1993 年以来呈现显著递增趋势。具体来说，1993 年进行过胎儿性别鉴定和性别选择的中国少数民族育龄妇女比例分别为 4.62% 和 2.25%，1995 年则分别达到了 10.40% 和 5.08%，1997 年分别上升到 15.36% 和 7.49%。

少数民族育龄妇女的性别选择同样加剧了出生性别比失衡。通过历史数据可以看出，中国少数民族育龄妇女生育子女的性别选择比例对出生性别比失衡的放大作用呈现增加趋势，1993 年出生性别比失衡程度与性别选择比例的比值为 2.17，1995 年该比值上升到 2.31，1997 年达到了 2.44。

由于中国少数民族育龄妇女生育子女的出生性别比失衡同样主要集中于 2 孩和 3 孩及以上。因此，本研究分别对中国少数民族育龄妇女 2 孩性别选择与 2 孩出生性别比失衡的关系、3 孩及以上的性别选择与 3 孩及以上出生性别比失衡的关系进行具体分析。

首先看中国少数民族育龄妇女生育子女的 2 孩性别选择与 2 孩出生性别比失衡的量化关系。从 1991 年开始，中国少数民族育龄妇女生育子女的 2 孩出生性别比开始出现失衡并总体呈现递增趋势。具体来说，1991 年中国少数民族育龄妇女生育子女的 2 孩出生性别比为 116.37，出生性别比失衡程度为 8.76%，1995年上升到 125.82，出生性别比失衡程度为 17.59%，2000 年达到了 132.72，出生性别比失衡程度为 24.03%。

表 3-24　性别选择与出生性别比失衡的关系（少数民族，2 孩）

生育年份	出生性别比	出生性别比失衡程度	性别鉴定比例	性别选择比例	性别选择的影响程度
1980	102.65	0.00%	0.00%	0.00%	0.00
1981	99.50	0.00%	0.00%	0.00%	0.00
1982	104.84	0.00%	0.00%	0.00%	0.00
1983	104.10	0.00%	0.00%	0.00%	0.00
1984	101.42	0.00%	0.00%	0.00%	0.00
1985	97.07	0.00%	0.00%	0.00%	0.00
1986	96.38	0.00%	0.00%	0.00%	0.00
1987	95.37	0.00%	0.00%	0.00%	0.00
1988	98.22	0.00%	0.00%	0.00%	0.00
1989	96.08	0.00%	0.00%	0.00%	0.00
1990	97.24	0.00%	0.00%	0.00%	0.00
1991	116.37	8.76%	8.06%	3.93%	2.23
1992	116.23	8.62%	7.99%	3.90%	2.21
1993	122.71	14.86%	12.53%	6.11%	2.40
1994	119.02	11.24%	9.99%	4.87%	2.31
1995	125.82	17.59%	14.64%	7.14%	2.46
1996	118.50	10.75%	9.40%	4.59%	2.34
1997	138.31	29.26%	22.48%	10.97%	2.67
1998	132.98	24.28%	19.21%	9.37%	2.59
1999	117.86	10.15%	9.17%	4.47%	2.27
2000	132.72	24.03%	19.22%	9.38%	2.56

数据来源：1990 年全国人口普查、2000 年全国人口普查。

进行过 2 孩胎儿性别鉴定和性别选择的中国少数民族育龄妇女比例从 1991 年以来总体呈现递增趋势。具体来说，1991 年进行过 2 孩胎儿性别鉴定和性别选择的中国少数民族育龄妇女比例分别为 8.06% 和 3.93%，1995 年则分别上升到 14.64% 和 7.14%，2000 年分别达到了 19.22% 和 9.38%。同时，少数民族育龄妇女生育子女的 2 孩出生性别比失衡程度与 2 孩性别选择比例的比值从 1991 年的 2.23 上升到 1995 年的 2.46，2000 年则进一步上升为 2.56。

其次看少数民族育龄妇女生育 3 孩及以上的性别选择与 3 孩及以上出生性别比失衡的量化关系。中国少数民族育龄妇女生育子女的 3 孩及以上出生性别比从 1988 年开始就已出现失衡，1990 年上升到 116.39，出生性别比失衡程度为 8.78%，1995 年更是超过 133，出生性别比失衡程度为 24.61%，1999 年达到 152.00，出生性别比失衡程度为 42.06%。

表 3-25　性别选择与出生性别比失衡的关系（少数民族，3 孩及以上）

生育年份	出生性别比	出生性别比失衡程度	性别鉴定比例	性别选择比例	性别选择的影响程度
1980	104.95	0.00%	0.00%	0.00%	0.00
1981	100.16	0.00%	0.00%	0.00%	0.00
1982	106.35	0.00%	0.00%	0.00%	0.00
1983	95.60	0.00%	0.00%	0.00%	0.00
1984	99.59	0.00%	0.00%	0.00%	0.00
1985	96.63	0.00%	0.00%	0.00%	0.00
1986	105.17	0.00%	0.00%	0.00%	0.00
1987	105.15	0.00%	0.00%	0.00%	0.00
1988	110.65	3.42%	3.28%	1.60%	2.14
1989	117.03	9.38%	8.48%	4.14%	2.27
1990	116.39	8.78%	7.95%	3.88%	2.26

生育年份	出生性别比	出生性别比失衡程度	性别鉴定比例	性别选择比例	性别选择的影响程度
1991	106. 78	0. 00%	0. 00%	0. 00%	0. 00
1992	111. 11	3. 84%	3. 27%	1. 59%	2. 41
1993	119. 00	11. 21%	9. 80%	4. 78%	2. 34
1994	124. 24	16. 11%	13. 78%	6. 72%	2. 40
1995	133. 33	24. 61%	19. 49%	9. 51%	2. 59
1996	109. 57	2. 41%	2. 06%	1. 01%	2. 40
1997	132. 05	23. 41%	18. 54%	9. 05%	2. 59
1998	150. 00	40. 19%	28. 10%	13. 71%	2. 93
1999	152. 00	42. 06%	29. 29%	14. 29%	2. 94
2000	141. 67	32. 40%	24. 85%	12. 12%	2. 67

数据来源：1990 年全国人口普查、2000 年全国人口普查。

进行过 3 孩及以上胎儿性别鉴定和性别选择的少数民族育龄妇女比例从 1988 年以来总体呈递增趋势。具体来说，1988 年进行过 3 孩及以上胎儿性别鉴定和性别选择的中国少数民族育龄妇女比例分别为 3. 28% 和 1. 60% ，1990 年分别上升到 7. 95% 和 3. 88% ，1995 年则分别为 19. 49% 和 9. 51% ，1999 年分别达到了 29. 29% 和 14. 29% 。同时，中国少数民族育龄妇女生育子女的 3 孩及以上出生性别比失衡程度与 3 孩及以上胎儿性别选择比例的比值从 1988 年的 2. 14 上升到 1995 年的 2. 59，1999 年达到了 2. 94。

四 孩次性别递进视角下对纯女户①的分析

本研究已经对中国育龄妇女生育子女的性别选择与出生性别

————————————

① 纯女户指生育子女都为女孩的家庭。同理，纯男户则指生育子女都为男孩的家庭。

比失衡的关系进行了定量估计和分析。接下来，本研究将继续从孩次性别递进视角对纯女户家庭的性别选择进行定量估计和分析（王广州、杨书章，2006a，2006b）。首先，本研究采用孩次性别递进的思路和方法，在控制育龄妇女以往所生子女性别结构的前提下，研究育龄妇女生育下一孩次的性别比。接着，本研究对纯女户进行专门分析，定量估计纯女户家庭生育下一孩次子女性别的影响因素。

（一）控制以往所生子女性别结构下的妇女生育性别比

本研究主要采用王广州、杨书章（2006a）提出的孩次递进路线图方法，利用 1997 年和 2001 年调查的合并数据，对育龄妇女生育下一孩次的性别比进行定量估计和分析。由于中国绝大多数育龄妇女的生育主要集中在 3 个孩子及以内，近年来高孩次生育的数量和占比更是锐减，本研究此处的讨论只限于 3 个孩子及以内，只包括从 0 孩到 1 孩、1 孩到 2 孩、2 孩到 3 孩的演进。

其中，0 孩育龄妇女（之前没有生育的育龄妇女）的递进生育性别比（PSR00）基本是正常的。具体来看，0 孩育龄妇女 1979 年以前递进生育性别比为 105.09，1980～1984 年为 107.60，1985～1989 年为 104.71，1990～1994 年为 105.84，1995～2001 年为 108.15。可以看出，除了 1995～2001 年的 0 孩育龄妇女递进生育性别比略高于正常值上限之外，其他各时期 0 孩育龄妇女没有表现出明显的性别选择迹象。

表 3 - 26　各时期孩次性别递进生育性别比

			1979 年及以前		
PSR00	PSR01	PSR02	105.09	105.10	120.96
PSR10	PSR11		104.62	102.19	
PSR20			80.71		

1980～1984 年			1985～1989 年		
107.60	114.63	147.69	104.71	134.30	180.17
103.75	101.71		99.77	109.38	
101.03			87.50		
1990～1994 年			1995～2001 年		
105.84	177.92	241.89	108.15	192.67	250.60
104.87	138.46		115.19	133.90	
84.05			64.20		

数据来源：1997 年和 2001 年调查的合并数据。

通过以上分析可知，各时期孩次性别递进生育性别比的失衡主要表现在从 1 孩到 2 孩、2 孩到 3 孩的演进过程中。因此，本研究重点对纯女户、纯男户从 1 孩到 2 孩或者从 2 孩到 3 孩的孩次性别递进生育情况进行分析。

首先看纯女户的孩次性别递进生育情况。已经生育了 1 个女孩的育龄妇女（01 类）在向前递进时，可以再生育 1 个男孩，也可以再生育 1 个女孩，即 01 类递进为 1 男 1 女或者 2 女。通过历史数据可以看出，01 类育龄妇女的孩次性别递进生育性别比（PSR01）在 1979 年及以前为 105.10，属于正常范围。1980～1984 年上升为 114.63，出生性别比已经出现较为明显的失衡。1985～1989 年则上升为 134.30，已经表现出了非常明显的性别选择的迹象。1990～1994 年，01 类育龄妇女的孩次性别递进生育性别比更是高达 177.92，1995～2001 年则又进一步上升到 192.67，即 01 类育龄妇女再生育 1 个男孩的数量是生育 1 个女孩的 1.93 倍，这说明纯女户人为选择生育下一子女性别的现象已经较为严重。

生育了 2 个女孩的妇女（02 类）如果再次生育，即再增加 1 个男孩或 1 个女孩，递进方向分别为 1 男 2 女或 3 女。通过历史数据可以看出，02 类育龄妇女的孩次性别递进生育性别比

（PSR02）早在 1979 年及以前已经达到 120.96，属于较为明显的失衡状态。1980~1984 年继续上升到 147.69，1985~1989 年更是达到 180.17，1990~1994 年、1995~2001 年这两个时期 02 类育龄妇女的孩次性别递进生育性别比则又分别达到了 241.89 和 250.60 的历史高位。可以看出，已有 2 个女孩的纯女户对生育下一孩次子女的性别选择相比 1 个女孩的纯女户要更为明显。

通过以上分析可以看出，只要是纯女户，无论是 01 类育龄妇女还是 02 类育龄妇女，其孩次性别递进生育性别比都要显著高于正常值水平。而且，自 20 世纪 80 年代以来，纯女户家庭的孩次性别递进生育性别比随着时间的推移不断上升，表现出越来越明显的人为性别干预特征并且性别干预的程度越来越深。

其次看纯男户的孩次性别递进生育情况。与纯女户正好相反，纯男户生育下一子女的性别不仅大多处于正常范围，而且有时还会出现希望再要一个女孩的倾向。其中，已经生育了 1 个男孩的育龄妇女（10 类）的递进方向分别是 2 男或者 1 男 1 女。通过历史数据可以看出，无论是 1979 年及以前还是 1980~1994 年的各个时期，10 类育龄妇女的孩次性别递进生育性别比（PSR10）或者处于正常值范围或者位于正常水平以下，即有时会表现出希望再生育一个女孩的倾向并付诸实际的性别选择。而已经生育了 2 个男孩的育龄妇女（20 类）的孩次性别递进生育性别比（PSR20）在各个时期均显著低于正常水平，即表现出更希望再生育一个女孩的倾向并付诸性别选择。

通过以上分析可以看出，纯女户对于下一孩次生育子女性别的干预特征最为明显。一方面，纯女户对于生育下一孩次子女性别的干预强度随时间的推移不断增强，越接近于当前则纯女户对于下一孩次生育子女性别的干预越强烈。另一方面，纯女户对下一孩次生育性别的干预程度随生育孩次的提高而不断增强，越接近生育限制的子女数量空间上限，则其对于生育子女性别干预的强度越大。此外，纯男户则与纯女户形成鲜明对照，纯男户生育下一孩次子女的性别经常处于正常范围，如果有所偏离则表现出一定的更希望生育女孩的倾向并付诸实际性别选择。

（二）纯女户家庭生育下一孩次子女性别的影响因素

首先，本研究运用 Logistic 多元回归模型对已有 1 个女孩的纯女户生育下一孩次子女性别的影响因素进行定量估计和分析。模型的因变量为已有 1 个女孩的纯女户生育下一孩次子女的性别，其中如果是男孩赋值为 1，如果是女孩则赋值为 0。模型的自变量则主要包括纯女户育龄妇女的个人基本情况、生育史以及地区信息。其中，育龄妇女个人基本情况包括育龄妇女本人的户籍、民族和受教育程度；而育龄妇女的生育史则包括生育年龄、生育年代、间隔内妊娠中止次数、生育间隔，而生育间隔和间隔内妊娠中止次数是标示性别选择的关键变量；地区信息指纯女户所在的区域，主要分为东部地区、中部地区和西部地区。

模型估计结果表明，已有 1 个女孩的纯女户育龄妇女的个人基本情况、生育史和地区信息均对其生育下一孩次子女的性别产生显著影响。其中，育龄妇女个人基本信息方面，汉族已有 1 个女孩的纯女户下一孩次生育男孩的可能性要显著高于少数民族已有 1 个女孩的纯女户。具体来说，在控制其他变量的情况下，汉族已有 1 个女孩的纯女户下一孩次生育男孩的发生比是少数民族已有 1 个女孩的纯女户的 1.193 倍，且统计性显著。

表 3 - 27　纯女户生育下一孩次子女性别的影响因素（已有 1 个女孩）

变量名称	系数	标准误	显著度	优势比
户籍（参照类：城镇户籍）				
农村户籍	-0.099	0.064	0.121	0.906
民族（参照类：少数民族）				
汉族	0.177	0.062	0.004	1.193

续表

变量名称	系数	标准误	显著度	优势比
受教育程度（参照类：文盲）				
小学	-0.034	0.044	0.438	0.966
初中	-0.054	0.051	0.282	0.947
高中及以上	-0.020	0.085	0.814	0.980
生育年龄（参照类：15~24 岁）				
25~29 岁	0.082	0.042	0.053	1.086
30~34 岁	-0.118	0.072	0.103	0.889
35 岁及以上	-0.529	0.171	0.002	0.589
生育年代（参照类：1979 年及以前）				
1980~1984 年	0.073	0.062	0.240	1.075
1985~1989 年	0.268	0.058	0.000	1.307
1990~1994 年	0.546	0.062	0.000	1.726
1995~2001 年	0.628	0.070	0.000	1.874
间隔内妊娠中止次数				
1 次	0.082	0.068	0.225	1.086
2 次及以上	-0.103	0.118	0.384	0.902
生育间隔（单位：月）	0.001	0.001	0.193	1.001
地区（参照类：中部地区）				
东部地区	-0.096	0.042	0.024	0.909
西部地区	-0.035	0.048	0.469	0.966

数据来源：1997 年和 2001 年调查的合并数据。

　　育龄妇女的生育史方面，生育年龄和生育年代均对其生育下一孩次子女的性别产生显著影响。其中，35 岁及以上的已有1 个女孩的纯女户育龄妇女下一孩次生育男孩的可能性要明显低于 15~24 岁已有 1 个女孩的纯女户育龄妇女。具体来说，35 岁及以上的已有 1 个女孩的纯女户育龄妇女下一孩次生育男孩的发生比是 15~24 岁已有 1 个女孩的纯女户育龄妇女的 0.589 倍，且统计性显著。

生育年代方面，1985～1989 年、1990～1994 年、1995～2001 年这三个时期的已有 1 个女孩的纯女户的育龄妇女下一孩次生育男孩的发生比分别是 1979 年及以前已有 1 个女孩的纯女户的育龄妇女的 1.307 倍、1.726 倍和 1.874 倍，并且统计性都非常显著。从中可以看出，由于存在男孩偏好，已有 1 个女孩的纯女户的育龄妇女生育下一孩次时，其对子女性别进行人为干预的程度随着时间的推移越来越强。尤其是 20 世纪 90 年代以来，已有 1 个女孩的纯女户的育龄妇女生育下一孩次为男孩的发生比都超过了 1.7，1995～2001 年的发生比更是接近 1.9 的水平。

地区方面，中部地区已有 1 个女孩的纯女户的育龄妇女下一孩次生育男孩的可能性要显著高于东部地区。具体来说，东部地区已有 1 个女孩的纯女户的育龄妇女下一孩次生育男孩的发生比是中部地区的 0.909 倍，并且统计性显著。此外，西部地区与中部地区相应差异的统计性不显著。

其次，本研究还运用 Logistic 多元回归模型对已有 2 个女孩的纯女户生育下一孩次子女性别的影响因素进行定量估计和分析。由于拥有 3 个及以上子女的家庭基本集中于中国农村，因此本部分的分析对象只涉及中国农村已有 2 个女孩的纯女户。

模型的因变量为已有 2 个女孩的纯女户生育下一孩次子女的性别，其中如果是男孩赋值为 1，如果是女孩则赋值为 0。模型的自变量主要包括纯女户育龄妇女的个人基本情况、生育史以及地区信息。其中，育龄妇女个人基本情况包括育龄妇女本人的户籍、民族和受教育程度；而育龄妇女的生育史则包括生育年龄、生育年代、间隔内妊娠中止次数、生育间隔；地区信息指纯女户所在的区域，主要分为东部地区、中部地区和西部地区。

模型结果表明，已有 2 个女孩的农村纯女户育龄妇女的个人基本情况和生育史均对其生育下一孩次子女的性别产生显著影响。其中，育龄妇女个人基本信息方面，民族和受教育程度均有显著影响。民族方面，农村汉族已有 2 个女孩的纯女户下一孩次生育男孩的可能性要显著高于农村少数民族已有 2 个女孩的纯女户。具体来说，在控制其他变量的情况下，农村汉族已有 2 个女孩的纯女户下一孩次生育男孩的发生比是农村少数民族已有 2 个女孩的纯女户的 1.364 倍，并且统计性非常显著。

受教育程度方面，初中文化程度的已有 2 个女孩的农村纯女户育龄妇女下一孩次生育男孩的可能性要显著高于农村文盲育龄妇女。具体来说，初中文化程度的已有 2 个女孩的农村纯女户育龄妇女下一孩次生育男孩的发生比是农村文盲育龄妇女的 1.213 倍，并且统计性显著。

育龄妇女的生育史方面，生育年代对已有 2 个女孩的农村纯女户育龄妇女生育下一孩次子女的性别有显著影响。在控制其他变量的条件下，生育年代处于 1980～1984 年、1985～1989 年、1990～1994 年、1995～2001 年这四个时期的已有 2 个女孩的农村纯女户育龄妇女下一孩次生育男孩的发生比分别是 1979 年及以前已有 2 个女孩的农村纯女户育龄妇女的 1.218 倍、1.263 倍、1.633 倍和 1.454 倍，且均为统计性显著。

表 3-28　农村纯女户育龄妇女生育下一孩次子女性别的影响因素
（已有 2 个女孩）

变量名称	系数	标准误	显著度	优势比
民族（参照类：少数民族）				
汉族	0.310	0.099	0.002	1.364
受教育程度（参照类：文盲）				
小学	0.033	0.068	0.631	1.033
初中	0.193	0.093	0.037	1.213
高中及以上	0.264	0.190	0.165	1.302
生育年龄（参照类：15～24 岁）				

变量名称	系数	标准误	显著度	优势比
25～29 岁	0.057	0.077	0.458	1.059
30～34 岁	0.187	0.104	0.072	1.206
35 岁及以上	-0.319	0.212	0.132	0.727
生育年代（参照类：1979 年及以前）				
1980～1984 年	0.197	0.099	0.046	1.218
1985～1989 年	0.234	0.095	0.014	1.263
1990～1994 年	0.490	0.103	0.000	1.633
1995～2001 年	0.374	0.133	0.005	1.454
间隔内妊娠中止次数				
1 次	-0.123	0.149	0.409	0.885
2 次及以上	-0.269	0.328	0.411	0.764
生育间隔（单位：月）	0.000	0.002	0.825	1.000
地区（参照类：中部地区）				
东部地区	-0.063	0.073	0.385	0.939
西部地区	-0.081	0.081	0.312	0.922

数据来源：1997 年和 2001 年调查的合并数据。

五　妊娠中止行为与出生性别比失衡的关系

一些研究表明，育龄妇女经常借助妊娠中止行为来达到最终生育男孩的目的（陈卫，2002；乔晓春，2002；刘鸿雁，2004；韦艳等，2007）。本研究继续聚焦于妊娠中止这一实际的性别选择，分别通过 Logistic 模型和多层线性模型（HLM 模型）来研究育龄妇女本次生育子女性别与生育该子女之前是否进行过妊娠中止之间存在的关系。

本研究首先利用 Logistic 模型对中国育龄妇女本次生育子女性别与生育该子女之前是否进行过妊娠中止之间的关系进行定量估计和分析。模型因变量为生育上一孩次子女之后、生育本子女之前是否进行过妊娠中止，如果期间有过妊娠中止，那么赋值为1，否则赋值为0。模型自变量为本次生育子女性别，如果本次生育子女为男孩，那么赋值为1，如果本次生育子女为女孩则赋值为0。控制变量主要包括育龄妇女的生育年龄、生育年代、户籍、民族、受教育程度以及所在地区。

表3-29 子女性别与之前是否进行过妊娠中止之间关系的 Logistic 模型

变量名称	系数	标准误	显著度	优势比
子女性别（参照类：女孩）				
男孩	0.056	0.031	0.073	1.057
生育年龄（参照类：15~24岁）				
25~29岁	1.001	0.037	0.000	2.721
30~34岁	1.562	0.047	0.000	4.767
35岁及以上	1.602	0.094	0.000	4.961
生育年代（参照类：1979年及以前）				
1980~1984年	0.432	0.076	0.000	1.541
1985~1989年	0.796	0.071	0.000	2.216
1990~1994年	0.962	0.072	0.000	2.617
1995~2001年	1.315	0.072	0.000	3.724
户籍（参照类：城镇户籍）				
农村户籍	-0.403	0.042	0.000	0.668
民族（参照：少数民族）				
汉族	0.302	0.060	0.000	1.352
受教育程度（参照类：文盲）				
小学	0.357	0.046	0.000	1.429
初中	0.478	0.048	0.000	1.613
高中及以上	0.475	0.062	0.000	1.608
地区（参照类：中部地区）				
东部地区	0.207	0.037	0.000	1.230

续表

变量名称	系数	标准误	显著度	优势比
西部地区	0.048	0.044	0.273	1.049

数据来源：1997 年和 2001 年调查的合并数据。

模型最终估计结果（见表 3 - 29）表明，在控制其他变量的情况下，本次生育子女性别为男孩的育龄妇女，上次生育之后至本次生育之前这段时间内采取过妊娠中止的发生比是下一孩次生育子女性别为女孩育龄妇女的 1.057 倍，且统计性边缘显著（0.073）。这在一定程度上表明，育龄妇女有可能采取妊娠中止的方式来达到其最终生育男孩的目的，这与以往许多研究（乔晓春，2004；陈卫，2005；屈坚定、杜亚平，2007；韦艳等，2007）的结果基本一致。

控制变量方面，育龄妇女的生育年龄、生育年代、户籍、受教育程度和地区信息都取得了统计性显著的结果。具体来说，生育年龄方面，在控制其他变量的条件下，育龄妇女生育年龄越大，其进行妊娠中止的可能性越大；生育年代方面，在控制其他变量的条件下，育龄妇女生育年代越接近当前，其进行妊娠中止的可能性越大；户籍方面，在控制其他变量的条件下，城镇户籍育龄妇女妊娠中止的可能性要显著高于农村户籍育龄妇女；受教育程度方面，在控制其他变量的条件下，育龄妇女的受教育程度越高，其进行妊娠中止的可能性越大；地区方面，在控制其他变量的条件下，东部地区育龄妇女进行妊娠中止的可能性要显著高于中部地区育龄妇女。

从理论上说，育龄妇女的生育行为不仅受个人层次的生育年龄、户籍、民族、受教育程度等微观因素的影响，还要受到宏观层次结构性或情境性因素的影响，比如育龄妇女所在的街道或乡镇、社区或村庄等。可以说，以往对妊娠中止与出生性别比失衡关系的研究，一般局限于育龄妇女个人的社会和人口特征，而对于宏观层次的变量要么避而不谈，要么将其强行附加到每个妇女案例上（宋月萍、陈蓉，2009；杨菊华等，2009）。这种做法虽然比较普遍，但在统计分析方法上却存在着较为明显的问题[1]。

针对该问题，本研究接下来采用多层线性模型（HLM 模型）来对中国农村育龄妇女[2]本次生育子女性别与上次生育之后至本次生育之前这段时间内是否采取过妊娠中止之间的关系进行分析。HLM 模型不仅可以用于分析中国农村育龄妇女本次生育子女性别与上次生育之后至本次生育之前这段时间内是否采取过妊娠中止的定量关系，而且还可以估计村镇层级宏观变量对这二者关系方向和幅度的调节作用。

本研究所用数据为 2001 年全国计划生育/生殖健康调查数据。2001 年调查除了个人问卷之外，还包括住户问卷、村级社区问卷以及乡级计划生育服务站问卷。HLM 模型的具体操作方面，本研究选定经过改造后的 2001 年全国计划生育/生殖健康调查数据作为层 1 数据。同时，考虑到一个乡镇只抽取了一个村，即乡镇和村庄之间存在一一对应关系，因此将乡镇数据和村庄数据合并为村镇数据，并作为层 2 数据。

具体来说，层 1 数据方面，由于 HLM 模型可以允许个人层次采用 Logistic 回归，本研究选择上次生育之后至本次生育之前这段时间内是否采取过妊娠中止行为作为因变量，自变量包括育龄妇女本次生育子女性别、户籍、民族、受教育程度、生育年龄和生育年代。

由于本研究重点关注村镇层次变量对育龄妇女本次生育子女性别与上次生育之后至本次生育之前这段时间内是否采取过妊娠

---

[1] 关于忽略不同层次变量在统计方法方面存在的问题以及相应解决办法的具体讨论，请见本书下一章有关多层线性模型的相关内容。

[2] 此处只分析中国农村育龄妇女的原因，主要在于统计分析所基于的 2001 年全国计划生育/生殖健康调查数据只对中国农村社区的相关信息进行了测量。

中止这两者关系方向和幅度的调节作用，因此本研究主要使用村镇层次变量来解释本次生育子女性别与上次生育之后至本次生育之前这段时间内是否采取过妊娠中止这两者的关系系数[①]，而层1的截距以及其他变量的斜率则不再使用村镇层级变量来加以解释。

根据研究需要，本研究最开始分批将测量村镇社会经济发展、教育文化水平、计生医疗水平这三个类别的变量纳入模型中。其中，测量村镇社会经济发展的变量主要包括村平均户规模、有无村办集体企业和 2000 年人均纯收入；测量村镇教育文化水平的变量则主要包括有无村图书室、有无村广播站和有无村小学；测量村镇计生医疗水平的变量主要包括乡镇有没有计划生育服务站、乡镇有没有 B 超设备、乡镇私人有没有 B 超设备、乡镇有没有手术室、乡镇多少人能提供技术服务、有无组织观看录像或 VCD、有无人口学校和最近的乡计生服务站距离。

根据统计分析结果，绝大多数村镇层次变量的参数估计的统计性都不显著。在最终模型中，对本次生育子女性别的斜率影响显著的村镇层次变量只有两个，即村平均户规模和有无村广播站。

HLM 模型的最终结果表明，在控制其他变量的情况下，不仅育龄妇女本次生育子女性别的单独效应以及分别与村平均户规模、有无村广播站的交互效应显著之外，层1截距的单独效应、生育年龄和生育年代的单独效应也都取得了显著性结果。不过，由于本研究主要关注的是育龄妇女生育子女性别的单独效应和交互效应，对其他变量相关效应的作用方向和幅度不再详细叙述。

HLM 模型的结果表明，在其他条件相同的情况下，上次生育

---

① 生育子女性别这一变量的斜率。

之后至本次生育之前这段时间内并且本次生育为男孩的中国农村育龄妇女采取过妊娠中止的可能性要显著高于本次生育为女孩的中国农村妇女。具体来说，在控制各层次变量的条件下，在上次生育之后至本次生育之前这段时间内，本次生育为男孩的中国农村育龄妇女采取妊娠中止的发生比是本次生育为女孩的农村妇女的 1.147 倍，并且统计性显著。

表3-30　子女性别与之前是否进行过妊娠中止之间关系的分层模型

固定效应估计	系数估计	显著度	优势比
层1 截距，B0			
层2 截距，G00	-3.138	0.000	0.043
层1 生育子女性别（参照类：女孩）斜率：B1			
层2 截距，G10	0.137	0.004	1.147
平均户规模，G11	-0.021	0.000	0.979
有村广播站，G12	0.133	0.027	1.143
层1 生育年龄（参照类：15~24 岁）			
层1 生育年龄25~29 岁 斜率：B2			
层2 截距，G20	1.172	0.000	3.227
层1 生育年龄30~34 岁 斜率：B3			
层2 截距，G30	1.653	0.000	5.223
层1 生育年龄35 岁以上 斜率：B4			
层2 截距，G40	1.750	0.000	5.753
层1 生育年代（参照类：1979 年及以前）			
层1 生育年代1980~1984 年 斜率：B5			
层2 截距，G50	0.843	0.000	2.323
层1 生育年代1985~1989 年 斜率：B6			
层2 截距，G60	1.210	0.000	3.354
层1 生育年代1990~1994 年 斜率：B7			
层2 截距，G70	1.402	0.000	4.062

固定效应估计	系数估计	显著度	优势比
层1 生育年代1995~2001年 斜率：B8			
层2 截距，G80	1.726	0.000	5.618

数据来源：1997年和2001年调查的合并数据。

模型结果同时表明，在其他条件相同的情况下，所在村平均户规模越大，那么上次生育之后至本次生育之前这段时间内，中国农村育龄妇女采取妊娠中止的可能性就越大，导致这一现象的原因，可能与人口政策类型以及政策实际执行力度有关。村子平均家庭人口规模越大，一般说明人口政策较为宽松或政策执行力度不是很大；反之，村子平均家庭人口规模越小，则说明人口政策执行力度较大。

模型结果还表明，在其他条件相同的情况下，上次生育之后至本次生育之前这段时间内并且村庄有广播站的中国农村育龄妇女采取妊娠中止的可能性要显著高于村庄没有广播站的农村育龄妇女。一个村子有广播站，一般说明这个村的经济条件和医疗条件相对较好，性别鉴定和性别选择的技术和设备对村民而言往往更容易获得。同时，该村育龄妇女的文化层次也相对较高，其性别鉴定与性别选择的知识储备也相对较多。

第三节　本章小结

一　性别偏好与出生性别比失衡

本部分首先梳理了国内外生育偏好及其与出生性别比失衡关系研究的大致情况。在此基础之上，基于可获得的全国性调查数据，本研究接着确定了中国育龄妇女生育子女性别偏好的测量指标并对影响性别偏好的相关因素进行了定量分析。聚焦于本部分的主要研究问题，本部分最后对生育偏好对中国出生性别比失衡的影响进行了定量估计和分析，并且注重将育龄妇女进一步细分为城镇户籍和农村户籍以及汉族和少数民族。

研究发现，中国育龄妇女生育子女的性别偏好主要指男孩偏好，而男孩偏好本身则是一个多层次测量指标，主要可以分为无所谓有无男孩、至少想要一个男孩的偏好、想要两个或以上男孩的偏好这样三个层次。其中，无所谓有无男孩的育龄妇女，其所生子女的性别比基本处于正常范围，而至少想要一个男孩的育龄妇女，其所生子女的性别比超过 117，要高于正常值范围。想要两个或以上男孩的育龄妇女，其所生子女的性别比超过 137，也明显偏离正常值水平。

通过定量分析我们发现，育龄妇女的年龄、户籍和受教育程度等均对其生育子女的性别偏好产生显著影响。具体来说，在控制其他变量的情况下，男孩偏好随着育龄妇女年龄的降低呈现先升高后降低的趋势，而农村户籍的育龄妇女生育子女的男孩偏好要明显高于城镇户籍的育龄妇女，同时受教育程度的提高对降低育龄妇女生育子女的男孩偏好的作用也非常明显。

性别偏好对中国出生性别比失衡影响的估计结果表明，即使在其他条件相同的情况下，如果育龄妇女生育子女的男孩偏好越强烈，那么实际生育子女性别越倾向于男孩。本研究还将总体细分为城镇育龄妇女、农村育龄妇女、汉族育龄妇女和少数民族育龄妇女，发现不同群体中虽然性别偏好对出生性别比失衡的作用幅度不同，但方向均保持一致且均为统计性显著，即育龄妇女生育子女的男孩偏好越强烈则其实际生育子女越倾向于男孩这一结论非常稳健。

二 性别选择与出生性别比失衡

在确定生育子女的性别偏好可能是出生性别比失衡的一个重

要原因之后，接下来需要探讨从性别偏好到出生性别比失衡之间的具体机制链条。这一问题可以表述为，如果人们怀有强烈的生育男孩的偏好，那么这种偏好是如何转化为实际生育男孩行为的。以往研究表明，只有在性别鉴定和性别选择的设备和手段可以获得时，育龄妇女才会在生育子女的数量空间内，对胎儿性别进行技术鉴定并根据实际情况实施妊娠中止，这也在宏观层面上造成了中国出生性别比失衡。

本部分首先梳理了国内外性别选择及其与出生性别比失衡关系研究的大致情况。在此基础之上，本研究基于可获得的全国性调查数据，首先分析了中国育龄妇女生育子女时实际进行性别鉴定和性别选择的模式及其随时间推移的变化趋势，并对中国农村户籍以及汉族和少数民族的育龄妇女进行了专门分析。接着，本研究还重点分析了纯女户再次生育子女的性别选择特点及其随时间的变化趋势。本部分最后还对妊娠中止这一性别选择与出生性别比失衡的关系进行了相应探讨。

研究发现，育龄妇女生育子女的性别选择与出生性别比失衡之间可能存在明显的量化关系。从出生性别比的总体态势来看，中国出生性别比从 1988 年开始出现较为明显的失衡，而进入 20 世纪 90 年代以来，出生性别比失衡更是进一步加剧。与中国出生性别比失衡程度的整体走势基本一致，进行过胎儿性别鉴定的中国育龄妇女比例也从 1988 年以来呈现明显递增趋势，从 1988 年的 3.23% 上升到 2000 年的 13.12%。与出生性别比失衡程度的历史走势一致，可能进行过胎儿性别选择的中国育龄妇女比例从 1988 年开始也呈现显著增加趋势，从 1988 年的 1.57% 增加到 2000 年的 6.40%。

以上分析表明，育龄妇女的性别选择可能在一定程度上加剧了出生性别比失衡。性别选择比例对出生性别比失衡的放大作用同样呈现增加趋势，1990 年出生性别比失衡程度与性别选择比例的比值为 2.14，1995 年该比值上升到 2.31，2000 年达到了 2.39。

由于在 2000 年以前中国出生性别比失衡主要体现为 2 孩及以上孩次的出生性别比失衡，本研究专门对中国育龄妇女生育子女的性别选择比例与 2 孩、3 孩及以上出生性别比失衡之间的关系进行定量估计和分析。

中国 2 孩出生性别比从 1991 年开始明显失衡并且不断加剧，进行过 2 孩性别鉴定和性别选择的中国育龄妇女比例也从 1991 年以来呈现显著递增趋势。1991 年进行过 2 孩性别鉴定和性别选择的中国育龄妇女比例分别为 16.66% 和 8.13%，2000 年则分别达到了 33.84% 和 16.51%。

中国 3 孩及以上的出生性别比从 1986 年开始就已出现明显失衡并且不断加剧，进行过 3 孩及以上胎儿性别鉴定的育龄妇女比例从 1986 年开始呈现递增趋势。1986 年进行过 3 孩及以上性别鉴定和性别选择的育龄妇女比例分别为 3.79% 和 1.85%，1999 年分别达到了 42.39% 和 20.68%。

本研究还重点对中国农村育龄妇女、汉族育龄妇女和少数民族育龄妇女进行了专门分析。研究表明，中国农村育龄妇女和汉族育龄妇女与中国整体出生性别比失衡的变化趋势、整体性别鉴定和性别选择比例的发展态势等基本保持一致，而少数民族无论是其出生性别比失衡的开始时间以及失衡程度还是性别鉴定和性别选择的启动时间和普及程度都要明显晚于和弱于其他条件基本相似的汉族育龄妇女。

本研究还对纯女户生育下一孩次子女性别的选择行为进行了专门分析。研究发现，纯女户对于生育下一孩次子女性别的干预强度随时间的推移不断增强，越接近于当前则纯女户对于下一孩次性别的干预越明显。同时，纯女户对下一孩次所生育子女性别的干预程度随生育孩次的提高而不断增强，越接近生育子女数量空间上限，则其对于生育子女性别干预的强度越强。研究还发现，纯女户育龄妇女的个人基本情况和生育史均对其生育下一孩次子女性别产生显著影响。

本研究最后对妊娠中止这一实际的性别选择进行了定量分析。研究发现，在控制其他变量的情况下，上次生育之后至本次生育之前这段时间内并且本次生育为男孩的中国农村育龄妇女采取过妊娠中止的可能性要显著大于本次生育为女孩的中国农村育龄妇女。研究还发现，在其他条件相同的情况下，育龄妇女所在村的平均户规模越大，那么上次生育之后至本次生育之前这段时间内，中国农村育龄妇女采取过妊娠中止的可能性就越大。此外，上次生育之后至本次生育之前这段时间内村庄有广播站的中国农村育龄妇女采取过妊娠中止的可能性也要显著大于村庄没有广播站的中国农村育龄妇女。

第四章 ◂

地区人口政策类型与出生性别比

当前，已有研究对人口政策与中国出生性别比失衡之间是否存在关系以及具体关系方向和作用幅度等方面依旧存在较大争议（原新、石海龙，2005；张二力，2005；李建新，2008；穆光宗，2008；石人炳，2009；宋月萍、陈蓉，2009；汤兆云、郭真真，2011；刘华等，2016）。针对这种状况，本章将定量估计和分析地区人口政策类型与出生性别比失衡之间可能存在的关系。

本部分首先利用 2000 年全国第五次人口普查母子匹配数据、1999 年地区政策生育率数据，定量分析地区人口政策类型与 0～4 周岁性别比之间可能存在的关系。然后，本研究继续利用多层线性模型（HLM 模型）对地区人口政策类型与 0～4 周岁性别比之间可能存在的关系进行更加深入的分析。

第一节　基于母子匹配数据的分析

本部分首先简要介绍中国人口政策的发展和演进脉络，然后在回顾以往研究的基础上，主要利用 2000 年全国第五次人口普查母子匹配数据、原国家计划生育委员会于 1999 年采集的地区政策生育率数据，定量估计和分析地区人口政策类型与 0～4 周岁性别比之间可能存在的关系。

一　人口政策简介

中国的人口政策始于 1971 年，20 世纪 70 年代的人口政策可以概括为"晚、稀、少"政策，核心观点为提倡最多生育两个孩子，即"一个不少，二个正好，三个多了"（李建新，1996；冯立天等，1999；张纯元，2000）。总的来看，20 世纪 70 年代的计划生育工作成效很大，总和生育率从 1970 年的 5.81 下降到 1979 年的 2.75，这期间的下降幅度达到了 52.67%。

1978 年党的十一届三中全会以来，党和国家的工作重点逐渐转移到经济建设上来，并提出了"三步走"的战略目标，要求到 20 世纪末国民生产总值比 1980 年翻两番，到 21 世纪中叶人均国民生产总值达到中等发达国家水平，1987 年党的十三大对此进行了重申和明确。在以经济建设为中心的同时，国家将人口发展纳入了国民经济和社会发展总体规划，试图通过抑制人口的快速增长为国民经济和社会发展创造良好的人口环境。

1980 年 9 月，国家提出要普遍提倡一对夫妇只生育一个孩子，在 20 世纪末将中国总人口控制在 12 亿人以内。1982 年 9 月党的十二大对此进行了再次强调，提出为了实现 20 世纪末国民生产总值比 1980 年翻两番的目标，必须将届时的中国人口规模控制在 12 亿人以内。

1984 年中央强调"要把计划人口政策建立在合情合理、群众拥护、干部做好工作的基础上"，并进行"开小口子，堵大口子"的政策调整（中共中央批转国家计划生育委员会党组《关于计划生育工作情况的汇报》，1984）。所谓"开小口子，堵大口子"，主要是指进一步扩大可以生育二胎的人群比例，同时继续严格控制计划外二胎或多胎生育。

实践证明，中央 1984 年"开小口子，堵大口子"的政策调整是明智的。由于调整后的政策更加符合中国经济与社会发展实际，干群关系大大缓和，基层计划生育工作的难度明显降低，中国也于 20 世纪 80 年代末和 90 年代初基本形成了较为稳定的人口政策（郭志刚等，2003；Festini & De Martino，2004；Potts，2006；Baochang et al.，2007）。

中国的改革开放从 20 世纪 90 年代开始明显提速，社会经济得到迅速发展，人们的思想观念和行为都发生巨大改变。1992 年，党的十四大第一次明确提出建立社会主义市场经济体制。这时期，传统的城乡壁垒被逐渐打开，人口流动大潮启动。20 世纪 90 年代末国有企业、教育、医疗和养老改革也相继启动，越来越多的劳动者从"单位人"变成了"市场人"，其生育观念和生育行为都发生了较为剧烈的改变。

20 世纪 90 年代初以来，中央进一步重视和加强计划生育工作。从 1991 年开始，党中央连续多年都在全国两会期间召开各省、自治区和直辖市党政领导参加的计划生育座谈会，确定人口政策的大政方针和具体工作任务（彭佩云，1997）。同时，地方党政领导的考核实行计划生育"一票否决制"。人口政策在 20 世纪 90 年代初被明确表达为提倡一对夫妇只生育一个孩子，其中国家干部和职工、城镇居民一般只生育一个孩子，农村地区某些群众确有实际困难，经过批准可以间隔几年以后生第二个孩子（《中共中央国务院关于加强计划生育工作严格控制人口增长的决定》，1991）。

2010 年以来，中国经济发展出现了新格局。尤其是 2012 年党的十八大以来，中国经济正在经历由高速增长向高质量增长的转变。在大力发展经济的同时，党和国家在执政理念上更加强调以人民为中心，要求将增进民生福祉作为发展的根本目的，并特别强调要切实提高民众的获得感和幸福感（中共中央宣传部，2019）。在经济高质量发展的同时，女性的受教育程度进一步提高，人们的思想观念更加现代化，人口的地域流动和职业流动趋势也更加明显。

人口形势方面，2010 年全国第六次普查的结果表明，中国人口发展正在经历重大转折（郭志刚，2011；Cai，2013）。生育率的持续低迷以及老龄化的日益严重，正成为中国人口发展的新常态，并将对中国当前及未来的经济和社会发展构成影响（Lutz et al.，2007；郭志刚，2010，2015；Feng et al.，2016）。

在低生育形势下，党和国家于 2013 年 11 月宣布将于 2014 年开始陆续实施"单独二孩"政策（《中共中央关于全面深化改革若干重大问题的决定》，2013）。在"单独二孩"政策提升生育率效果并不十分显著的情况下，党和国家又于 2015 年 10 月宣布将于 2016 年在全国统一实施"全面二孩"政策（《中国共产党第十八届中央委员会第五次全体会议公报》，2015）。

二　人口政策与出生性别比之间关系的研究

与世界上其他低生育率国家相比，中国的人口发展既有其相同之处，又有其特殊的地方。中国的生育率下降过程，不仅伴随着经济和社会的迅速发展以及人们生育观念的巨大改变，而且还有人口政策的作用。也就是说，中国出生性别比失衡同时伴随着社会经济的快速发展以及人口政策的实施及生育率不断下降的过程而出现。那么，由此引发的一个问题是，地区人口政策类型的不同是否可能导致了不同的出生性别比状况？如果可能，那么地区人口政策类型与出生性别比之间的关系到底是怎样的？

其实，自 20 世纪 90 年代初以来，有关人口政策与出生性别比失衡之间关系的研究就已出现，2000 年以来的相关研究更是呈现显著增加的趋势。总的来说，当前国内有关人口政策与出生性别比失衡的关系，主要有以下三种观点。

第一种观点认为，人口政策与中国出生性别比失衡二者之间无关。例如，顾宝昌和罗伊（1996）认为，韩国和中国台湾地区虽然没有强制性的计划生育，但是也同样存在出生性别比失衡的现象，因此计划生育不是导致中国出生性别比失衡的主要原因。

第二种观点认为，人口政策与中国出生性别比失衡之间不存在直接因果关系。比如，原新、石海龙（2005）认为，中国出生性别比偏高和推行计划生育的人口政策并没有直接关系，即二者不是因果关系。不过该研究承认，人口政策加速了中国的人口转变过程并促成了中国低生育水平的早日到来，因而有可能间接影响了出生性别比失衡。

第三种观点认为，人口政策与中国出生性别比失衡之间有可能存在比较密切的关系。比如，郭志刚（2007）对2000年全国第五次人口普查得到的出生性别比的统计分析结果表明，人口政策不仅对各地区出生性别比有着直接影响，而且还通过与育龄妇女的生育数量、子女性别结构之间的交互效应以及与育龄妇女的户籍、受教育程度之间的交互效应对出生性别比产生间接影响。

又比如，张二力（2005）的研究表明，地区人口政策类型与出生性别比失衡之间可能存在某种关联。该研究发现，实行"1孩半"政策地区的出生性别比失衡最为明显，而政策越宽松的地区，其出生性别比则越接近于正常。杨菊华等（2009）的研究发现，只要人口政策存在并且与男孩偏好共存，那么就有可能导致出生性别比失衡。

三　全国人口普查数据与地区政策生育率数据的匹配方法

在分析已有文献的基础上，并同样聚焦于人口政策与中国出生性别比之间是否存在关系的争论，本研究利用全国人口普查数据对地区人口政策类型与出生性别比之间可能存在的关系进行了定量估计和分析。不过，由于2000年全国第五次人口普查数据并没有地区政策生育率这一变量信息，因此需要将其与原国家计划生育委员会收集的 1999 年地区政策生育率数据进行匹配，本部分简要介绍实现这一匹配的具体方法。

2000 年全国第五次人口普查的地址码最低可识别到地区，即地级市或相当于地级市的区。虽然 2000 年全国第五次人口普查共有 345 个地区，但是并没有对每个地区的人口政策类型进行测量。为了弥补这一缺陷，本研究采用原国家计划生育委员会于 1999 年采集的全国 325 个地区的人口政策信息。也就是说，本研究的基础数据不仅包括 2000 年全国第五次人口普查数据，还包括 1999 年的地区政策生育率数据。

为了将以上两个数据进行匹配，本研究主要采用郭志刚（2003）开发的人口政策类型与 2000 年全国第五次人口普查数据个人案例的匹配方法。首先，鉴于市镇县变量与人口政策关联性较强，因此将其作为划分的参照变量。一般来说，中国各地区通常要根据其经济和社会发展程度以及城乡和民族人口比例来制定具体的人口政策。与之对应，中国各地区市镇县类型的划分和界定也同样遵循类似的标准。通常来看，城市的经济和社会发展最为发达和进步，其次为乡镇，而农村的经济和社会发展状况则要落后于城市和乡镇。

因此可以推断，中国各地区人口的市镇县人口比例与人口政策类型覆盖的人口比例之间存在着层次递进的相依关系，即一个地区 1 孩人口政策覆盖的人口，首先最有可能是经济和社会发展程度较高的城市人口，然后可能是乡镇人口，最后才可能是经济和社会发展相对较不发达的农村人口（郭志刚，2003）。

其次，该方法按照中国的 2000 年行政区划对各地区的市镇县人口比例进行统计汇总。在此基础之上，本研究按照中国各地区的市镇县人口比例与不同人口政策类型所覆盖的人口比例之间的层次递进关系，将各地区人口与地区政策生育率进行匹配，并最终为每一个育龄妇女案例建立了相应的人口政策类型这一变量。

四　地区人口政策类型与 0～4 周岁性别比

本部分主要使用 Logistic 多元回归模型，定量估计和分析地区人口政策类型与 2000 年 0～4 周岁所有孩次性别比之间的关系。其中，本模型所用因变量为 0～4 周岁性别比，即 1995 年 11 月 1 日至 2000 年 10 月 31 日出生的儿童性别比，其中如果是男孩则赋值为 1，如果是女孩则赋值为 0。

本模型的自变量为地区人口政策类型，主要分为 1 孩政策、1 孩半政策、2 孩政策和 3 孩及以上政策。其中，1 孩政策主要指独生子女政策，即一般情况下只能生育 1 个孩子；而 1 孩半政策则主要指如果第 1 孩为女孩，那么可以生育第 2 个孩子；2 孩政策主要指夫妇可以合法生育 2 个孩子；而 3 孩及以上的政策是指允许育龄妇女合法生育 3 个或更多的孩子。

表 4 - 1　变量的简要统计

变量名称	操作化定义	比例或均值
因变量		
生育子女性别		
男孩	生育男孩则赋值为 1，否则为 0	0.55
女孩	生育女孩则赋值为 1，否则为 0	0.45
自变量		
政策类型		
1 孩政策	1 孩政策赋值为 1，否则为 0	0.30
1 孩半政策	1 孩半政策赋值为 1，否则为 0	0.54
2 孩或以上政策	2 孩或以上政策赋值为 1，否则为 0	0.16
控制变量		
妇女生育史		

续表

变量名称	操作化定义	比例或均值
已有子女性别结构		
无男孩	已有子女中若无男孩则赋值为1，否则为0	0.86
生育孩次		
1孩	第一孩次赋值为1，否则为0	0.67
2孩	第二孩次赋值为1，否则为0	0.27
3孩及以上	第三或更高孩次赋值为1，否则为0	
生育年龄	生育该子女时的年龄（岁）	25.43
初婚年龄	初婚时的年龄（岁）	22.08
妇女个人特征		
户籍		
城镇户籍	城镇户籍赋值为1，否则为0	0.21
农村户籍	农村户籍赋值为1，否则为0	0.79
民族		
汉族	汉族赋值为1，否则为0	0.88
少数民族	少数民族赋值为1，否则为0	0.12
受教育程度		
文盲	文盲赋值为1，否则为0	0.06
小学	小学赋值为1，否则为0	0.33
初中	初中赋值为1，否则为0	0.47
高中及以上	高中及以上赋值为1，否则为0	0.14
职业类型		
负责人或专业技术人员	负责人或专业技术人员赋值为1，否则为0	0.23
商业服务或办事人员	商业服务或办事人员赋值为1，否则为0	0.08
农业	从事农业性质劳动赋值为1，否则为0	0.61
工业	从事工业性质劳动赋值为1，否则为0	0.08
流动类型		
本地人口	本地人口赋值为1，否则为0	0.90
流动人口	流动人口赋值为1，否则为0	0.10

续表

变量名称	操作化定义	比例或均值
家庭特征		
育龄妇女是否为户主	妇女为户主赋值为 1，否则为 0	0.07
户内人数	家庭户内的人口总数	4.32
户内少儿人数	家庭户内 0~14 周岁未成年人数量	1.52
是否为二代户	二代户赋值为 1，三代及以上赋值为 0	0.61
本户是否有老人	有 65 周岁及以上老人赋值为 1，否则为 0	0.32
本户是否有迁入	本户有人口迁入赋值为 1，否则为 0	0.09
户人均住房面积	平均每户拥有的住房面积（平方米）	19.63
是否拥有自我产权住房	拥有自我产权住房赋值为 1，否则为 0	0.88
地区		
东部地区	东部地区赋值为 1，否则为 0	0.39
中部地区	中部地区赋值为 1，否则为 0	0.34
西部地区	西部地区赋值为 1，否则为 0	0.27

数据来源：1999 年地区政策生育率调查、2000 年全国人口普查。

　　本研究所用控制变量包括育龄妇女生育史、个人特征、家庭特征和所在地区。其中，育龄妇女生育史主要包括已有子女性别结构、生育孩次、生育年龄和初婚年龄。其中，已有子女性别结构主要指育龄妇女生育上一孩次之后，本次生育之前是否已生育男孩；生育孩次则主要分为 1 孩、2 孩、3 孩及以上。生育年龄主要指育龄妇女本次生育的年龄；初婚年龄则指育龄妇女初次结婚时的年龄。

　　育龄妇女的个人特征则主要包括育龄妇女的户籍、民族、受教育程度、职业类型和流动类型。其中，户籍性质主要指育龄妇女户籍属于城镇户籍还是农村户籍；民族则主要指育龄妇女属于汉族还是少数民族；受教育程度则主要分为文盲、小学、初中、高中及以上共 4 个层级；育龄妇女的职业类型则主要分为负责人或专业技术人员、商业服务或办事人员、农业、工业；育龄妇女的流动类型主要指其属于本地人口还是流动人口。

家庭特征主要包括育龄妇女是否为户主、户内人数、户内少儿人数、是否为二代户、本户是否有老人、本户是否有迁入、户人均住房面积和是否拥有自我产权住房。其中，户内人数、户内少儿人数属于家庭的规模特征，是否为二代户、本户是否有老人、本户是否有迁入属于家庭特征，户人均住房面积和是否拥有自我产权住房则属于家庭的住房情况。

育龄妇女所在地区信息方面，本研究依旧按照传统东部地区、中部地区、西部地区的三类型划分法。中国东部地区、中部地区、西部地区不仅在经济和社会发展等方面都存在显著差异，而且人口政策类型方面也存在显著不同。具体来说，东部地区1孩政策和1孩半政策相比较而言更多一些，而西部地区2孩政策、3孩及以上的人口政策则更多一些。

表4-2　人口政策类型与0~4周岁性别比关系的最初模型

变量名称	系数	标准误	显著度	优势比
自变量				
政策类型（参照类：2孩或以上政策）				
1孩政策	0.061	0.032	0.058	1.603
1孩半政策	0.026	0.030	0.385	1.026
控制变量				
妇女生育史				
已有子女性别结构（参照类：已有子女有男孩）				
无男孩	0.820	0.033	0.000	2.270
生育孩次（参照类：3孩或以上）				
1孩	-1.619	0.072	0.000	0.198
2孩	-0.662	0.051	0.000	0.516
生育年龄	-0.026	0.004	0.000	0.974
初婚年龄	0.011	0.005	0.019	1.011

续表

变量名称	系数	标准误	显著度	优势比
妇女个人特征				
户籍（参照类：城镇户籍）				
农村户籍	0.011	0.032	0.739	1.011
民族（参照类：少数民族）				
汉族	0.026	0.030	0.391	1.026
受教育程度（参照类：文盲）				
小学	0.096	0.041	0.020	1.101
初中	0.115	0.042	0.006	1.122
高中及以上	0.135	0.051	0.009	1.144
职业类型（参照类：负责人或专业技术人员）				
商业服务或办事人员	0.056	0.035	0.114	1.058
农业	0.040	0.027	0.133	1.041
工业	-0.017	0.036	0.650	0.984
流动类型（参照类：本地人口）				
流动人口	-0.029	0.036	0.419	0.972
家庭特征				
育龄妇女是否为户主（参照类：非户主）				
户主	0.007	0.036	0.851	1.007
户内人数	0.022	0.013	0.098	1.023
户内少儿人数	-0.182	0.026	0.000	0.833
是否为二代户（参照类：非二代户）				
二代户	-0.016	0.036	0.649	0.984
本户是否有老人（参照类：无老人）				
有老人	-0.012	0.016	0.432	0.988
本户是否有迁入（参照类：无迁入）				
有迁入	-0.010	0.036	0.788	0.990
户人均住房面积	0.001	0.001	0.082	1.001
是否拥有自我产权住房（参照类：无自有产权住房）				

变量名称	系数	标准误	显著度	优势比
有自有产权住房	− 0.038	0.032	0.236	0.963
地区 （参照类：中部地区）				
东部地区	− 0.013	0.021	0.540	0.987
西部地区	− 0.065	0.026	0.012	0.937

数据来源：1999 年地区政策生育率调查、2000 年全国人口普查。

人口政策类型与 0 ~ 4 周岁性别比关系的最初模型结果见表 4 - 2，可以看出，育龄妇女个人特征和家庭特征方面很多变量都不显著。其中，个人特征方面，育龄妇女的户籍、民族、职业类型和流动类型都不显著；家庭特征方面，育龄妇女是否为户主、户内人数、本户是否老人、本户有迁入、户人均住房面积、是否拥有自我产权住房都不显著。

本研究对不显著变量根据初步结果及研究目的进行针对性精简，最终模型结果见表 4 - 3。具体来说，在控制其他变量的条件下，执行 1 孩政策的育龄妇女，本次生育子女为男孩的发生比是执行 2 孩或以上政策育龄妇女的 1.065 倍，且差异统计性显著。不过，执行 1 孩半政策的育龄妇女，本次生育子女为男孩的发生比虽然是执行 2 孩或以上政策育龄妇女的 1.034 倍，但其差异的统计性并不显著。

表 4 - 3 人口政策类型与 0 ~ 4 周岁性别比关系的最终模型

变量名称	系数	标准误	显著度	优势比
自变量				
政策类型 （参照类：2 孩或以上政策）				
1 孩政策	0.063	0.030	0.036	1.065
1 孩半政策	0.034	0.028	0.239	1.034
控制变量				

续表

变量名称	系数	标准误	显著度	优势比
妇女生育史				
已有子女性别结构（参照类：已有子女有男孩）				
无男孩	0.821	0.033	0.000	2.273
生育孩次（参照类：3 孩或以上）				
1 孩	- 1.612	0.072	0.000	0.199
2 孩	- 0.659	0.051	0.000	0.517
生育年龄	- 0.026	0.004	0.000	0.974
初婚年龄	0.010	0.005	0.032	1.010
妇女个人特征				
受教育程度（参照类：文盲）				
小学	0.101	0.041	0.013	1.106
初中	0.119	0.042	0.004	1.126
高中及以上	0.121	0.047	0.010	1.129
家庭特征				
户内少儿人数	- 0.163	0.021	0.000	0.849
是否为二代户（参照类：非二代户）				
二代户	- 0.046	0.018	0.011	0.955
地区（参照类：中部地区）				
东部地区	- 0.013	0.021	0.530	0.987
西部地区	- 0.062	0.026	0.015	0.940

　　数据来源：1999 年地区政策生育率调查、2000 年全国人口普查。

　　首先看育龄妇女生育史的相应变量。研究发现，如果已有子女性别结构、生育孩次、生育年龄和初婚年龄不同，那么妇女生育男孩的可能性就明显不同，即宏观层面的出生性别比存在明显差异。

　　其中，在其他条件相同的情况下，之前没有男孩的育龄妇女，本次生育男孩的可能性更大。具体来说，在控制其他变量的条件下，之前没有男孩的育龄妇女本次生育男孩的发生比是之前有男孩的育龄妇女的 2.273 倍，且差异统计性非常显著。

在其他条件相同的情况下，生育孩次越高，育龄妇女本次生育男孩的可能性越大。具体来说，在控制其他变量的条件下，本次生育为 1 孩的育龄妇女，其生育男孩的发生比是本次生育为 3 孩或以上的育龄妇女的 0.199 倍，且统计性显著；本次生育为 2 孩的育龄妇女，其生育男孩的发生比是本次生育为 3 孩或以上的育龄妇女的 0.517 倍，且统计性显著。

研究还发现，在其他条件相同的情况下，育龄妇女的生育年龄越小，其生育男孩的可能性越大。具体来说，在控制其他变量的条件下，妇女生育年龄每增加 1 岁，妇女生育男孩的发生比就下降为原来的 0.974 倍，且统计性显著。

此外，在其他条件相同的情况下，育龄妇女的初婚年龄越大，其生育男孩的可能性越大。具体来说，在控制其他变量的条件下，育龄妇女初婚年龄每增加 1 岁，其生育男孩的发生比就增加为原来的 1.010 倍，且统计性显著。

其次看育龄妇女个人特征。统计结果表明，在其他条件相同的情况下，育龄妇女的受教育程度越高，其生育男孩的可能性越大。具体来说，在控制其他变量的条件下，受教育程度为小学、初中、高中及以上的育龄妇女，其本次生育为男孩的发生比分别是受教育程度为文盲的育龄妇女的 1.106 倍、1.126 倍和 1.129 倍，且均为统计性显著。

再次看家庭特征。户内少儿人数和是否为二代户均有显著影响。模型结果表明，在其他条件相同的情况下，户内少儿人数越多，育龄妇女本次生育为男孩的可能性越低。具体来说，在控制其他变量的条件下，家庭每增加 1 个少儿人口，育龄妇女本次生育为男孩的发生比下降为原来的 0.849 倍，且统计性显著。模型结果还表明，在其他条件相同的情况下，二代户家庭育龄妇女生育男孩的可能性要低于三代户及以上的家庭。具体来说，在控制其他变量的条件下，二代户家庭育龄妇女生育男孩的发生比是非二代户家庭的 0.955 倍，且统计性显著。

最后看地区特征。在其他条件相同的情况下，西部地区育龄妇女本次生育男孩的可能性要低于中部地区。具体来说，在控制其他变量的条件下，西部地区育龄妇女生育男孩的发生比是中部地区育龄妇女的 0.940 倍，并且统计性显著。在其他条件相同的情况下，东部地区育龄妇女本次生育男孩的发生比虽然是中部地区育龄妇女的 0.987 倍，但统计性并不显著。

五　地区人口政策类型与 0～4 周岁 2 孩及以上性别比

鉴于中国出生性别比失衡主要集中在 2 孩及以上，本研究将继续利用 Logistic 多元回归模型来定量估计和分析地区人口政策类型与 2000 年 0～4 周岁 2 孩及以上的性别比之间的关系。其中，本模型所用因变量为 0～4 周岁性别比，即 1995 年 11 月 1 日至 2000 年 10 月 31 日期间出生的儿童性别比，如果是男孩则赋值为1，如果是女孩则赋值为 0。

本模型的自变量仍然为地区人口政策类型，主要分为 1 孩半政策、2 孩政策和 3 孩及以上政策。而本研究所用控制变量包括育龄妇女生育史、个人特征、家庭特征和所在地区。其中，育龄妇女生育史主要包括已有子女性别结构、生育孩次、生育年龄和初婚年龄；育龄妇女的个人特征则主要包括育龄妇女的户籍、民族、受教育程度、职业类型和流动类型；家庭特征主要包括育龄妇女是否为户主、户内人数、户内少儿人数、是否为二代户、本户是否有老人、本户是否有迁入、户人均住房面积和是否拥有自我产权住房；育龄妇女所在的地区信息方面则依旧按照传统东部地区、中部地区、西部地区的三类型划分法。

表4－4 变量的简要统计（2 孩及以上）

变量名称	操作化定义	比例或均值
因变量		
生育子女性别		
男孩	生育男孩则赋值为 1，否则为 0	0.61
女孩	生育女孩则赋值为 1，否则为 0	0.39
自变量		
政策类型		
1 孩半政策	1 孩半政策赋值为 1，否则为 0	0.62
2 孩政策	2 孩政策赋值为 1，否则为 0	0.22
3 孩及以上政策	3 孩及以上政策赋值为 1，否则为 0	0.16
控制变量		
妇女生育史		
已有子女性别结构		
无男孩	已有子女中若无男孩则赋值为 1，否则为 0	0.86
生育孩次		
2 孩	本次生育孩次为 2 则赋值为 1，否则为 0	0.80
3 孩或以上	本次生育孩次为 3 或以上则赋值为 1，否则为 0	0.20
生育年龄	生育该子女时的年龄（岁）	28.18
初婚年龄	初婚时的年龄（岁）	21.31
妇女个人特征		
户籍		
城镇户籍	城镇户籍赋值为 1，否则为 0	0.06
农村户籍	农村户籍赋值为 1，否则为 0	0.94
民族		
汉族	汉族赋值为 1，否则为 0	0.84
少数民族	少数民族赋值为 1，否则为 0	0.16
受教育程度		
文盲	文盲赋值为 1，否则为 0	0.10
小学	小学赋值为 1，否则为 0	0.45

变量名称	操作化定义	比例或均值
初中	初中赋值为 1，否则为 0	0.41
高中及以上	高中及以上赋值为 1，否则为 0	0.04
职业类型		
负责人或专业技术人员	负责人或专业技术人员赋值为 1，否则为 0	0.15
商业服务或办事人员	商业服务或办事人员赋值为 1，否则为 0	0.05
农业	从事农业性质劳动赋值为 1，否则为 0	0.76
工业	从事工业性质劳动赋值为 1，否则为 0	0.04
流动类型		
本地人口	本地人口赋值为 1，否则为 0	0.93
流动人口	流动人口赋值为 1，否则为 0	0.07
家庭特征		
育龄妇女是否为户主	妇女为户主赋值为 1，否则为 0	0.07
户内人数	家庭户内的人口总数	4.87
户内少儿人数	家庭户内 0~14 周岁未成年人数量	2.33
是否为二代户	二代户赋值为 1，三代及以上赋值为 0	0.71
本户是否有老人	有 65 周岁及以上老人赋值为 1，否则为 0	0.34
本户是否有迁入	本户有人口迁入赋值为 1，否则为 0	0.06
户人均住房面积	平均每户拥有的住房面积（平方米）	17.35
是否拥有自我产权住房	拥有自我产权住房赋值为 1，否则为 0	0.93
地区		
东部地区	东部地区赋值为 1，否则为 0	0.38
中部地区	中部地区赋值为 1，否则为 0	0.29
西部地区	西部地区赋值为 1，否则为 0	0.33

数据来源：1999 年地区政策生育率调查、2000 年全国人口普查。

　　地区人口政策类型与 0~4 周岁 2 孩及以上的性别比关系的最初模型结果见表 4-5，可以看出，妇女生育史、个人特征和家庭特征很多变量都不显著。其中，生育史方面，初婚年龄并不显著；个人特征方面，育龄妇女的户籍、受教育程度、职业类型和流动类型都不显著；家庭特征方面，育龄妇女是否为户主、户内人数、是否为二代户、本户是否有老人、本户是否有迁入、户人均住房面积、是否拥有自我产权住房都不显著。

表4-5　人口政策类型与0~4周岁性别比关系的
最初模型（2孩及以上）

变量名称	系数	标准误	显著度	优势比
自变量				
政策类型（参照类：3孩及以上政策）				
1孩半政策	0.024	0.092	0.796	1.024
2孩政策	-0.015	0.088	0.864	0.985
控制变量				
妇女生育史				
已有子女性别结构（参照类：已有子女有男孩）				
无男孩	0.791	0.037	0.000	2.205
生育孩次（参照类：3孩或以上）				
2孩	-0.703	0.066	0.000	0.495
生育年龄	-0.023	0.006	0.000	0.977
初婚年龄	0.009	0.008	0.263	1.009
妇女个人特征				
户籍（参照类：城镇户籍）				
农村户籍	-0.092	0.104	0.376	0.912
民族（参照类：少数民族）				
汉族	0.103	0.052	0.048	1.109
受教育程度（参照类：文盲）				
小学	0.060	0.060	0.313	1.062
初中	0.102	0.064	0.110	1.108
高中及以上	0.047	0.118	0.692	1.048
职业类型（参照类：负责人或专业技术人员）				

续表

变量名称	系数	标准误	显著度	优势比
商业服务或办事人员	0.025	0.109	0.820	1.025
农业	0.070	0.056	0.207	1.073
工业	−0.036	0.105	0.734	0.965
流动类型（参照类：本地人口）				
流动人口	0.127	0.101	0.206	1.135
家庭特征				
育龄妇女是否为户主（参照类：非户主）				
户主	−0.010	0.078	0.899	0.990
户内人数	0.006	0.030	0.848	1.006
户内少儿人数	−0.198	0.044	0.000	0.820
是否为二代户（参照类：非二代户）				
二代户	−0.118	0.085	0.162	0.889
本户是否有老人（参照类：无老人）				
有老人	−0.052	0.037	0.152	0.949
本户是否有迁入（参照类：无迁入）				
有迁入	−0.118	0.088	0.180	0.888
户人均住房面积	0.000	0.002	1.000	1.000
是否拥有自我产权住房（参照类：无自我产权住房）				
有自有产权住房	−0.059	0.085	0.486	0.942
地区（参照类：中部地区）				
东部地区	−0.117	0.043	0.007	0.890
西部地区	−0.169	0.054	0.002	0.844

数据来源：1999 年地区政策生育率调查、2000 年全国人口普查。

　　本研究根据初步结果及研究目的对不显著变量进行针对性精简，最终模型结果见表 4–6。定量分析结果表明，在其他条件相同的情况下，人口政策与本次生育子女的性别是否倾向于男孩的关系并不显著。具体来说，在控制其他变量的条件下，执行 1 孩半政策的育龄妇女，本次生育子女为男孩的发生比是执行 3 孩及以上政策育龄妇女的 1.038 倍，不过统计性不显著。执行 2 孩政策的育龄妇女，本次生育子女为男孩的发生比虽然是执行 3 孩及以上政策育龄妇女的 0.996 倍，同样统计性并不显著。

表 4-6　人口政策类型与 0~4 周岁性别比关系的
最终模型（2 孩及以上）

变量名称	系数	标准误	显著度	优势比
自变量				
政策类型（参照类：3 孩及以上政策）				
1 孩半政策	0.038	0.092	0.682	1.038
2 孩政策	-0.004	0.088	0.966	0.996
控制变量				
妇女生育史				
已有子女性别结构（参照类：已有子女有男孩）				
无男孩	0.790	0.036	0.000	2.203
生育孩次（参照类：3 孩或以上）				
2 孩	-0.684	0.064	0.000	0.505
生育年龄	-0.021	0.005	0.000	0.979
妇女个人特征				
民族（参照类：少数民族）				
汉族	0.110	0.051	0.032	1.116
家庭特征				
户内少儿人数	-0.194	0.034	0.000	0.823
是否为二代户（参照类：非二代户）				
二代户	-0.063	0.038	0.093	0.939
地区特征（参照类：中部地区）				
东部地区	-0.118	0.042	0.005	0.889
西部地区	-0.183	0.052	0.000	0.833

数据来源：1999 年地区政策生育率调查、2000 年全国人口普查。

本研究接下来分析控制变量的影响。首先看育龄妇女生育史的相应变量。研究发现，如果已有子女性别结构、生育孩次和生育年龄不同，那么妇女生育男孩的可能性就明显不同，即宏观层面的出生性别比存在明显差异。

其中，在其他条件相同的情况下，之前没有男孩的育龄妇女，本次生育男孩的可能性越大。具体来说，在控制其他变量的条件下，之前没有男孩的育龄妇女本次生育男孩的发生比是之前有男孩的育龄妇女的 2.203 倍，且差异统计性显著。

在其他条件相同的情况下，生育孩次越高，育龄妇女本次生育男孩的可能性越大。具体来说，本次生育为 2 孩的育龄妇女，其生育男孩的发生比是本次生育为 3 孩或以上的育龄妇女的 0.505 倍，且统计性显著。

研究还发现，在其他条件相同的情况下，育龄妇女的生育年龄越小，其生育男孩的可能性越大。具体来说，在控制其他变量的条件下，妇女生育年龄每增加 1 岁，妇女生育男孩的发生比就下降为原来的 0.979 倍，且统计性显著。

其次看育龄妇女个人特征。统计结果表明，在其他条件相同的情况下，汉族育龄妇女本次生育男孩的可能性要显著高于少数民族育龄妇女。具体来说，在控制其他变量的条件下，汉族育龄妇女本次生育男孩的发生比是少数民族育龄妇女的 1.116 倍，且统计性显著。

再次看家庭特征。户内少儿人数和家庭是否为二代户均有显著影响。模型结果表明，在其他条件相同的情况下，户内少儿人数越多，育龄妇女本次生育男孩的可能性越低。具体来说，在控制其他变量的条件下，家庭每增加 1 个少儿人口，育龄妇女本次生育男孩的发生比下降为原来的 0.823 倍，且统计性显著。模型结果还表明，在其他条件相同的情况下，二代户家庭育龄妇女生育男孩的可能性要低于非二代户的家庭。具体来说，在控制其他变量的条件下，二代户家庭育龄妇女生育男孩的发生比是非二代户家庭的 0.939 倍，且统计性显著。

最后看地区特征。在其他条件相同的情况下，西部地区和东部地区育龄妇女本次生育男孩的可能性均要显著低于中部地区的育龄妇女。具体来说，在控制其他变量的条件下，西部地区和东部地区育龄妇女生育男孩的发生比分别是中部地区育龄妇女的 0.833 倍和 0.889 倍，并且均为统计性显著。

第二节　基于 HLM 模型的分析 *

人口政策类型属于地区层级变量，这是研究人口政策与中国出生性别比之间关系时所不能忽视的一个重要问题。从统计学来看，如果要同时分析地区层级变量与个人层级变量，那么使用常规的统计方法可能会存在一定问题。有鉴于此，本部分首先介绍适合不同层次变量同时进行分析的统计方法，然后基于该统计方法对地区人口政策类型与出生性别比失衡之间的关系再次进行较为深入的分析。

一　HLM 模型方法简介

自 20 世纪 80 年代中后期以来，多层线性模型（Hierarchical Linear Model，以下简称 HLM 模型）开始趋于成熟（Goldstein，1995；Raudenbush and Bryk，2002；张雷等，2003；郭志刚，2004；郭志刚等，2007；王济川等，2008）。可以说，HLM 模型的出现，为更好地处理具有分层结构的数据提供了较为理想的解决方案。HLM 方法可以在同一个模型之中同时处理微观层次的个

---

* 本节部分内容来自王军《生育政策和社会经济状况对中国出生性别比失衡的影响》，《人口学刊》2013 年第 5 期。

人变量和宏观层次的情境变量，其与常规统计方法相比主要有三个方面的优势：一是能够对个体单位取得更好的效应估计；二是可以对各层之间的效应创建模型并进行假设检验；三是可以分解各层之间的方法和协方差成分（Raudenbush and Bryk，2002；郭志刚，2004）。

HLM 模型通常包括六大类，分别为随机效应的单因素方差分析、以层 2 单位平均数为估计结果的回归、随机效应的单因素方差分析、扩展的随机效应协方差分析、随机系数回归模型、将截距和斜率作为估计结果的回归模型（Raudenbush and Bryk，2002；郭志刚，2004）。本研究主要使用将截距和斜率作为估计结果的回归模型，并且因变量为二分类结果，其具体统计方法及介绍请参见郭志刚（2007）。

结合本研究，人口政策类型属于地区层次变量，要分析其与出生性别比失衡的关系，通常有三种方法，即仅限于地区层次变量之间关系的分析、将地区层次变量"降维"到个人层次、使用 HLM 模型同时分析地区层次变量和个人层次变量。

其中，仅限于地区层次变量之间关系的分析模型只包括地区层次的变量，即在控制地区层次变量的情况下，分析地区人口政策类型对地区出生性别比失衡的影响；将地区层次变量"降维"到个人层次，主要指将地区层级人口政策类型这一变量赋值给该地区所有个人案例，然后仅在个人层次上分析人口政策类型对育龄妇女生育男孩可能性的影响。

通过比较可以看出，第一种方法不仅损失了个人层次的大量信息，而且也不符合生育行为的实际决策过程，毕竟育龄妇女的生育行为既受到个人层次变量的影响，又受到地区层次变量的影响；第二种方法将人口政策变量"降维"到个人层次，其不仅会造成估计偏差，而且从宏观层次"降维"到微观层次非常容易发生推论错误。因此，要研究地区人口政策类型与出生性别比之间可能存在的关系，HLM 模型是一个较为理想的选择。

二　0~4 周岁儿童性别比的 HLM 二层模型分析

本研究利用 HLM 二层模型分析人口政策类型对 2000 年 0~4 岁儿童性别比失衡的影响。模型因变量为个人层次的育龄妇女本次生育子女的性别，如果是男孩则赋值为 1，如果是女孩则赋值为 0。从统计上来说，这时 $\log[p/(1-p)]$ 中的 p 便为生育男孩的概率，而 $p/(1-p) \times 100$ 便为条件性别比，即控制了其他变量之后的性别比。

个人层次变量主要包括育龄妇女生育史、个人特征和家庭特征。其中，育龄妇女生育史主要包括已有子女性别结构、生育孩次和生育年龄；个人特征主要包括育龄妇女的户籍、民族、受教育程度和流动类型[①]；家庭特征主要包括育龄妇女是否为户主、户内人数、户内少儿人数、是否为二代户、本户是否有老人、户人均住房面积和是否拥有自我产权住房。

地区层次变量主要包括较严人口政策人口比例、少数民族人口比例、城镇人口比例、女性文盲人口比例、女性高中及以上人口比例、女性工作人口比例、流动人口比例。其中，人口政策变量采用原国家计划生育委员会 1999 年收集的各地区中不同人口政策覆盖的人口比例，共有 345 个地区，平均每个地区 158 人。按照郭志刚（2005）对政策生育率的划分标准，本研究将地区政策生育率在 1.0~1.5 的定义为较严人口政策。

---

① 由于 2000 年时中国的人口流动现象已经很普遍，并且对育龄妇女所执行的人口政策并不是居住地实行的人口政策，而是户籍所在地实行的人口政策。因此，本研究借鉴郭志刚（2005）的做法，对生活在户籍所在地的育龄妇女直接采用数据提供的地区地址码，而对于不在户籍所在地的育龄妇女，其地区识别码则更换为被调查者对人口普查问题"从何地来本乡镇居住"（r10）回答时所申报的原籍地区地址码。

表 4 – 7　二层模型变量的描述性统计

变量名称	操作化定义	比例或均值
因变量		
生育子女性别（0~4周岁）		
男孩	生育男孩则赋值为 1，否则赋值为 0	0.55
女孩	生育女孩则赋值为 1，否则赋值为 0	0.45
个人层次		
妇女生育史		
已有子女性别结构		
无男孩	已有子女中若无男孩则赋值为 1，否则为 0	0.87
生育孩次		
1 孩	第一孩次赋值为 1，否则为 0	0.67
2 孩	第二孩次赋值为 1，否则为 0	0.27
3 孩及以上	第三或更高孩次赋值为 1，否则为 0	0.06
生育年龄	生育该子女时的年龄（岁）	25.43
妇女个人特征		
户籍		
城镇户籍	城镇户籍赋值为 1，否则为 0	0.21
农村户籍	农村户籍赋值为 1，否则为 0	0.79
民族		
汉族	汉族赋值为 1，否则为 0	0.88
少数民族	少数民族赋值为 1，否则为 0	0.12
受教育程度		
文盲	文盲赋值为 1，否则为 0	0.06
小学	小学赋值为 1，否则为 0	0.33
初中	初中赋值为 1，否则为 0	0.47
高中及以上	高中及以上赋值为 1，否则为 0	0.14
流动类型		
本地人口	本地人口赋值为 1，否则为 0	0.90
流动人口	流动人口赋值为 1，否则为 0	0.10

变量名称	操作化定义	比例或均值
家庭特征		
育龄妇女是否为户主	妇女为户主赋值为 1，否则为 0	0.07
户内人数	家庭户内的人口总数	4.32
户内少儿人数	家庭户内 0~14 周岁未成年人数量	1.52
是否为二代户	二代户赋值为 1，三代及以上赋值为 0	0.61
本户是否有老人	有 65 周岁及以上老人赋值为 1，否则为 0	0.32
户人均住房面积	平均每户拥有的住房面积（平方米）	19.64
是否拥有自我产权住房	拥有自我产权住房赋值为 1，否则为 0	0.88
地区层次		
较严人口政策人口比例	政策生育率为 1.0~1.5 的人口比例	0.76
少数民族人口比例	地区少数民族人口占比	0.16
城镇人口比例	地区城镇人口占比	0.36
女性文盲人口比例	地区女性人口中文盲占比	0.14
女性高中及以上人口比例	地区女性人口中高中及以上占比	0.41
女性工作人口比例	地区女性人口中工作人口占比	0.76
流动人口比例	地区流动人口占比	0.09

数据来源：1999 年地区政策生育率调查、2000 年全国人口普查。

首先，本研究计算一个完全无条件模型（个人和地区两个层次模型中都没有自变量），其中：

个人层次模型　　$\log[p/(1-p)] = B0$

地区层次模型　　$B0 = G00 + U0$

由于因变量取值为 1 时代表生育了男孩，因此模型中的 p 就是育龄妇女生育男孩的概率，而这时的发生比 $p/(1-p)$ 再乘以 100 就是 0~4 周岁儿童的性别比。

完全无条件模型得到的截距 $B0 = G00 = 0.195$，其优势比 $\exp(0.195) = 1.215$，其实这个数据就是 2000 年全国第五次人口普查 0~4 周岁儿童的性别比 121.5，分层模型输出的截距 95% 的置信区间为（1.173，1.258）。

接下来，本研究在个人层次模型中加入育龄妇女生育史、个人特征和家庭特征等变量以及层 1 截距，并在地区层次模型中分别使用较严人口政策人口比例、少数民族人口比例、城镇地区人口比例等变量以及层 2 截距来拟合层 1 的相应参数估计。通过这种设置，本研究就可以将个人层次和地区层次的数据信息共同进行分析。

在 HLM 模型的两层都加入变量后，这时个人层次模型中的截距 B0 就是条件性别比。本研究假设各地区人口政策类型的不同会使得地区出生性别比偏离这一参照水平，因此在地区层次的截距模型中纳入了人口政策类型变量，并添加了随机波动项。对于其他个人层次变量，本研究假设人口政策类型对其与出生性别比之间的斜率关系有影响，并且假定这种影响是固定的，所以不再设置随机波动项。

由于本研究初始模型纳入的变量较多，并且许多变量的统计性检验都不显著，所以本研究删除了初始模型中不显著变量，并获得最终模型结果。表 4-8 依次提供了最终模型的系数估计、按稳健标准误计算出来的显著度、优势比的估计值及其 95% 置信区间。

最终模型的截距 B0 是条件性别比，即在控制了人口政策影响的情况下，个人层次模型参照类的性别比。由于当前个人层次回归方程的截距值还取决于地区层次人口政策类型变量（B00 = G00 + G01 × 较严人口政策人口比例），因此其已经不再是一个常数。具体来说，HLM 模型中 G01 对应的系数为 0.071，其优势比为 1.074。

表 4-8　0~4 周岁性别比二层模型最终结果

固定效应估计	系数估计	显著度	优势比	95% 置信区间
层 1 条件性别比 截距: B0				
层 2 截距, G00	0.145	0.000	1.156	(1.075, 1.242)
较严人口政策人口比例, G01	0.071	0.092	1.074	(0.988, 1.167)
层 1 无男孩 斜率: B1				
层 2 截距, G10	0.682	0.000	1.979	(1.577, 2.483)
较严人口政策人口比例, G11	0.267	0.011	1.306	(1.007, 1.695)
少数民族人口比例, G12	-0.785	0.004	0.716	(0.267, 0.779)
流动人口比例, G13	-0.957	0.023	0.384	(0.168, 0.877)
层 1 1 孩 斜率: B2				
层 2 截距, G20	-0.755	0.000	0.470	(0.368, 0.600)
较严人口政策人口比例, G21	-0.538	0.000	0.584	(0.443, 0.770)
层 1 2 孩 斜率: B3				
层 2 截距, G30	-0.212	0.017	0.809	(0.680, 0.962)
较严人口政策人口比例, G31	-0.248	0.015	0.780	(0.639, 0.952)
层 1 生育年龄 斜率: B4				
层 2 截距, G40	-0.010	0.029	0.990	(0.981, 0.999)
较严人口政策人口比例, G41	-0.012	0.040	0.989	(0.978, 1.000)
层 1 农村户籍 斜率: B5				
层 2 截距, G50	0.156	0.004	1.168	(1.052, 1.298)
城镇人口比例, G51	-0.435	0.000	0.647	(0.524, 0.800)
层 1 初中 斜率: B6				
层 2 截距, G60	0.060	0.004	1.062	(1.020, 1.106)
层 1 高中及以上 斜率: B7				
层 2 截距, G70	0.097	0.012	1.102	(1.022, 1.187)
层 1 二代户 斜率: B8				
层 2 截距, G80	-0.039	0.035	0.962	(0.928, 0.997)

数据来源: 1999 年地区政策生育率调查、2000 年全国人口普查。

妇女生育史方面，已有子女性别结构、生育孩次、生育年龄不仅有单独的显著影响，而且还和地区人口政策类型等变量之间存在显著的层际交互效应。其中，已有子女性别结构的单独影响系数为 0.682，其对应的优势比为 1.979，这表明还没有男孩的育龄妇女生育下一孩次为男孩的发生比是已有女孩的育龄妇女的 1.979 倍，并且统计性显著。

已有子女性别结构与人口政策类型之间的层际交互效应也比较显著，系数为 0.267，其对应的优势比为 1.306。这表明，在控制其他变量的情况下，属于较严人口政策地区并且之前没有男孩的育龄妇女，其本次生育为男孩的可能性要高于政策较为宽松地区并且之前没有男孩的育龄妇女。

此外，已有子女性别结构分别与地区少数民族人口比例和流动人口比例之间的层际交互效应同样显著。其中，已有子女性别结构与地区少数民族人口比例之间的层际交互效应的系数为 -0.785，其对应的优势比为 0.716。这表明，在控制其他变量的情况下，少数民族人口比例较高地区并且之前没有男孩的育龄妇女，其本次生育男孩的可能性要高于少数民族人口比例较低地区并且之前没有男孩的育龄妇女。而已有子女性别结构与地区流动人口比例之间的层际交互效应的系数为 -0.957，其对应的优势比为 0.384。这说明，在控制其他变量的情况下，流动人口比例较高地区并且之前没有男孩的育龄妇女，其本次生育为男孩的可能性要高于流动人口比例较低地区并且之前没有男孩的育龄妇女。

生育孩次方面，其不仅有单独显著影响，而且还和地区人口政策类型等变量之间存在显著层际交互效应。其中，1 孩和 2 孩的单独影响系数分别为 -0.755 和 -0.212，其对应的优势比分别为 0.470 和 0.809，这表明 1 孩和 2 孩的性别比分别显著低于 3 孩及以上的性别比。同时，1 孩和 2 孩与人口政策类型之间的层际交互效应的系数分别为 -0.538 和 -0.248，其对应的优势比分别为 0.584 和 0.780。

生育年龄同样不仅有单独显著影响，而且还和地区人口政策类型等变量之间存在显著的层际交互效应。其中，生育年龄的单独影响系数为 -0.010，其对应的优势比为 0.990。而生育年龄与地区人口政策类型交互效应的系数为 -0.012，其对应的优势比为 0.989。这表明，在控制其他变量的情况下，人口政策较为严格地区育龄妇女的自身年龄对该地区出生性别比失衡的影响较大。

个人特征方面，育龄妇女的户籍和受教育水平均有显著影响。其中，户籍的单独影响系数为 0.156，其对应的优势比为 1.168，这表明在控制其他变量的情况下，农村户籍育龄妇女生育子女为男孩的发生比是城镇户籍育龄妇女的 1.168 倍。而户籍与地区城镇人口比例的交互效应的系数为 -0.435，其对应的优势比为 0.647。这表明，地区城镇人口比例的提高，会降低育龄妇女户籍属性对地区出生性别比失衡的提升作用。受教育程度方面，初中、高中及以上学历的育龄妇女的单独影响系数分别为 0.060 和 0.097，其对应的优势比分别为 1.062 和 1.102，从中可以看出育龄妇女受教育程度的提高可能会在某种程度上加剧地区出生性别比失衡。

家庭特征方面，二代户育龄妇女本次生育子女为男孩的可能性要显著低于三代户及以上的育龄妇女。HLM 模型中家庭是否为二代户这一变量的单独影响系数为 -0.039，其对应的优势比为 0.962。也就是说，在控制其他变量的情况下，二代户育龄妇女本次生育子女为男孩的发生比是三代户及以上育龄妇女的 0.962 倍，并且统计性显著。

三 2 孩及以上性别比的 HLM 二层模型分析

由于中国的出生性别比失衡主要集中于 2 孩及以上，因此本研究继续利用 HLM 二层模型分析人口政策类型对 2000 年 0 ~ 4 周岁 2 孩及以上性别比失衡的影响。模型因变量仍然为育龄妇女本次生育子女的性别，其中男孩赋值为 1，女孩则赋值为 0。

表 4 – 9　二层模型变量的描述性统计（2 孩及以上）

变量名称	操作化定义	比例或均值
因变量		
生育子女性别（0 ~ 4 周岁）		
男孩	生育男孩则赋值为 1，否则赋值为 0	0.61
女孩	生育女孩则赋值为 1，否则赋值为 0	0.39
个人层次		
妇女生育史		
已有子女性别结构		
无男孩	已有子女中若无男孩则赋值为 1，否则为 0	0.60
生育孩次		
2 孩	第二孩次赋值为 1，否则为 0	0.80
3 孩及以上	第三或更高孩次赋值为 1，否则为 0	0.20
生育年龄	生育该子女时的年龄（岁）	28.18
生育间隔	两次生育之间的间隔月数	58.13
妇女个人特征		
民族		
汉族	汉族赋值为 1，否则为 0	0.84
少数民族	少数民族赋值为 1，否则为 0	0.16
受教育程度		
文盲	文盲赋值为 1，否则为 0	0.10
小学	小学赋值为 1，否则为 0	0.45
初中	初中赋值为 1，否则为 0	0.41
高中及以上	高中及以上赋值为 1，否则为 0	0.04
流动类型		
本地人口	本地人口赋值为 1，否则为 0	0.93

变量名称	操作化定义	比例或均值
流动人口	流动人口赋值为1，否则为0	0.07
家庭特征		
育龄妇女是否为户主	妇女为户主赋值为1，否则为0	0.07
户内人数	家庭户内的人口总数	4.87
户内少儿人数	家庭户内0~14周岁未成年人数量	2.33
是否为二代户	二代户赋值为1，三代及以上赋值为0	0.71
本户是否有老人	有65周岁及以上老人赋值为1，否则为0	0.34
户人均住房面积	平均每户拥有的住房面积（平方米）	17.46
是否拥有自我产权住房	拥有自我产权住房赋值为1，否则为0	0.94
地区层次		
较严人口政策人口比例	政策生育率为1.0~1.5的人口比例	0.76
少数民族人口比例	地区少数民族人口占比	0.16
城镇人口比例	地区城镇人口占比	0.36
女性文盲人口比例	地区女性人口中文盲占比	0.14
女性高中及以上人口比例	地区女性人口中高中及以上占比	0.41
女性工作人口比例	地区女性人口中工作人口占比	0.76
流动人口比例	地区流动人口占比	0.09

数据来源：1999年地区政策生育率调查、2000年全国人口普查。

个人层次变量包括育龄妇女生育史、妇女个人特征和家庭特征，而地区层次变量则主要包括较严人口政策人口比例、少数民族人口比例、城镇人口比例、女性文盲人口比例、女性高中及以上人口比例、女性工作人口比例、流动人口比例。其中，育龄妇女生育史包括已有子女性别结构、生育孩次、生育年龄和生育间隔；妇女个人特征主要包括育龄妇女的民族、受教育程度和流动类型；家庭特征主要包括育龄妇女是否为户主、户内人数、户内少儿人数、是否为二代户、本户是否有老人、户人均住房面积和是否拥有自我产权住房。

最终模型的截距 B0 是条件性别比，即在控制了人口政策影响的情况下，个人层次模型参照类的性别比。具体来说，HLM 模型中 G01 对应的系数为 0.227，其优势比为 1.254。

妇女生育史方面，已有子女性别结构不仅有单独显著影响，而且还和地区人口政策类型等变量之间存在显著的层际交互效应。其中，已有子女性别结构的单独影响系数为 1.037，其对应的优势比为 2.821，这表明还没有男孩的育龄妇女生育下一孩次为男孩的发生比是已有女孩的育龄妇女的 2.821 倍，并且统计性显著。

已有子女性别结构与人口政策类型之间的层际交互效应也比较显著，系数为 0.400，其对应的优势比为 1.492。这表明，在控制其他变量的情况下，属于较严人口政策地区并且之前没有男孩的育龄妇女，其本次生育男孩的可能性要高于政策较为宽松地区并且之前没有男孩的育龄妇女。

此外，已有子女性别结构分别与地区少数民族人口比例和流动人口比例之间的层际交互效应同样显著。其中，已有子女性别结构与地区少数民族人口比例之间的层际交互效应的系数为 -0.703，其对应的优势比为 0.495。而已有子女性别结构与地区流动人口比例之间的层际交互效应的系数为 -1.413，其对应的优势比为 0.244。这说明，在控制其他变量的情况下，流动人口比例较高地区并且之前没有男孩的育龄妇女，其本次生育男孩的可能性要高于流动人口比例较低地区并且之前没有男孩的育龄妇女。

表 4-10　0~4 周岁性别比二层模型最终结果（2 孩及以上）

固定效应估计	系数估计	显著度	优势比	95%置信区间
层1 条件性别比 截距：B0				
层2 截距，G00	0.298	0.001	1.347	(1.140, 1.592)
较严人口政策人口比例，G01	0.227	0.030	1.254	(1.023, 1.539)
层1 无男孩 斜率：B1				

续表

固定效应估计	系数估计	显著度	优势比	95%置信区间
层 2 截距，G10	1.037	0.000	2.821	(2.053，3.876)
较严人口政策人口比例，G11	0.400	0.008	1.492	(1.115，1.997)
城镇地区人口比例，G12	-0.603	0.076	0.548	(0.281，1.065)
少数民族人口比例，G13	-0.703	0.019	0.495	(0.275，0.892)
流动人口比例，G14	-1.413	0.003	0.244	(0.098，0.607)
层 1 2 孩 斜率：B2				
层 2 截距，G20	-0.834	0.000	0.434	(0.379，0.498)
层 1 生育年龄 斜率：B3				
层 2 截距，G30	-0.026	0.000	0.975	(0.963，0.986)
层 1 生育间隔 斜率：B4				
层 2 截距，G40	0.003	0.006	1.003	(1.001，1.005)
较严人口政策人口比例，G41	-0.005	0.000	0.995	(0.993，0.997)
层 1 汉族 斜率：B5				
层 2 截距，G50	0.135	0.011	1.145	(1.032，1.270)
层 1 初中 斜率：B6				
层 2 截距，G60	0.090	0.009	1.094	(1.023，1.170)
层 1 高中及以上 斜率：B7				
层 2 截距，G70	0.180	0.040	1.197	(1.008，1.421)
层 1 户内少儿人数 斜率：B8				
层 2 截距，G80	-0.570	0.000	0.565	(0.506，0.631)
层 1 二代户 斜率：B9				
层 2 截距，G90	-0.100	0.003	0.905	(0.848，0.966)

数据来源：1999 年地区政策生育率调查、2000 年全国人口普查。

　　生育孩次、生育年龄和生育间隔具有单独的显著影响，并且生育间隔还和地区人口政策类型变量之间存在显著的层际交互效应。其中，2 孩的单独影响系数为 -0.834，其对应的优势比为 0.434；生育年龄的单独影响系数为 -0.026，其对应的优势比为

0.975；生育间隔的单独影响系数为 0.003，其对应的优势比为
1.003，而生育间隔与地区人口政策类型之间的层际交互效应的
系数为 - 0.005，其对应的优势比为 0.995。

个人特征方面，育龄妇女的民族和受教育水平均有显著影
响。其中，民族的单独影响系数为 0.135，其对应的优势比为
1.145。这表明，在控制其他变量的情况下，汉族育龄妇女生育
子女男孩的发生比是少数民族育龄妇女的 1.145 倍；受教育程度
方面，初中、高中及以上学历的育龄妇女的单独影响系数分别为
0.090 和 0.180，其对应的优势比分别为 1.094 和 1.197。

家庭特征方面，户内少儿人数和家庭是否为二代户均有显著
的单独影响。其中，HLM 模型中户内少儿人数单独影响的系数为
- 0.570，其对应的优势比为 0.565；家庭是否为二代户这一变量
的单独影响系数为 - 0.100，其对应的优势比为 0.905。

四　0~4 周岁儿童性别比的 HLM 三层模型分析

本研究继续利用 HLM 三层模型分析人口政策类型与 2000 年
0~4 周岁儿童性别比之间可能存在的关系。模型因变量为个人层
次的育龄妇女本次生育子女的性别，其中如果是男孩则赋值为 1，
女孩则赋值为 0。

个人层次变量主要包括育龄妇女生育史、个人特征和家庭特
征。其中，育龄妇女生育史主要包括已有子女性别结构、生育孩
次和生育年龄；个人特征主要包括育龄妇女的户籍、民族、受教
育程度和流动类型①；家庭结构主要包括育龄妇女是否为户主、

---

① 由于 2000 年时中国的人口流动现象已经很普遍，并且对育龄妇女所执行的人
口政策并不是居住地实行的人口政策，而是自己户籍所在地实行的人口政策。
因此，本研究借鉴郭志刚（2005）的做法，对生活在户籍所在地的育龄妇女
直接采用数据提供的地区地址码，而对于不在户籍所在地的育龄妇女，其地
区识别码则更换为被调查者对人口普查问题"从何地来本乡镇居住"（r10）
回答时所申报的原籍地区地址码。

户内人数、户内少儿人数、是否为二代户、本户是否有老人、户
人均住房面积和是否拥有自我产权住房。地区层次变量则主要包
括较严人口政策人口比例、少数民族人口比例、城镇人口比例、
女性文盲人口比例、女性高中及以上人口比例、女性工作人口比
例、流动人口比例。

表 4 - 11 三层模型变量的描述性统计

变量名称	操作化定义	比例或均值
因变量		
生育子女性别（0~4 周岁）		
男孩	生育男孩则赋值为 1，否则赋值为 0	0.55
女孩	生育女孩则赋值为 1，否则赋值为 0	0.45
个人层次		
妇女生育史		
已有子女性别结构		
无男孩	已有子女中若无男孩则赋值为 1，否则为 0	0.87
生育孩次		
1 孩	第一孩次赋值为 1，否则为 0	0.66
2 孩	第二孩次赋值为 1，否则为 0	0.27
3 孩及以上	第三或更高孩次赋值为 1，否则为 0	0.07
生育年龄	生育该子女时的年龄（岁）	25.43
妇女个人特征		
户籍		
城镇户籍	城镇户籍赋值为 1，否则为 0	0.21
农村户籍	农村户籍赋值为 1，否则为 0	0.79
民族		
汉族	汉族赋值为 1，否则为 0	0.88
少数民族	少数民族赋值为 1，否则为 0	0.12
受教育程度		
文盲	文盲赋值为 1，否则为 0	0.06

续表

变量名称	操作化定义	比例或均值
小学	小学赋值为1，否则为0	0.33
初中	初中赋值为1，否则为0	0.47
高中及以上	高中及以上赋值为1，否则为0	0.14
流动类型		
本地人口	本地人口赋值为1，否则为0	0.90
流动人口	流动人口赋值为1，否则为0	0.10
家庭特征		
育龄妇女是否为户主	妇女为户主赋值为1，否则为0	0.07
户内人数	家庭户内的人口总数	4.32
户内少儿人数	家庭户内0~14周岁未成年人数量	1.52
是否为二代户	二代户赋值为1，三代及以上赋值为0	0.61
本户是否有老人	有65周岁及以上老人赋值为1，否则为0	0.32
户人均住房面积	平均每户拥有的住房面积（平方米）	19.64
是否拥有自我产权住房	拥有自我产权住房赋值为1，否则为0	0.88
地区层次		
较严人口政策人口比例	政策生育率为1.0~1.5的人口比例	0.76
少数民族人口比例	地区少数民族人口占比	0.16
城镇人口比例	地区城镇人口占比	0.36
女性文盲人口比例	地区女性人口中文盲占比	0.14
女性高中及以上人口比例	地区女性人口中高中及以上占比	0.41
女性工作人口比例	地区女性人口中工作人口占比	0.76
流动人口比例	地区流动人口占比	0.09
省级层次		
人均GDP	2000年人均国民生产总值（万元）	0.86
第一产业占比	2000年第一产业在国民生产总值中所占比重	0.18
城镇人均年收入	2000年城镇人均年收入（万元）	0.63
农村人均年纯收入	2000年农村人均年纯收入（万元）	0.24
专业技术人员占比	2000年专业技术人员在劳动力中的比重	0.01

变量名称	操作化定义	比例或均值
大专及以上人口占比	2000 年大专及以上人口比重	0.04
孕妇产前检查率	2002 年孕妇产前检查率	0.89
医院和卫生院床位数	2002 年每千人口医院和卫生院床位数	2.64

数据来源：1999 年地区政策生育率调查、2000 年全国人口普查，省级层次变量中的孕妇产前检查率、医院和卫生院床位数来源于 2002 年中国卫生统计年鉴，该层次其余变量来自 2001 年中国统计年鉴。

省级层次变量则主要包括经济发展水平、教育发展水平和医疗卫生条件三类指标。其中，经济发展水平包括人均国民生产总值、第一产业占比、城镇人均年收入和农村人均年纯收入；教育发展水平包括专业技术人员占比和大专及以上人口占比；医疗卫生条件包括孕妇产前检查率、医院和卫生院床位数。

由于本研究初始模型纳入的变量较多，并且许多变量的统计性检验都不显著，所以本研究删除了初始模型中统计性检验不显著变量，并获得最终模型结果。最终模型的截距、育龄妇女生育史、个人特征和家庭特征、地区层次等有关变量的单独影响效应以及两两交互效应等与 HLM 二层模型基本一致，因此不再详述。本研究接下来主要关注省级层次变量对于地区人口政策类型通过育龄妇女生育史、个人特征、家庭特征等变量对出生性别比产生影响的再调节作用。

其中，农村人均年纯收入、较严人口政策人口比例、已有子女性别结构三者之间交互效应的系数为 -2.666，其对应的发生比为 0.070，并且统计性显著。这在一定程度上说明，在其他条件相同的情况下，农村人均年纯收入的提高，可以降低较严人口政策可能存在的通过男孩偏好对出生性别比失衡程度的扩大作用。

农村人均年纯收入、较严人口政策人口比例、1 孩三者之间交互效应的系数为 2.435，其对应的发生比为 11.413，并且统计

表4－12　0~4周岁性别比三层模型最终结果

层1	层2	层3	系数估计	显著度	优势比
条件性别比 截距, P0	截距, B00	截距, G000	0.145	0.000	1.156
	较严生育政策, B01	截距, G010	0.060	0.076	1.062
无男孩, P1	截距, B10	截距, G100	0.479	0.000	1.615
	较严人口政策人口比例, B11	截距, G110	1.180	0.000	3.253
		农村人均年纯收入, G111	-2.666	0.000	0.070
1孩, P2	截距, B20	截距, G200	-0.777	0.000	0.460
	较严人口政策人口比例, B21	截距, G210	-1.129	0.000	0.324
		农村人均年纯收入, G211	2.435	0.003	11.413
2孩, P3	截距, B30	截距, G300	-0.226	0.006	0.798
	较严人口政策人口比例, B31	截距, G310	-0.688	0.000	0.503
		人均GDP, G311	-0.457	0.025	0.633
		农村人均年纯收入, G312	3.256	0.008	25.950
生育年龄, P4	截距, B40	截距, G400	-0.012	0.013	0.989
	较严人口政策人口比例, B41	截距, G410	-0.026	0.010	0.974
		第一产业占比, G411	0.094	0.080	1.099

续表

层 1	层 2	层 3	系数估计	显著度	优势比
农村户籍，P5	截距，B50	截距，G500	0.133	0.028	1.143
	城镇人口比例，B51	截距，G510	-0.375	0.001	0.688
初中，P6	截距，B60	截距，G600	0.056	0.001	1.058
高中及以上，P7	截距，B70	截距，G700	0.093	0.026	1.097
二代户，P8	截距，B80	截距，G800	-0.041	0.027	0.960

数据来源：1999 年地区政策生育率调查、2000 年全国人口普查。

性显著。这可能表明，在其他条件相同的情况下，农村人均年纯收入的提高，可以降低较严人口政策可能存在的对 3 孩及以上与 1 孩各自性别比相对失衡程度的扩大作用。

农村人均年纯收入、较严人口政策人口比例、2 孩三者之间交互效应的系数为 3.256，其对应的发生比为 25.950。这表明，在其他条件相同的情况下，农村人均年纯收入的提高，可以降低较严人口政策可能存在的对 3 孩及以上与 2 孩各自性别比相对失衡程度的扩大作用。并且一定程度上可以说，农村人均年纯收入对于较严人口政策可能存在的对 3 孩及以上与 2 孩各自性别比失衡程度扩大作用的再调节作用要高于较严人口政策对 3 孩及以上与 1 孩各自性别比失衡程度扩大作用的再调节作用。

此外，人均 GDP、较严人口政策人口比例、2 孩三者之间交互效应的系数为 -0.457，其对应的发生比为 0.633。这可能说明，在其他条件相同的情况下，人均 GDP 的提高，某种程度上起到了加剧较严人口政策可能存在的对 3 孩及以上与 2 孩各自性别比相对失衡程度的扩大作用。其中的一个可能解释是，中国当时的 GDP 构成主要集中于建筑业、汽车业、能源和交通等男性劳动力比较集中的产业领域。因此，人均 GDP 的提高，有可能更多地代表男性劳动力价值的相对提升。

五　2 孩及以上性别比的 HLM 三层模型分析

鉴于中国出生性别比失衡主要集中于 2 孩及以上，因此本研究继续利用 HLM 三层模型分析地区人口政策类型与 2000 年 0~4 周岁 2 孩及以上性别比之间可能存在的关系。模型因变量仍旧为个人层次的育龄妇女本次生育子女的性别，其中如果是男孩则赋值为 1，女孩则赋值为 0。

个人层次变量主要包括育龄妇女生育史、个人特征和家庭特征；地区层次变量则主要包括较严人口政策人口比例、少数民族人口比例、城镇人口比例、女性文盲人口比例、女性高中及以上人口比例、女性工作人口比例、流动人口比例；省级层次变量则主要包括经济发展水平、教育发展水平和医疗卫生条件三类指标。

表 4-13 三层模型变量的描述性统计（2 孩及以上）

变量名称	操作化定义	比例或均值
因变量		
生育子女性别（0~4 周岁）		
男孩	生育男孩则赋值为 1，否则赋值为 0	0.62
女孩	生育女孩则赋值为 1，否则赋值为 0	0.38
个人层次		
妇女生育史		
已有子女性别结构		
无男孩	已有子女中若无男孩则赋值为 1，否则为 0	0.61
生育孩次		
2 孩	第二孩次赋值为 1，否则为 0	0.80
3 孩及以上	第三或更高孩次赋值为 1，否则为 0	0.20
生育间隔	两次生育之间的间隔月数	58.13
生育年龄	生育该子女时的年龄（岁）	28.18
妇女个人特征		
民族		
汉族	汉族赋值为 1，否则为 0	0.83
少数民族	少数民族赋值为 1，否则为 0	0.17
受教育程度		
文盲	文盲赋值为 1，否则为 0	0.10
小学	小学赋值为 1，否则为 0	0.45
初中	初中赋值为 1，否则为 0	0.41
高中及以上	高中及以上赋值为 1，否则为 0	0.04
流动类型		
本地人口	本地人口赋值为 1，否则为 0	0.95

续表

变量名称	操作化定义	比例或均值
流动人口	流动人口赋值为 1，否则为 0	0.05
家庭特征		
育龄妇女是否为户主	妇女为户主赋值为 1，否则为 0	0.07
户内人数	家庭户内的人口总数	4.87
户内少儿人数	家庭户内 0~14 周岁未成年人数量	2.33
是否二代户	二代户赋值为 1，三代及以上赋值为 0	0.71
本户是否有老人	有 65 周岁及以上老人赋值为 1，否则为 0	0.34
户人均住房面积	平均每户拥有的住房面积（平方米）	17.46
是否拥有自我产权住房	拥有自我产权住房赋值为 1，否则为 0	0.94
地区层次		
较严生育政策人口比例	政策生育率为 1.0~1.5 的人口比例	0.76
少数民族人口比例	地区少数民族人口占比	0.16
城镇人口比例	地区城镇人口占比	0.36
女性文盲人口比例	地区女性人口中文盲占比	0.14
女性高中及以上人口比例	地区女性人口中高中及以上占比	0.41
女性工作人口比例	地区女性人口中工作人口占比	0.76
流动人口比例	地区流动人口占比	0.09
省级层次		
人均 GDP	2000 年人均国民生产总值（万元）	0.86
第一产业占比	2000 年第一产业在国民生产总值中所占比重	0.18
城镇人均年收入	2000 年城镇人均年收入（万元）	0.63
农村人均纯收入	2000 年农民人均年收入（万元）	0.24
专业技术人员占比	2000 年专业技术人员在工作者中比重	0.01
大专及以上人口占比	2000 年大专及以上人口比重	0.04
孕妇产前检查率	2002 年孕妇产前检查率	0.89
医院和卫生院床位数	2002 年每千人口医院、卫生院床位数	2.64

数据来源：1999 年地区政策生育率调查、2000 年全国人口普查，省级层次变量中的孕妇产前检查率、医院和卫生院床位数来源于 2002 年中国卫生统计年鉴，该层次其余变量来自 2001 年中国统计年鉴。

由于初始模型纳入的变量较多，并且许多变量的统计性检验都不显著，所以本研究删除了初始模型中不显著变量，并获得最终模型结果。最终模型的截距、育龄妇女生育史、个人特征和家庭特征、地区层次等有关变量的单独影响效应以及两两交互效应等与 HLM 二层模型 2 孩及以上的分析结果基本一致，因此不再详述。本研究接下来主要关注省级层次变量对于地区人口政策类型通过育龄妇女生育史、个人特征、家庭特征等变量对中国 2 孩及以上的性别比失衡产生影响的再调节作用。

其中，农村人均年纯收入、较严人口政策人口比例、已有子女性别结构三者之间交互效应的系数为 −2.159，其对应的发生比为 0.115。这说明，在其他条件相同的情况下，农村人均年纯收入的提高，可以降低较严人口政策可能存在的通过男孩偏好对中国出生性别比失衡程度的扩大作用。并且，农村人均年纯收入对人口政策相应影响的再调节作用要大于对所有孩次进行分析时的相应水平。

农村人均年纯收入、较严人口政策人口比例、2 孩三者之间交互效应的系数为 11.159，并且统计性显著。这再次说明，在其他条件相同的情况下，农村人均年纯收入的提高，可以降低较严人口政策可能存在的对 3 孩及以上与 2 孩各自性别比相对失衡程度的扩大作用。

人均 GDP、较严人口政策人口比例、2 孩三者之间交互效应的系数为 −2.146，并且统计性显著。这也再次说明，在其他条件相同的情况下，人均 GDP 的提高，可能会一定程度上加剧较严人口政策可能存在的对 3 孩及以上与 2 孩各自性别比相对失衡程度的扩大作用。

表 4-14 0~4周岁性别比三层模型最终结果（2孩及以上）

层1	层2	层3	系数估计	显著度	优势比
条件性别比 截距，P0	截距，B00	截距，G000	0.349	0.000	1.417
	较严人口政策人口比例，B01	截距，G010	0.182	0.020	1.199
无男孩，P1	截距，B10	截距，G100	0.541	0.000	1.719
	较严人口政策人口比例，B11	截距，G110	1.130	0.000	3.095
		农村人均年纯收入，G811	-2.159	0.002	0.115
2孩，P2	截距，B20	截距，G200	-0.793	0.000	0.453
	较严人口政策人口比例，B21	截距，G210	-1.282	0.000	0.278
		人均 GDP，G211	-2.146	0.007	0.117
		农村人均年纯收入，G212	11.159	0.002	70161
生育间隔，P3	较严人口政策人口比例，B31	截距，G310	-0.005	0.001	0.995
生育年龄，P4	截距，B40	截距，G400	-0.022	0.000	0.978
汉族，P5	截距，B50	截距，G500	0.110	0.063	1.116
初中，P6	截距，B60	截距，G600	0.103	0.002	1.108
高中及以上，P7	截距，B70	截距，G700	0.181	0.018	1.199

续表

层 1	层 2	层 3	系数估计	显著度	优势比
户内少儿人数，P8	截距，B80	截距，G800	-0.585	0.000	0.557
二代户，P9	截距，B90	截距，G900	-0.136	0.000	0.872

数据来源：1999 年地区政策生育率调查、2000 年全国人口普查。

第三节　本章小结

一　基于母子匹配数据的分析

在回顾人口政策与出生性别比之间关系的研究基础上，本部分主要利用 2000 年全国第五次人口普查母子匹配数据、原国家计划生育委员会于 1999 年采集的地区政策生育率数据，定量估计人口政策类型与中国 0～4 周岁性别比之间可能存在的关系。由于 2000 年全国第五次人口普查数据并没有地区政策生育率这一变量信息，因此需要首先将其与原国家计划生育委员会收集的 1999 年地区政策生育率数据进行匹配。

基于 Logistic 多元回归的定量分析结果表明，地区人口政策类型与其出生性别比水平之间可能存在一定的关系。具体来说，在其他条件相同的情况下，地区人口政策类型如果越严格，那么该地区的育龄妇女本次生育子女性别为男孩的可能性也就越大。

控制变量方面，首先看育龄妇女生育史。研究发现，如果已有子女性别结构、生育孩次、生育年龄和初婚年龄不同，那么育龄妇女生育男孩的可能性就明显不同，即宏观层面的出生性别比存在明显差异。具体来说，在其他条件相同的情况下，之前没有男孩的育龄妇女，本次生育男孩的可能性更大；生育孩次越高，育龄妇女本次生育男孩的可能性越大；育龄妇女的生育年龄越小，其生育男孩的可能性越大；育龄妇女的初婚年龄越大，其生育男孩的可能性越大。

其次看育龄妇女个人、家庭和地区特征。统计结果表明，在其他条件相同的情况下，育龄妇女的受教育程度越高，其生育男孩的可能性越大；户内少儿人数越多，那么育龄妇女本次生育为男孩的可能性越小；二代户家庭育龄妇女生育男孩的可能性要低于三代户及以上的家庭；西部地区育龄妇女本次生育为男孩的可能性要低于中部地区。

二 基于 HLM 模型的分析

由于地区人口政策类型属于地区层次变量，因此要研究地区人口政策类型与出生性别比之间的关系，最好使用多层线性模型。因此，本研究接下来基于人口普查数据，通过使用 HLM 模型对育龄妇女生育子女性别与地区人口政策类型之间可能存在的关系进行研究。

第一，本研究对 2000 年所有孩次 0～4 周岁儿童性别比进行 HLM 二层模型分析。研究发现，在其他情况相同时，较严人口政策地区之前没有男孩的育龄妇女本次生育为男孩的可能性要更高一些。

妇女生育史方面，已有子女性别结构、生育孩次、生育年龄不仅有单独的显著影响，而且还和地区人口政策类型等变量之间存在显著的层际交互效应。比如，在其他条件相同的情况下，较严人口政策地区之前没有男孩的育龄妇女，其本次生育为男孩的可能性要高于政策较为宽松地区并且之前没有男孩的育龄妇女。

研究还发现，在控制其他变量的情况下，少数民族人口比例较高地区之前没有男孩的育龄妇女，本次生育为男孩的可能性要高于少数民族人口比例较低地区之前没有男孩的育龄妇女；而流动人口比例较高地区之前没有男孩的育龄妇女，其本次生育为男孩的可能性要高于流动人口比例较低地区之前没有男孩的育龄妇女。

第二，鉴于中国出生性别比失衡主要集中于 2 孩及以上，本研究继续对 2000 年 0～4 周岁 2 孩及以上的性别比进行 HLM 二层模型分析。研究发现，在其他情况相同时，较严人口政策地区育龄妇女生育 2 孩及以上子女为男孩的可能性同样要更高一些。

同时，人口政策较严地区育龄妇女的生育间隔对出生性别比失衡的影响相对人口政策较宽松地区要小一些。而育龄妇女以往生育子女的数量和性别、生育间隔、生育年龄、民族、受教育水平等都对出生性别比失衡有着显著的影响。

此外，在其他情况相同时，城镇人口比例较高的地区，之前无男孩的育龄妇女生育 2 孩及以上子女为男孩的可能性同样要更高一些；少数民族人口比例较高的地区，之前无男孩的育龄妇女生育 2 孩及以上子女为男孩的可能性则要更低一些；流动人口比例较高的地区，之前无男孩的育龄妇女生育 2 孩及以上子女为男孩的可能性也要更低一些。

第三，本研究引入省级层次变量，对 2000 年所有孩次 0 ~ 4 周岁性别比进行 HLM 三层模型分析。研究发现，在其他情况相同时，农村人均年纯收入的提高，可以降低地区较严人口政策可能存在的通过男孩偏好对出生性别比失衡的扩大作用；农村人均年纯收入的提高，则可以降低地区较严人口政策可能存在的对 3 孩及以上与 1 孩各自性别比相对失衡程度的扩大作用；同样，农村人均年纯收入的提高，也可以降低地区较严人口政策可能存在的对 3 孩及以上与 2 孩各自性别比相对失衡程度的扩大作用。

第四，鉴于中国出生性别比失衡主要集中于 2 孩及以上，本研究继续利用 HLM 三层模型分析地区人口政策类型与 2000 年 0 ~ 4 周岁 2 孩及以上性别比之间的关系。研究发现，在其他情况相同时，农村人均年纯收入的提高，可以降低地区较严人口政策可能存在的通过男孩偏好对出生性别比失衡的扩大作用，并且这一降低效应要大于对所有孩次分析时的相应水平。本研究也再次发现农村人均年纯收入的提高同样可以降低地区较严人口政策可能存在的对 3 孩及以上与 2 孩各自性别比相对失衡程度的扩大作用。

▶ 第五章
中国出生性别比失衡的其他影响因素

　　本书之前的两章已经分别就性别偏好、性别选择与出生性别比之间可能存在的关系以及地区人口政策类型与出生性别比之间可能存在的关系进行了专门研究。在此基础之上，本章继续探讨中国出生性别比失衡的其他影响因素。其中，本章第一节专门探讨中国出生性别比失衡的结构和水平因素，并从全国、城镇和农村三个层次进行定量估计和分析。本章第二节分析人口流动对中国出生性别比失衡是否存在影响以及具体的影响程度。

第一节　中国出生性别比失衡的结构和水平因素 *

　　新中国成立至 20 世纪 80 年代初，中国出生性别比一直处于正常水平。据 1988 年全国 2‰ 生育节育抽样调查数据，1955 ~ 1983 年中国出生性别比一直处于 103 ~ 107 的正常水平。自 1984 年开始，中国出生性别比开始偏离正常水平，且升高趋势逐年增强。1985 年中国出生性别比超过 110，1995 年超过 115，2000 年达到 116.9，2010 年超过了 118。在不到 30 年时间里，中国出生

---

　*　本节部分内容来自王军、郭志刚《孩次结构与中国出生性别比失衡关系研究》，《人口学刊》2014 年第 4 期。

性别比升高了 10 多个百分点（王军、郭志刚，2014）。

中国出生性别比的升高与总和生育率的下降紧密联系在一起。中国的生育水平从 20 世纪 70 年代开始出现了大幅度下降，进入 20 世纪 80 年代又经历了长达 10 年的波动徘徊，时期总和生育率从 20 世纪 90 年代开始下降到更替生育水平以下，这与中国出生性别比从 1984 年开始偏高且失衡趋势不断上升之间可能存在时间上的紧密关联。

一　以往研究回顾

巫锡炜（2010）研究发现，20 世纪 90 年代生育水平的下降与第 2 孩和 3 孩及以上的生育数量的减少存在密切联系，孩次的结构变化因素是中国生育率持续下降的重要原因。同时，大量研究（顾宝昌、徐毅，1994；Qian，1997；乔晓春，2004；郭志刚，2007；杨书章、王广州，2006b；刘爽，2009b；杨菊华等，2009）发现，中国出生性别比失衡程度随生育孩次的增加呈现扩大趋势。

其中，中国 1970 年以前所有孩次的出生性别比都处于正常范围，到 20 世纪 70 年代，第 4 孩及更高孩次的出生性别比有偏离正常水平的迹象。20 世纪 80 年代初，第 3 孩及更高孩次的出生性别比开始失衡。到 20 世纪 80 年代中期，第 2 孩出生性别比也开始升高。

从中可知，一方面，从高孩次到低孩次的时间演进轨迹看，各孩次出生性别比水平逐年升高，这无疑是中国出生性别比失衡的重要原因；另一方面，伴随总和生育率的持续下降，中国的孩次结构发生了重大变化，高孩次占比显著下降，低孩次占比不断升高。正是由于中国低孩次出生性别比低于高孩次出生性别比的特点，孩次结构变化对中国总体出生性别比起到了一定的抑制作用。如何准确界定孩次结构变化对中国出生性别比的影响，是本研究致力解决的问题。

二 数据及分析方法

(一) 数据及改造方法

本研究根据 1990 年人口普查 1% 抽样数据和 2000 年人口普查 1‰抽样数据样本对 0 ~ 9 周岁人口进行户内母子匹配，从而获得子女案例的母亲个人特征、子女本人所属生育孩次和性别等信息。户内母子匹配的具体方法和匹配数据的评估请参见郭志刚 (2005) 的研究。

为了得到历年子女孩次结构信息，本研究首先选择能够完全识别出母亲和本人所属生育孩次的子女案例；其次，本研究通过 1990 年人口普查 1% 抽样数据倒推出 1981 ~ 1990 年出生的普查时现存男性和女性人数；最后，本研究再通过 2000 年人口普查 1‰抽样数据倒推出 1991 ~ 2000 年出生的普查时现存男性和女性人数。这样，本研究就可以得到 1981 ~ 2000 年的历年分出生孩次的普查时现存男性和女性人数。

数据检查中，本研究对个别年份出生性别比水平明显偏离前后年份的数据进行了修正，主要使用前后年份数据的均值对明显偏高指标进行替代，并注意保持各指标之间的内在一致性。虽然通过两次普查倒推的数据，因死亡和迁移等存在的性别差异，各年份现存男女人数比例与当年实际出生的男女人数比例会存在一定的出入，但总的来说，中国 2000 年及以前的 0 ~ 9 周岁儿童发生迁移的数量很少，因此可以认为对本研究影响不大。

(二) 分析方法

按照人口学定义，出生性别比指的是在特定的时期（通常为一年）和空间范围内，全部活产婴儿中出生时的男婴和女婴人数之比，通常用每 100 名女婴所对应的男婴数来表示。其具体的计算公式为：出生性别比 = 当年活产男婴数/活产女婴数 × 100。在人口规模足够大的情况下，正常的出生性别比一般在 103～107 区间范围内。

本研究将计算总体出生性别比与孩次结构和各孩次出生性别比水平之间的量化关系。本研究假定设 N = 当年出生婴儿总数，N1 = 1 孩总数，N2 = 2 孩总数，N3 = 3 孩及以上总数。则 1 孩占比 P1 = N1/N，2 孩占比 P2 = N2/N，3 孩及以上占比 P3 = N3/N。如果 1 孩出生性别比 = SRB1，2 孩出生性别比 = SRB2，3 孩及以上出生性别比 = SRB3，那么总体出生性别比计算公式如下：

$$SRB = = [N1 \times SRB1/(100 + SRB1) + N2 \times SRB2/(100 + SRB2) + N3 \times SRB3/(100 + SRB3)]/[N1 \times 100/(100 + SRB1) + N2 \times 100/(100 + SRB2) + N3 \times 100/(100 + SRB3)] \times 100 = [P1 \times SRB1/(100 + SRB1) + P2 \times SRB2/(100 + SRB2) + (1 - P1 - P2) \times SRB3/(100 + SRB3)]/[P1 \times 100/(100 + SRB1) + P2 \times 100/(100 + SRB2) + (1 - P1 - P2) \times 100/(100 + SRB3)]$$

从中可以看到，总体出生性别比 SRB 只与两个因素有关，一个是 P1 和 P2，即孩次结构因素（简称"结构因素"），另一个是 SRB1、SRB2 和 SRB3，即各孩次出生性别比水平因素（简称"水平因素"）。本研究下面就这两个因素对总体出生性别比的作用进行分解。

首先，本研究要选定一个参照标准。其参照类的选取比较自由，可以选取起始年份，也可以选取总体或某些年份的均值或者任一年份。本研究主要以 1981～1990 年各孩次出生人数占比的平均值以及各孩次出生性别比水平的平均值作为参照，从而研究孩次结构变化对中国总体出生性别比的影响①。

---

① 取平均值的做法主要考虑到本研究使用的 1981～2000 年历年数据是两次普查的回推数据，因而数据本身存在一定的偏差，而取平均值可以减少数据的不稳定性。此外，中国出生性别比的总体水平在 20 世纪 80 年代的偏离程度并不严重，即 1981～1990 年的出生性别比平均值只是稍微偏出正常值范围，因此将其作为参照可以更好地看出结构因素和水平因素对出生性别比的影响。

接下来，本研究界定孩次结构因素与各孩次出生性别比水平因素对中国出生性别比失衡的影响。在一个不存在明显性别偏好，或者虽然存在性别偏好但缺乏技术手段因而无法实现性别选择的国家或地区，结构因素与水平因素是近似相互独立的，即孩次结构的变化只是反映了人们生育率水平的变化，与性别选择没有关系。如欧洲许多国家生育率水平已经很低，孩次结构发生了很大变化，但因为没有明显的性别偏好，这些国家的孩次结构因素与各孩次出生性别比水平因素相互独立，孩次结构因素对出生性别比几乎没有影响。

但是如果存在明显的性别偏好，并且可以进行性别选择，那么孩次结构因素与各孩次出生性别比水平因素不仅对总体出生性别比有单独影响，而且两个因素还存在交互效应。从统计学上来说，某年份出生性别比与参照类的总差异＝孩次结构因素主效应＋水平因素主效应＋结构因素与水平因素的交互效应。

需要指出的是，孩次结构因素要对中国出生性别比失衡有影响，本身是以不同孩次的出生性别比水平存在差异为前提的。比如，孩次越高则出生性别比水平越高，或者孩次越高则出生性别比水平越低，这样孩次结构的变化便会对总体出生性别比水平产生影响。如果不同孩次之间的出生性别比水平不存在差异，那么无论孩次结构发生怎样的变化，都不会对总体出生性别比产生影响。

举例来说，假设有 4 个地区。其中，第 1 个地区的 1 孩出生性别比为 106，2 孩出生性别比为 105，3 孩及以上出生性别比为 104；第 2 个地区 1 孩出生性别比、2 孩出生性别比和 3 孩及以上出生性别比均为 105；第 3 个地区 1 孩出生性别比、2 孩出生性别比和 3 孩及以上出生性别比均为 110；第 4 个地区 1 孩出生性别比为 106，2 孩出生性别比为 109，3 孩及以上出生性别比为 112。

如果这 4 个地区的生育率都持续下降，高孩次占比减少，而

1 孩占比明显升高，则这种孩次结构的变化对第 1 个地区和第 4 个地区存在影响。具体来说，孩次结构的变化会导致第 1 个地区出生性别比的升高，第 4 个地区出生性别比的降低。孩次结构变化对第 2 个地区和第 3 个地区没有影响，因为这两个地区的出生性别比水平在不同孩次之间不存在差异。

另外，孩次结构的主效应与所选取的参照类各孩次出生性别比水平有关。如果所选参照类各孩次出生性别比水平之间差异较小，那么得到的孩次结构的主效应便不会很大。当然，本研究所说的孩次结构对出生性别比的作用，是指结构因素主效应与结构因素和水平因素交互效应二者之和，这在一定程度上避免了孩次结构主效应受参照类影响而表现不稳定的缺点。

在具体的估计方法方面，本研究首先计算水平因素的主效应。本研究将 1981～2000 年孩次结构固定为参照类的各孩次出生人数占比，这样就可以得出在孩次结构不变情况下 1981～2000 年的总体出生性别比（简称 SRB1）。由于 SRB1 完全消除了孩次结构变化因素对总体出生性别比的影响，这时 SRB1 与参照类实际出生性别比（SRB_R）之间的差值，即△SRB_L = SRB1 - SRB_R，便为各孩次出生性别比水平因素对当年总体出生性别比偏离参照类出生性别比程度影响的主效应。

其次，本研究接着计算孩次结构因素的主效应。本研究将 1981～2000 年各孩次出生性别比水平固定为参照类的各孩次出生性别比，这样就可以得出各孩次出生性别比水平不变情况下 1981～2000 年的总体出生性别比（简称 SRB2）。这时 SRB2 与参照类实际出生性别比（SRB_R）之间的差值，即△SRB_S = SRB2 - SRB_R，便为孩次结构因素对当年总体出生性别比偏离参照类出生性别比程度影响的主效应。

最后，本研究计算结构因素与水平因素的交互效应。交互效应△SRB_C = 总差异 - 水平因素主效应 - 结构因素主效应 =

（SRB_Y - SRB_R）-（SRB1 - SRB_R）-（SRB2 - SRB_R ）=
SRB_Y + SRB_R - SRB1 - SRB2。△SRB_C 便为孩次结构因素与
各孩次出生性别比水平因素的交互效应对当年总体出生性别比偏
离参照类出生性别比程度的影响。

经过以上数据处理及具体计算流程，本研究就可以定量估计
和分析结构因素和水平因素对中国出生性别比失衡的影响。其
中，△SRB_L 将作为水平因素对中国出生性别比失衡影响程度的
估计值，而△SRB_S 与△SRB_C 之和将作为结构因素对中国出
生性别比失衡影响程度的估计值。

三　结构因素和水平因素对中国出生性别比失衡的影响

（一）全国出生性别比的结构因素与水平因素

通过表 5 - 1，可以看到经推算得到的 1981～2000 年的出生
性别比与全国调查得到的历年出生性别比的变化趋势基本一致。
整个 20 世纪 80 年代，中国出生性别比只是略高于正常值水平。
到了 20 世纪 90 年代，中国的出生性别比才明显呈现逐年升高的
趋势。

参照类的孩次结构方面，1 孩占比 52.28%，2 孩占比
30.34%，3 孩及以上占比 17.39%。同时，各孩次出生性别比水
平方面，1 孩出生性别比为 108.73，2 孩出生性别比为 106.61，3
孩及以上出生性别比为 113.77。将上述各参数带入总体出生性别
比的计算公式，本研究得到参照类的总体出生性别比为 109.53。

孩次结构方面，育龄妇女所生子女中的第 1 孩出生人数占比
从 1981 年的 51% 左右上升到 2000 年的 70% 左右；第 2 孩人数占
比在 20 世纪 80 年代基本维持在 30% 左右，1994 年以来基本在
27% 左右的水平；3 孩及以上人数占比从 20 世纪 80 年代初的
20% 左右逐年下降，尤其是进入 20 世纪 90 年代以来更是呈现加
速下降趋势。其中，1994 年下降到了 10% 以下，2000 年仅为

3.81%。以上数据所呈现的走势与中国 20 世纪 90 年代生育率出现大幅下滑的结论是一致的。

各孩次出生性别比水平方面，第 1 孩出生性别比基本维持在正常值水平；除个别年份略有偏高外，第 2 孩出生性别比在 20 世纪 80 年代大部分年份都比较正常，只是 20 世纪 90 年代以来迅速攀升，1998 年以来更是上升到 150 以上；3 孩及以上的出生性别比 20 世纪 80 年代中期以来一直高出正常值水平，不仅与第 2 孩次一样呈现逐年升高趋势，而且其水平要高于第 2 孩。

本研究将总体出生性别比的影响因素分解为水平因素主效应、结构因素主效应以及水平因素与结构因素的交互效应。可以看到，水平因素对总体出生性别比与参照类出生性别比的差异起到了拉升的作用，即随着时间的推移，水平因素扩大了当年总体出生性别比与参照类出生性别比的差异，从而加剧了出生性别比失衡程度。

由于参照类各孩次出生性别比水平差异不大，结构因素主效应虽然基本起到了减缓出生性别比失衡的作用，但影响幅度很小。结构因素和水平因素的交互效应对出生性别比的影响显著，减小了当年总体出生性别比与参照类出生性别比之间的差异，因而对中国出生性别比失衡起到了抑制作用。为了叙述方便，本研究将结构因素主效应和结构因素与水平因素的交互效应合并在一起，并统一称之为结构因素影响。

首先看孩次结构变化对出生性别比的影响。可以看出，孩次结构因素对中国出生性别比的影响在 1988 年及以前并不明显，但是从 1989 年开始对出生性别比的拉低作用不断凸显。这主要是因为，20 世纪 80 年代各孩次出生人数占比相对变化不大，只是 3 孩及以上的出生人数占比出现下降，同时第 1 孩出生人数占比略有上升，第 2 孩出生人数占比则基本保持不变。因此，孩次结构因素的影响并不显著，1985 年以前孩次结构因素甚至导致中国的出生性别比略有升高。从 1986 年开始，孩次结构因素才导致中国总体出生性别比的下降，但幅度很小，其中 1989 年仅下降了 0.39。

不过，20 世纪 90 年代以来，随着中国生育率进一步下降到更替水平以下，3 孩及以上出生人数占比急速下降，第 1 孩出生人数占比显著升高，孩次结构因素对总体出生性别比的影响程度也越来越大。1991 年孩次结构因素导致当年出生性别比与参照类之间的差异缩小了 1.33，1993 年和 1995 年分别达到了 3.82 和 6.78，1999 年更是达到了 9.29。由此可以说，整个 20 世纪 90 年代孩次结构变化因素对中国总体出生性别比起到了拉低作用，并且拉低幅度呈现逐年加大的趋势。

为了更形象地说明孩次结构因素变化对出生性别比的影响，本研究将 1981~2000 年的各孩次出生人数占比固定为 1980 年各孩次出生人数占比，即第 1 孩占比为 47.70%，第 2 孩占比为 31.06%，3 孩及以上占比为 21.24%，这样处理之后 1981 年及以后各年份的出生性别比将会比当年的实际数值更高。比如，1995 年的出生性别比为 119.42，但是如果 1995 年保持 1980 年的孩次结构，那么其出生性别比将上升到 129.09，这要比实际高出 9.67，即孩次结构因素变化将会导致 1995 年出生性别比下降 9.67。又比如，如果 2000 年也保持 1980 年的孩次结构，那么 2000 年出生性别比将会上升到 133.96，这要比实际高出 14.54。

本研究接下来研究各孩次性别比水平因素变化对总体出生性别比的影响。与孩次结构变化的作用相反，各孩次出生性别比水平因素基本上对总体出生性别比的升高起到了促进作用，从而进一步加剧了中国出生性别比失衡程度。具体来说，1987 年以前各孩次出生性别比水平因素对总体出生性别比升高的影响程度不大，有些年份还起到了拉低作用。1988 年以后尤其是进入 20 世纪 90 年代以来，各孩次出生性别比水平因素对中国总体出生性别比失衡的拉升作用不断增强，1991 年为 8.97，1994 年为 12.34，2000 年则已经高达 22.20。也就是说，虽然孩次结构的变化对中国总体出生性别比的升高起到了明显的抑制作用，但各孩次出生性别比水平的升高，尤其是第 2 孩及多孩出生性别比水平的大幅升高，对中国总体出生性别比的拉升作用要大于孩次结构因素变化的拉低作用，从而导致了中国出生性别比失衡程度的逐年加重。

由于自然条件、生育政策、经济和社会发展水平的不同，中国城市和农村地区在生育子女数量和生育性别等方面存在巨大差异。有鉴于此，本研究进一步分析城镇地区和农村地区的孩次结构变化和各孩次性别比水平变化这两大因素对各自出生性别比失衡的影响。

（二）城镇地区出生性别比的结构因素与水平因素

总的来说，"全面二孩"政策实施以前，中国实行城乡有别的计划生育政策。具体来说，城镇地区一般实行较为严格的一孩政策，即通常所说的独生子女政策，农村除少数地区同样实行严格的独生子女政策之外，一般实行"一孩半"政策或二孩政策。人口政策的不同，有可能会导致城乡之间在出生性别比孩次结构和各孩次性别比水平的不同。

从表 5-2 可以看到，中国城镇地区育龄妇女生育的第 1 孩占比从 20 世纪 80 年代初 76% 左右的水平上升到 2000 年的 83.34%；城镇地区育龄妇女生育的 3 孩及以上子女的占比则从 20 世纪 80 年代初 6% 左右下降到 2000 年的 1.68%；而第 2 孩占比则变化不大，基本维持在 17% 左右的水平。

结构因素和水平因素对城镇地区出生性别比的影响方面，中国城镇地区的孩次结构因素变化对城镇地区总体出生性别比的拉低作用也日益明显。其中，1995 年孩次结构因素变化的拉低作用为 7.08，1999 年则更是进一步上升到了 9.63；与之相对应，各

孩次的性别比水平因素对城镇地区总体出生性别比的提升作用自
1990 年以来是不断加强的，尤其是 1996 年以后其拉低作用已经
上升到了 9 以上。通过以上分析可以看出，中国城镇地区分孩次
的性别比水平的提高也加剧了城镇地区出生性别比失衡的程度。

（三）农村地区出生性别比的结构因素和水平因素

孩次结构变化方面，中国农村地区 1981～1988 年的第 1 孩占
比在 46% 左右，1989～1991 年则在 50% 左右，1993 年继续上升
到了 54.86%，2000 年更是高达 62.23%；第 2 孩占比方面，除
个别年份之外，中国农村地区 1981～2000 年第 2 孩占比维持在
32% 左右；3 孩及以上占比方面，中国农村地区 1981～1984 年在
22% 左右，而 20 世纪 80 年代后期则下降到了 18% 以下。20 世纪
90 年代以来，3 孩及以上占比更是加速下降，其中，1995 年 3 孩
及以上占比仅为 10.86%，1997 年继续下降到了 8.52%，2000 年
则仅为 5.11%。

分孩次的性别比水平方面，中国农村地区第 1 孩性别比 1981～
2000 年基本处于正常范围，除个别年份稍微高出正常水平外，中
国农村地区第 2 孩性别比 1990 年及以前基本正常。但是，中国农
村地区从 1991 年开始第 2 孩出生性别比呈一路攀升趋势，1995
年达到了 149.36，2000 年更是高达 168.02；中国农村地区 3 孩
及以上的性别比从 1986 年开始就表现出显著失衡，1989 年上升
到了 128.20，1993 年达到了 150.61，1999 年更是高达 183.93。
可以看出，中国农村地区出生性别比失衡，主要是 2 孩和 3 孩及
以上的性别比水平的大幅升高所导致。

本研究分别估计孩次结构因素和各孩次性别比水平因素变化
给中国农村地区出生性别比失衡带来的影响。其中，孩次结构因
素 1981～1985 年对中国农村地区出生性别比的作用比较小。大约
从 1986 年开始，孩次结构因素对中国农村地区出生性别比的拉
低作用逐年增强。具体来说，1986 年孩次结构因素对中国农村地

表 5 - 1　中国出生性别比的结构因素和水平因素

生育年份	总体性别比	1 孩性别比	2 孩性别比	3 孩 + 性别比	1 孩占比	2 孩占比	3 孩 + 占比	结构不变	水平不变	结构影响	水平影响
1980	107.24	108.72	104.57	107.89	47.70%	31.06%	21.24%	107.24	107.24	0.00	0.00
1981	106.57	108.17	104.62	105.35	51.03%	28.77%	20.20%	106.46	107.34	0.11	-0.78
1982	108.01	109.31	106.10	107.31	52.63%	27.99%	19.38%	107.88	107.38	0.13	0.64
1983	109.60	110.20	109.67	107.83	53.03%	28.05%	18.92%	109.53	107.38	0.07	2.29
1984	108.15	109.13	107.81	106.04	51.89%	29.15%	18.96%	108.06	107.34	0.09	0.82
1985	107.38	109.18	106.29	104.12	51.21%	31.73%	17.06%	107.19	107.25	0.19	-0.05
1986	108.13	110.03	103.91	111.26	50.19%	33.54%	16.27%	108.35	107.18	-0.22	1.11
1987	108.73	109.52	104.26	116.12	49.80%	33.95%	16.25%	109.21	107.16	-0.48	1.97
1988	110.61	109.31	107.85	120.68	52.04%	31.71%	16.25%	111.16	107.25	-0.55	3.92
1989	109.24	105.58	106.82	128.55	55.05%	29.30%	15.65%	110.46	107.36	-1.22	3.22
1990	110.61	106.83	108.72	130.47	55.90%	29.16%	14.94%	112.05	107.37	-1.44	4.81
1991	117.17	106.82	128.63	140.75	56.33%	30.54%	13.13%	119.92	107.33	-2.75	12.68
1992	114.49	106.02	124.09	138.47	59.19%	28.97%	11.84%	117.77	107.40	-3.28	10.53
1993	119.76	105.79	143.98	152.34	61.29%	28.05%	10.66%	125.59	107.45	-5.83	18.35
1994	118.21	105.98	143.41	140.51	62.88%	27.14%	9.98%	123.47	107.50	-5.26	16.23

续表

生育年份	总体性别比	1孩性别比	2孩性别比	3孩+性别比	1孩占比	2孩占比	3孩+占比	结构不变	水平不变	结构影响	水平影响
1995	119.42	103.18	149.96	174.13	63.89%	27.13%	8.98%	129.09	107.50	-9.67	21.85
1996	120.99	110.49	137.40	164.86	64.98%	26.51%	8.51%	128.49	107.53	-7.50	21.25
1997	123.65	111.90	149.67	154.38	66.00%	26.84%	7.15%	130.94	107.53	-7.29	23.70
1998	121.88	104.52	164.23	182.90	66.91%	26.27%	6.82%	134.82	107.56	-12.94	27.58
1999	120.22	103.71	160.57	187.18	67.43%	27.20%	5.37%	134.02	107.53	-13.80	26.78
2000	123.34	110.13	162.60	158.59	70.17%	26.02%	3.81%	133.96	107.59	-10.62	26.72

数据来源：1990年全国人口普查、2000年全国人口普查。

表5-2 城镇地区出生性别比的结构因素和水平因素

生育年份	总体性别比	1孩性别比	2孩性别比	3孩+性别比	1孩占比	2孩占比	3孩+占比	结构不变	水平不变	结构影响	水平影响
1980	108.62	107.96	104.03	131.14	66.61%	25.35%	8.04%	108.62	108.62	0.00	0.00
1981	107.45	107.07	109.61	105.84	76.06%	17.82%	6.12%	107.61	108.53	-0.16	-1.01
1982	107.56	109.27	97.82	111.23	79.58%	15.10%	5.32%	106.40	108.47	1.16	-2.22
1983	109.72	109.27	110.27	115.56	81.94%	12.79%	5.27%	110.01	108.55	-0.29	1.39
1984	107.79	108.88	103.05	104.72	80.00%	14.12%	5.88%	107.03	108.62	0.76	-1.59
1985	106.35	107.00	103.45	105.92	78.61%	16.43%	4.97%	106.00	108.34	0.35	-2.62

续表

生育年份	总体性别比	1孩性别比	2孩性别比	3孩+性别比	1孩占比	2孩占比	3孩+占比	结构不变	水平不变	结构影响	水平影响
1986	106.52	106.97	102.03	117.20	77.20%	18.04%	4.76%	106.47	108.23	0.05	-2.15
1987	109.31	110.13	105.33	112.50	76.21%	18.97%	4.82%	109.08	108.21	0.23	0.46
1988	110.06	109.02	109.80	131.19	79.42%	16.05%	4.53%	110.84	108.26	-0.78	2.22
1989	107.21	105.97	107.28	138.07	81.55%	14.72%	3.74%	108.57	108.15	-1.36	-0.05
1990	111.92	110.50	120.46	113.33	83.19%	13.91%	2.90%	113.17	108.01	-1.25	4.55
1991	111.98	108.39	117.63	132.17	70.44%	22.26%	7.30%	112.43	108.59	-0.45	3.81
1992	112.64	107.14	128.75	130.77	73.21%	20.08%	6.70%	114.03	108.56	-1.39	5.41
1993	115.45	106.72	142.33	160.00	74.74%	19.36%	5.90%	118.46	108.42	-3.01	9.84
1994	114.88	109.25	136.99	130.95	76.67%	18.57%	4.76%	117.34	108.21	-2.46	8.72
1995	112.09	101.75	150.49	157.69	75.54%	19.39%	5.07%	116.19	108.24	-4.10	7.57
1996	118.97	112.23	140.30	182.26	78.82%	16.59%	4.59%	123.30	108.26	-4.33	14.68
1997	121.94	115.23	150.22	161.40	79.49%	16.28%	4.23%	126.48	108.19	-4.54	17.86
1998	111.58	99.72	163.68	278.57	79.71%	17.32%	2.98%	121.78	107.89	-10.20	13.16
1999	117.90	109.87	154.02	204.00	80.59%	17.12%	2.29%	125.42	107.75	-7.52	16.80
2000	119.38	112.60	150.56	316.67	83.34%	14.98%	1.68%	130.53	107.71	-11.15	21.91

数据来源: 1990 年全国人口普查、2000 年全国人口普查。

表 5-3 农村地区出生性别比的结构因素和水平因素

生育年份	总体性别比	1 孩性别比	2 孩性别比	3 孩+性别比	1 孩占比	2 孩占比	3 孩+占比	结构不变	水平不变	结构影响	水平影响
1980	106.95	108.96	104.66	106.45	43.78%	32.24%	23.98%	106.95	106.95	0.00	0.00
1981	106.39	108.54	104.05	105.33	45.87%	31.03%	23.10%	106.30	107.03	0.09	-0.65
1982	108.12	109.32	107.05	107.11	46.60%	30.87%	22.53%	108.05	107.05	0.07	1.10
1983	109.57	110.56	109.62	107.44	46.83%	31.32%	21.85%	109.50	107.05	0.07	2.55
1984	108.22	109.21	108.23	106.11	46.48%	32.04%	21.47%	108.14	107.03	0.08	1.19
1985	107.57	109.88	106.55	104.03	46.13%	34.57%	19.30%	107.38	106.97	0.19	0.43
1986	108.43	111.01	104.08	110.99	45.23%	36.38%	18.38%	108.72	106.92	-0.29	1.77
1987	108.63	109.34	104.17	116.29	45.07%	36.64%	18.30%	109.24	106.91	-0.61	2.29
1988	110.71	109.41	107.68	120.21	46.77%	34.72%	18.51%	111.33	106.98	-0.62	4.38
1989	109.61	105.46	106.78	128.20	50.27%	31.93%	17.80%	110.94	107.12	-1.33	3.99
1990	110.37	105.74	107.83	131.05	50.85%	31.98%	17.17%	112.00	107.14	-1.63	5.05
1991	119.55	105.72	132.34	143.00	50.32%	34.07%	15.61%	122.09	107.08	-2.54	15.14
1992	115.58	105.70	123.29	139.51	53.01%	32.85%	14.14%	118.65	107.17	-3.07	11.70
1993	121.80	104.75	145.28	150.61	54.86%	32.27%	12.87%	126.78	107.23	-4.98	19.83
1994	120.26	104.71	144.52	143.54	56.39%	31.18%	12.44%	125.13	107.29	-4.87	18.18

续表

生育年份	总体性别比	1孩性别比	2孩性别比	3孩+性别比	1孩占比	2孩占比	3孩+占比	结构不变	水平不变	结构影响	水平影响
1995	122.81	104.05	149.36	176.00	58.38%	30.77%	10.86%	132.16	107.35	−9.35	25.21
1996	121.89	109.14	136.40	163.41	58.31%	31.31%	10.38%	128.96	107.33	−7.07	22.01
1997	124.82	110.28	150.15	150.96	59.57%	31.92%	8.52%	131.14	107.36	−6.32	24.19
1998	127.00	106.66	164.85	173.73	60.24%	30.99%	8.77%	137.43	107.39	−10.43	30.48
1999	122.59	100.83	163.25	183.93	60.40%	32.63%	6.96%	135.33	107.36	−12.74	28.38
2000	125.45	107.13	168.02	140.52	62.23%	32.66%	5.11%	131.82	107.41	−6.37	24.87

数据来源：1990年全国人口普查、2000年全国人口普查。

区出生性别比的拉低作用为 0.23，1989 年和 1991 年其拉低作用
分别为 0.49 和 1.47。1995 年以后，其拉低作用更是大幅提高，
1997 年达到了 6.03，个别年份甚至接近 10。

各孩次的性别比水平因素变化对中国农村地区出生性别比主
要起到了拉升作用，从而加剧了中国农村地区出生性别比失衡程
度。具体来说，1981～1987 年各孩次性别比水平因素对中国农村
地区出生性别比的作用程度较低；1988 年以来，各孩次性别比水
平因素对中国农村地区出生性别比的拉升作用不断增强，从 1988
年的 2.16 大幅上升到 1991 年的 8.83，1995 年以后更是基本维持
在 20 以上的高位。

第二节　人口流动对中国城镇地区出生
性别比失衡的影响

20 世纪 80 年代以来，随着户籍制度在一定程度上放松，中国
开始出现从农村到城镇的人口流动现象。尤其是 20 世纪 90 年代以
来，随着社会主义市场经济的快速发展，人口流动趋势不断加强，
人口流动也逐渐成为中国人口发展的一种新常态。有鉴于此，本部
分重点关注人口流动因素对中国城镇地区出生性别比失衡的影响。

从某种角度来看，研究人口流动对中国城镇地区出生性别比
失衡的影响这一问题，其实也是关注中国城镇地区出生性别比的
另一种细分，即将中国城镇地区育龄妇女生育子女的性别比细分
为城镇本地育龄妇女生育子女的性别比与城镇外来人口尤其是来
自农村地区的育龄妇女生育子女的性别比。而要研究人口流动因
素是否会对中国城镇地区的出生性别比失衡造成影响，就需要在
控制育龄妇女生育史、个人特征和家庭特征等的情况下，来判断
中国城镇地区的本地育龄妇女与外来育龄妇女在生育子女的性别
比上是否存在显著性差异。

因此，研究人口流动对中国城镇地区出生性别比失衡的影响，其实就是根据人口流动因素对出生性别比自身组成的结构和水平的另外一种分类。其中，结构因素就是流动育龄妇女和非流动育龄妇女各自人数的占比，而水平因素就是流动育龄妇女和非流动育龄妇女各自生育子女的性别比。不过，本部分研究主要关注中国城镇地区流动育龄妇女与非流动育龄妇女生育子女的性别比水平之间是否存在显著差异。

一　国内已有人口流动与出生性别比关系的研究

关于城镇外来人口对中国城镇地区出生性别比失衡是否有显著影响，相关研究的结论目前存在明显争议。比如，同样是对2000 年全国人口普查数据的分析，伍海霞等（2005）发现城镇外来人口生育子女的性别比要显著高于城镇本地人口，而陈卫、吴丽丽（2008）则认为城市外来人口与本地人口在生育子女的性别比方面并不存在显著差异。

不仅在全国层面，各地方 2000 年人口普查数据的分析也存在分歧。比如，郭志刚（2003）通过对北京市 2000 年人口普查数据的分析发现，北京市出生性别比的失调主要是外来女性生育子女的性别比偏高所导致。而陈友华（2006）基于广东省 2000年人口普查数据，得出了广东省出生性别比失调并非外来妇女生育子女性别比失调所导致的结论。

本章以目前研究的争议为起点，利用 2000 年全国人口普查数据对城镇地区外来人口对中国城镇地区出生性别比失衡的影响进行再检验。并且，本研究对中国城镇地区流动人口类型的划分口径和标准相比以往更加细致。

二　人口流动对城镇地区出生性别比失衡的影响

（一）流动人口的划分标准

2000 年全国人口普查对人口的流动状态进行了测量。其中，将离开户籍登记地的人口定义为离开本人户籍所在的乡镇或街道，并在其他乡镇或街道居住半年以上的人口。但是，离开户籍登记地的人口并不意味着就一定是流动人口。这是因为，离开户籍登记地的人口实际上包括两类不同的人群。其中，一类人群是指远离家乡到外地经营、就业或学习的人；而另一类人群则是指在同一个城市范围内因为子女入学、购买新房等原因发生搬迁，从而造成居住地与户籍登记地相分离的现象，这些人被称为人户分离人口。

本研究使用段成荣、孙玉晶（2006）提出的对 2000 年全国人口普查流动人口的划分方法。总体来说，使用该方法不仅能识别出流动人口，而且还可以从中剥离出城市内的人户分离人口。

具体来说，2000 年全国人口普查将"户口等级状况"（R6.1）一共分为 5 个类别。其中，第 1 类为"居住本乡（镇、街道），户口在本乡（镇、街道）"；第 2 类为"居住本乡（镇、街道）半年以上，离开户口登记地半年以上"；第 3 类为"在本乡（镇、街道）居住不满半年，离开户口登记地半年以上"；第 4 类为"居住本乡（镇、街道），户口待定"；第 5 类为"原住本乡（镇、街道），现在国外工作学习，暂无户口"。

对于第 2 类和第 3 类，2000 年全国人口普查进一步收集了其户籍登记地信息（R6.2），回答选项包括 8 种情况。其中，第 1 种情况为"本县（市）其他乡"；第 2 种情况为"本县（市）其他镇"；第 3 种情况为"本县（市）其他街道"；第 4 种情况为"本市区其他乡"；第 5 种情况为"本市区其他镇"；第 6 种情况为"本市区其他街道"；第 7 种情况为"本省其他县市或市区"；第 8 种情况为"省外"。

按照段成荣、孙玉晶（2006）的划分方法，本研究将属于第 2 类、第 3 类并且 R6.2 属于第 4 种、第 5 种、第 6 种情况的定义为市内人户分离人口；将属于第 1 种、第 2 种、第 3 种情况的定

义为县（市）内流动人口；将属于情况 7 的定义为省内跨县流动
人口，而将属于情况 8 的定义为跨省流动人口。

　　2000 年全国人口普查数据按照上述方法的人口流动类型划分
结果如表 5 - 4 所示。从中可以看出，跨省流动育龄妇女 2000 年
生育子女的性别比最高（126.88），其次为本地育龄妇女生育子
女的性别比（121.86）。与之相比，省内流动育龄妇女 2000 年生
育子女的性别比反而较低。其中，县（市）内流动育龄妇女 2000
年生育子女的性别比为 112.05，而省内跨县流动妇女 2000 年生
育子女的性别比只有 109.13。

表 5 - 4　2000 年分流动类型的育龄妇女生育子女的性别比

流动类型	生育男孩	生育女孩	生育子女的性别比
跨省流动	203	160	126.88
省内跨县流动	239	219	109.13
县（市）内流动	251	224	112.05
市内人户分离	232	212	109.43
本地人口	5022	4121	121.86

数据来源：2000 年全国人口普查。

　　由于本部分的研究重点是中国城镇地区人口，因此接下来专
门分析中国城镇地区不同流动类型育龄妇女 2000 年生育子女的
性别比。通过表 5 - 5 可以看出，省内县（市）内流动育龄妇女
2000 年生育子女的性别比最高（129.70），其次为跨省流动育龄
妇女生育子女的性别比（127.96），城镇本地育龄妇女生育子女
的性别比也较高（121.59），而市内人户分离和省内跨县流动的
育龄妇女 2000 年生育子女的性别比则不仅相对较低，而且分别
处于或接近出生性别比的正常水平。

表 5 - 5   2000 年城镇地区分流动类型的育龄妇女
生育子女的性别比

流动类型	生育男孩	生育女孩	生育子女的性别比
跨省流动	119	93	127. 96
省内跨县流动	157	145	108. 28
县（市）内流动	131	101	129. 70
市内人户分离	202	191	105. 76
本地人口	1363	1121	121. 59

数据来源：2000 年全国人口普查。

（二）人口流动对城镇地区出生性别比的影响

限于数据的可获得性，本部分依旧使用 Logistic 多元回归模型研究人口流动对中国城镇地区出生性别比失衡的影响。模型因变量为中国城镇育龄妇女 1999 年 11 月 1 日至 2000 年 10 月 31 日生育子女的性别，其中为男孩赋值为 1，为女孩赋值为 0。模型自变量为该时期生育子女的育龄妇女的人口流动状态，主要分为跨省流动、省内跨县流动、县（市）内流动、本地人口（含人户分离）。其中，本研究以本地人口（含人户分离）作为参照类。

模型的控制变量包括育龄妇女生育史、个人特征以及地区。其中，育龄妇女生育史包括生育孩次和生育年龄，而生育孩次主要分为 1 孩、2 孩、3 孩及以上。育龄妇女个人特征主要包括户籍、民族和受教育程度；户籍主要分为城镇户籍和农村户籍；民族分为汉族和少数民族；受教育程度则主要分为文盲、小学、初中、高中及以上。育龄妇女的地区则依旧将其分为东部地区、中部地区和西部地区。

人口流动对中国城镇地区出生性别比失衡影响的模型结果见表 5 - 6。定量分析结果表明，与本地人口（含人户分离）相比，在其他条件相同的情况下，跨省流动、省内跨县流动、县（市）

内流动的育龄妇女在生育子女的性别方面并没有表现出显著差异。具体来说，在控制其他变量的情况下，跨省流动、省内跨县流动、县（市）内流动的育龄妇女生育子女为男孩的发生比分别是本地人口（含人户分离）的 1.091 倍、0.916 倍和 1.093 倍，不过统计性均不显著。

表 5 - 6　人口流动对城镇地区出生性别比影响的最终模型

变量名称	系数	标准误	显著度	优势比
自变量				
流动类型［参照类：本地人口（含人户分离）］				
跨省流动	0.087	0.148	0.559	1.091
省内跨县流动	- 0.088	0.124	0.477	0.916
县（市）内流动	0.089	0.140	0.524	1.093
控制变量				
妇女生育史				
生育孩次（参照类：1 孩）				
2 孩	0.324	0.113	0.004	1.383
3 孩及以上	1.087	0.301	0.000	2.964
生育年龄	- 0.006	0.010	0.587	0.994
妇女个人特征				
户籍（参照类：农村户籍）				
城镇户籍	0.092	0.087	0.292	1.096
民族（参照类：汉族）				
少数民族	0.098	0.130	0.451	1.103
受教育程度（参照类：文盲）				
小学	0.251	0.317	0.427	1.286
初中	0.278	0.310	0.370	1.320
高中及以上	0.412	0.317	0.194	1.510
地区（参照类：中部地区）				

续表

变量名称	系数	标准误	显著度	优势比
东部地区	-0.015	0.078	0.851	0.986
西部地区	-0.227	0.097	0.019	0.797

数据来源：2000 年全国人口普查。

控制变量方面，育龄妇女的生育孩次和所在地区都有显著影响。其中，生育孩次方面，育龄妇女生育 2 孩、3 孩及以上为男孩的发生比分别是 1 孩的 1.383 倍和 2.964 倍，并且均为统计性显著；地区方面，西部地区的育龄妇女生育子女为男孩的发生比是中部地区育龄妇女的 0.797 倍，并且统计性显著。

由于采用上述对人口流动状态的划分方法并没有得出人口流动对出生性别比失衡有显著影响的结论，为了增强该研究发现的稳健性，本研究换用伍海霞等（2005）对人口流动状态的分类方法，尝试再次检验人口流动对中国城镇地区出生性别比失衡是否有显著影响。

按照伍海霞等（2005）提出的有关人口流动状态的分类方法，本研究将现居住在城镇并且迁出地为乡或镇的村委会的育龄妇女定义为从农村流入城镇的人口，即其人口流动状态为乡城流动；本研究将现居住地为城镇并且迁出地为街道或乡镇的居委会的育龄妇女定义为从城镇流入城镇的人口，即其人口流动状态为城城流动。

不同人口流动状态育龄妇女生育子女的性别比见表 5 - 7。其中，乡城流动、城城流动、本地人口育龄妇女生育子女的性别比分别为 121.68、113.76 和 121.00。通过这一简单描述性统计可以看出，虽然乡城流动的育龄妇女与本地人口育龄妇女在生育子女性别比方面几乎不存在差异，但是城城流动的育龄妇女生育子女的性别比却要更低一些。

表 5－7 乡城流动与城城流动的育龄妇女生育子女的性别比

流动类型	生育男孩	生育女孩	生育子女的性别比
乡城流动	449	369	121.68
城城流动	372	327	113.76
本地人口	1164	962	121.00
城镇总人口	1985	1658	119.72

数据来源：2000 年全国人口普查。

同样限于数据的可获得性，本部分继续使用 Logistic 多元回
归模型研究乡城流动和城城流动对中国城镇地区出生性别比失
衡的影响。模型因变量依然为中国城镇育龄妇女 1999 年 11 月 1
日至 2000 年 10 月 31 日生育子女的性别，其中男孩则赋值为 1，
女孩则赋值为 0。模型自变量为该时期生育子女的育龄妇女 1995
年以后的人口流动状态，主要分为乡城流动、城城流动和本地人
口。模型的控制变量也依旧包括育龄妇女生育史、个人特征以及
地区。

乡城流动和城城流动对中国城镇地区出生性别比失衡影响的
模型结果见表 5－8。分析结果表明，与本地人口相比，在其他条
件相同的情况下，乡城流动、城城流动的育龄妇女在生育子女的
性别比方面没有表现出显著差异。具体来说，在控制其他变量的
情况下，乡城流动、城城流动的育龄妇女生育子女为男孩的发生
比分别是本地人口的 1.053 倍和 0.982 倍，不过统计性均不显著。

表 5－8 乡城流动和城城流动对城镇地区出生性别比影响的最终模型

变量名称	系数	标准误	显著度	优势比
自变量				
流动类型［参照类：本地人口（含人户分离）］				
乡城流动	0.052	0.089	0.556	1.053
城城流动	－0.018	0.092	0.845	0.982

变量名称	系数	标准误	显著度	优势比
控制变量				
妇女生育史				
生育孩次（参照类：1 孩）				
2 孩	0.330	0.113	0.004	1.390
3 孩及以上	1.097	0.302	0.000	2.996
生育年龄	−0.005	0.010	0.605	0.995
妇女个人特征				
户籍（参照类：农村户籍）				
城镇户籍	0.075	0.090	0.405	1.078
民族（参照类：汉族）				
少数民族	0.096	0.129	0.456	1.101
受教育程度（参照类：文盲）				
小学	0.271	0.316	0.391	1.311
初中	0.295	0.309	0.340	1.343
高中及以上	0.434	0.317	0.171	1.543
地区（参照类：中部地区）				
东部地区	−0.009	0.077	0.906	0.991
西部地区	−0.224	0.096	0.020	0.800

　　数据来源：2000 年全国人口普查。

　　控制变量方面，育龄妇女的生育孩次和所在地区都有显著影响。其中，育龄妇女生育 2 孩、3 孩及以上为男孩的发生比分别是 1 孩的 1.390 倍和 2.996 倍，均为统计性显著；西部地区的育龄妇女生育子女为男孩的发生比是中部地区育龄妇女的 0.800 倍，并且统计性显著。

第三节　本章小结

　　本章主要探讨两大因素与中国出生性别比失衡之间的关系。

其中，一个因素是出生性别比本身的构成因素，即出生性别比本身的孩次结构和各孩次的性别比水平；另一个因素则是中国的人口流动特征。从某种角度来看，研究人口流动对中国城镇地区出生性别比的影响，也是出生性别比的另一种细分，即将中国城镇地区的出生性别比进一步细分为城镇本地人口的出生性别比与城镇外来人口尤其是农村外来人口的出生性别比。

（一）中国出生性别比失衡的结构因素和水平因素

中国生育率水平在 20 世纪 90 年代初出现了大幅下滑，种种迹象表明，中国已经迈入低生育率时代。从 1984 年开始，中国出生性别比偏离正常水平，此后偏高趋势越来越明显。中国生育率水平的降低和出生性别比的偏高存在密切关联。而中国生育率水平的降低，与孩次结构的变化存在密切的关系，即 2 孩和 3 孩及以上生育数量的减少是中国生育率大幅下降的重要原因。而出生性别比也由孩次结构和分孩次出生性别比水平这两大因素共同决定。

本研究根据 1990 年人口普查数据以及 2000 年人口普查数据对 0~9 周岁少儿人口进行户内母子匹配，从而获得了子女所属生育孩次、性别等信息。然后，本研究以 1981~1990 年的平均孩次结构和平均各孩次的性别比水平为参考基准，研究孩次结构变化对中国出生性别比失衡的影响。

本研究发现，3 孩及以上生育的减少和 1 孩占比的显著增加，对中国总体出生性别比失衡起到了明显的抑制作用。而中国出生性别比失衡主要是由 2 孩及以上孩次的性别比水平的大幅升高导致的。

鉴于中国城镇和农村在生育水平和生育模式上存在较大差异，接下来本研究分别对中国城镇地区和农村地区进行分析。综合来看，中国城镇地区 1981~2000 年的 2 孩和 3 孩及以上的占比均出现了大幅下降。而中国农村地区在此期间虽然 2 孩占比变化不大，但是 3 孩及以上的占比同样也出现了显著下降。

虽然无论城镇地区还是农村地区，孩次结构的变化对出生性别比失衡都起到了显著的抑制作用，但城镇地区主要是 2 孩和 3 孩及以上的占比大幅下降的结果，而农村地区则主要是由 3 孩及以上的占比下降导致的。此外，中国城镇地区和农村地区孩次结构变化对各自出生性别比失衡的作用模式基本类似，只是具体的作用幅度和发生时间存在一定差异。

（二）人口流动对中国城镇地区出生性别比失衡的影响

本部分主要关注中国城镇地区流动育龄妇女与非流动育龄妇女生育子女的性别比水平之间是否存在显著差异。而要研究人口流动对中国城镇地区出生性别比失衡的影响，就需要在控制育龄妇女生育史和个人特征等条件下，来定量估计和分析城镇地区的本地与外来育龄妇女在生育子女的性别比方面是否存在显著差异。因此，研究人口流动对城镇地区出生性别比失衡的影响，其实就是根据人口流动类型对出生性别比自身结构和水平的另一种分类。其中，结构因素就是流动育龄妇女和非流动育龄妇女各自人数的占比，而水平因素就是流动育龄妇女和非流动育龄妇女各自生育子女的性别比。

首先，按照段成荣、孙玉晶（2006）对流动人口的划分口径，本研究将城镇育龄妇女划分为跨省流动、省内跨县流动、县（市）内流动、本地人口（含人户分离）这四种类型。Logistic 多元回归模型的分析结果表明，与本地人口（含人户分离）相比，在其他条件相同的情况下，跨省流动、省内跨县流动、县（市）内流动的育龄妇女在生育子女的性别比方面并没有表现出显著差异。

由于采用上述划分方法并没有得出人口流动对出生性别比失衡有显著影响的结论，为了增强研究结果的稳健性，本研究换用伍海霞等（2005）对人口流动状态的分类方法，再次估计和分析人口流动对中国城镇地区出生性别比失衡的影响。

　　按照伍海霞（2005）对流入城镇人口的判定标准，将城镇人口划分为乡城流动、城城流动和本地人口这三个类别。Logistic 多元回归模型结果表明，与本地人口相比，在其他条件相同的情况下，乡城流动、城城流动的育龄妇女在生育子女的性别比方面同样没有表现出显著差异。

▶ 第六章
中国出生性别比水平估计与
形势判断[*]

分析中国出生性别比失衡各影响因素的主要目的：一是找出可能导致出生性别比失衡的原因并通过公共政策加以干预和调整；二是对中国当前及未来出生性别比形势做出客观认识和预判，并尽可能采取措施加以提前应对。本书第三章、第四章和第五章已经对可能影响中国出生性别比失衡的各主要因素进行了定量分析，本章在此基础之上对中国当前的出生性别比水平及未来发展趋势进行估计和判断。

客观估计出生性别比的实际水平，是准确判断中国当前及未来出生性别比形势的基础（Dai & Li，2015）。但是，已有研究表明，由于人口普查数据存在一定程度的瞒报和漏报，直接由人口普查数据计算得出的出生性别比水平很可能与实际并不一致（Smith，1994；Merli & Raftery，2000；Goodkind，2011）。因此，如何通过多来源数据合理估计中国出生性别比的实际水平就成为

---

* 本章部分内容来自王军、王广州、高凌斐、张央《中国出生性别比水平估计及形势判断》，《学习与实践》2016 年第 3 期。

中国出生性别比当前及未来形势判断和出生性别比治理中需要解决的关键问题。

针对这一问题，本章尝试采取多来源的数据估计中国出生性别比的实际水平，并对中国出生性别比的未来发展趋势做出一定的预判。首先，本章将比较分析 2010 年全国人口普查数据、户籍登记数据和住院分娩数据，然后对 2010 年出生队列的性别比进行跟踪分析，最后对中国的出生性别比形势做出判断。

第一节　2010 年人口普查、户籍登记与住院分娩三种数据的比较分析

无论是从理论还是实践上看，要对中国 2010 年出生性别比的真实水平做出尽可能客观合理的估计，不能仅仅局限于某一来源的数据。以往研究由于缺乏不同来源数据之间的比较，因此无法确定中国的实际出生性别比到底是多少。本研究由于同时获得了 2010 年全国人口普查数据、户籍登记数据和住院分娩数据，可以进行根据不同数据所计算的出生性别比之间差异的比较。本部分首先比较 2010 年全国人口普查数据与户籍登记数据之间的差异，然后在此基础上再比较人口普查数据、户籍登记数据与住院分娩数据这三者之间的异同。

一　2010 年全国人口普查数据与户籍登记数据的比较

首先看中国出生性别比总体水平的估计。根据 2010 年全国人口普查的短表计算得出的中国 2010 年的出生性别比为 117.96，这一水平要高于 2000 年全国人口普查的 116.86，但低于 2005 年全国人口抽样调查的 120.49。而根据 2010 年户籍登记数据计算得出的中国 2010 年的出生性别比为 122.32，这不仅要比 2010 全国人口普查高 4.36，而且也要高于 2005 年全国人口抽样调查的

结果。

因此，如果 2010 年全国人口普查数据的出生性别比可靠，那么 2005～2010 年中国的出生性别比总体呈现下降趋势。但是如果 2010 年户籍登记数据可靠，那么 2005～2010 年中国的出生性别比又会呈现正好相反的上升趋势。由此可见，评估 2010 年根据人口普查数据和户籍登记数据计算得出的出生性别比哪个更加可靠，这对于判断中国出生性别比的发展趋势至关重要。

(一) 人口普查数据与户籍登记数据省级层次的比较

在分析了基于全国层次的 2010 年人口普查数据和户籍登记数据所得的出生性别比之间差异的基础上，本研究继续分析 2010 年人口普查数据与户籍登记数据在省级层次上的差异。

首先，从 2010 年人口普查的汇总数据来看，出生性别比严重偏离正常水平的有安徽、福建、海南、湖北、湖南、江西、广西、贵州、广东 9 个省份，其各自的出生性别比都已在 120 以上。这 9 个省份 2010 年的出生人口约为 550 万人，占全国 2010 年总出生人口 (1378.64 万人，未根据出生漏报对出生人口规模进行调整，下同) 的比例为 39.92%。在其余省份中，仅新疆 (106.02) 和西藏 (106.50) 的出生性别比正常。除北京市 2010 年出生性别比在 110 以下之外，上海、山东、河南、江苏、浙江等 19 个省份 2010 年出生性别比均在 110 以上。

其次，从户籍登记数据①来看，出生性别比严重偏离正常值的有江西、安徽、福建、河南、海南、贵州、广西、江苏、山东、广东、湖南、甘肃、宁夏 13 个省份，其各自的出生性别比都已在 120 以上。这 13 个省 2010 年出生人口约为 797 万，占全国 2010 年总出生人口的比例为 57.84%。其余省份中，仅北京、

---

① 户籍登记数据所反映的出生性别比只是当地户籍居民的出生性别比，不包括当地的外来流动人口。

上海、西藏、新疆四个省份的出生性别比基本处于正常范围，而河北、浙江、湖北、陕西、云南、重庆等 14 个省份的出生性别比均超出正常范围。

最后，从人口普查数据与户籍登记数据的比较来看，差异较大（户籍登记数据的出生性别比减去人口普查数据的出生性别比）的有江西（14.16）、河南（14.01）、江苏（10.74）、贵州（10.17）、福建（9.33）、海南（8.77）、广西（8.74）和安徽（8.28）8 个省份。这 8 个省份 2010 年出生人口约为 476 万人，占全国 2010 年总出生人口的比例为 34.56%。而山西、内蒙古、辽宁、吉林、黑龙江、浙江、重庆、四川、西藏、陕西、青海、湖南 12 个省份的二者差异都在 2 以内。

由于存在大量外来流动人口，北京、上海和天津这 3 个直辖市的 2010 年人口普查数据的出生性别比要显著高于户籍登记数据的出生性别比。比如，北京市 2010 年人口普查数据的出生性别比为 109.48，而户籍登记数据的出生性别比为 106.19，户籍登记数据要比人口普查数据低 3.29；上海市 2010 年人口普查数据和户籍登记数据的出生性别比分别为 111.05 和 106.86，户籍登记数据也要比人口普查数据低 4.19；天津市人口普查数据和户籍登记数据的出生性别比分别为 113.62 和 111.43，虽然户籍登记数据出生性别比也已高于正常水平，但仍比人口普查数据低 2.19。

表 6-1　2010 年分省普查与户籍登记出生性别比差异

	人口普查		户籍登记		户籍覆盖率	水平差异
	出生性别比	出生人口规模	出生性别比	出生人口规模		
全　国	117.96	1378.64	122.32	748.80	0.54	4.36
江　西	122.95	57.88	137.11	27.22	0.47	14.16
河　南	117.77	104.39	131.78	65.70	0.63	14.01

续表

	人口普查		户籍登记		户籍覆盖率	水平差异
	出生性别比	出生人口规模	出生性别比	出生人口规模		
江 苏	116.21	68.40	126.95	36.36	0.53	10.74
贵 州	122.47	47.53	132.64	21.42	0.45	10.17
福 建	125.64	40.05	134.97	19.01	0.47	9.33
海 南	125.49	12.10	134.26	4.54	0.38	8.77
广 西	122.72	71.29	131.46	37.76	0.53	8.74
安 徽	128.65	74.83	136.93	28.65	0.38	8.28
宁 夏	113.76	7.53	120.51	3.74	0.50	6.75
山 东	119.42	98.04	125.84	58.22	0.59	6.42
甘 肃	117.56	27.70	123.37	12.91	0.47	5.81
河 北	114.86	88.02	119.64	59.03	0.67	4.78
广 东	120.38	108.11	124.95	51.75	0.48	4.57
新 疆	106.02	32.04	109.72	8.34	0.26	3.70
云 南	111.93	55.69	115.07	28.61	0.51	3.14
西 藏	106.50	4.53	108.21	0.42	0.09	1.71
陕 西	115.32	33.47	116.88	21.75	0.65	1.56
重 庆	112.46	26.26	113.83	18.58	0.71	1.37
青 海	112.32	7.17	113.67	3.79	0.53	1.35
四 川	111.62	74.09	112.75	43.56	0.59	1.13
内蒙古	111.96	20.42	112.97	12.20	0.60	1.01
浙 江	118.11	44.33	118.85	25.28	0.57	0.74
山 西	110.28	34.58	110.96	17.93	0.52	0.68
辽 宁	110.12	26.42	110.50	19.46	0.74	0.38
湖 南	123.23	79.55	123.57	44.35	0.56	0.34
吉 林	111.15	17.71	110.03	14.01	0.79	-1.12
黑龙江	112.36	24.87	110.53	17.44	0.70	-1.83
天 津	113.62	8.19	111.43	6.98	0.85	-2.19

续表

	人口普查		户籍登记		户籍覆盖率	水平差异
	出生性别比	出生人口规模	出生性别比	出生人口规模		
北　京	109.48	11.59	106.19	6.96	0.60	−3.29
上　海	111.05	12.82	106.86	8.15	0.64	−4.19
湖　北	124.11	59.08	118.30	24.71	0.42	−5.81

注：出生人口规模的单位为万人，户籍覆盖率为户籍登记出生人口规模除以人口普查出生人口规模，水平差异为户籍登记数据的出生性别比减去人口普查数据的出生性别比。

数据来源：2010 年全国人口普查、2010 年户籍登记数据。

（二）重点省份的专项分析

作为 2010 年人口普查数据和户籍登记数据出生性别比差异较大的省份，江西、河南、江苏和贵州这 4 个省份 2010 年的总人口为 2.52 亿人，占全国人口的比例为 18.91%。其中，这 4 个省份 2010 年总出生人口规模为 278 万人，占全国总出生人口的比例为 20.18%。涉及的地级市方面，这 4 个省份共有 20 个地级市的户籍登记数据的出生性别比明显高于人口普查数据，涉及的出生人口规模为 181 万人，大约占 4 个省份出生人口规模的 65.10%，约占全国总出生人口规模的 13.14%。

1. 江西省人口普查与户籍登记数据的比较

根据 2010 年全国人口普查，江西省的总人口规模为 4457 万人，在全国排名第 13，占全国总人口的比例为 3.34%。其中，江西省 2010 年的出生人口为 57.88 万人，在全国排名第 11，占全国出生人口的比例为 4.20%。

作为中国南方的人口流出大省，江西省 2010 年户籍登记数据的出生性别比要比人口普查数据高 14.16。重点偏高城市方面，共有 7 个地级市的户籍登记数据出生性别比与人口普查数据相差超过 10。这 7 个城市 2010 年出生人口规模约为 34 万人，占江西

2010 年出生人口的比例为 58.80%。其中，新余市户籍登记数据的出生性别比要比人口普查数据的出生性别比高 40.51，接着依次为鹰潭市的 29.90、上饶市的 24.73、景德镇市的 23.16、宜春市的 14.63、萍乡市的 13.04 和赣州市的 11.48。

对江西省 2010 年 0~29 周岁各年龄组的性别比进行分析发现，5~9 周岁、10~14 周岁年龄组的性别比在人口普查和户籍登记数据中表现出较高的一致性。而较低年龄组和较高年龄组则均为户籍登记数据的性别比要高于人口普查数据的性别比，且差异呈现两端扩大的趋势。具体来说，2010 年江西省户籍登记数据与人口普查数据的性别比差异从 0~4 周岁开始不断减小，到 5~9 周岁时差异已经非常小，而 10~14 周岁则基本重合，不过从 15~19 周岁开始二者差异又开始变大，即户籍登记数据的性别比高于人口普查数据的程度不断增大。

其中，15~19 周岁以后的户籍登记数据与人口普查数据的性别比差异的不断扩大，可能跟江西是人口流出大省有关。一般来说，15~19 周岁正是人口流向省外经济较发达地区的开始，而且可能是外出的男性多于外出的女性造成了人口普查数据的性别比（漏登了的外出人口中男性多于女性）又开始低于户籍登记数据的性别比，且差异随年龄增大呈不断扩大的趋势。

但 0~4 周岁人口的户籍登记数据与人口普查数据的性别比差异随年龄增大不断缩小如何解释？第一种解释可能是人口普查中的 0~4 周岁的儿童存在较为严重的出生漏报，且漏报的男性明显多于女性（漏登的可能是本地居住人口，也可能是目前在省外工作的流动人口），从而造成人口普查数据的性别比要明显低于户籍登记数据的性别比。随着男性漏报比例与女性比例差距随年龄的减小而减小，户籍登记数据与人口普查数据的性别比差异从 0~4 周岁年龄段迅速减小，并且与 5~14 周岁年龄段基本一致。

但这种解释与通常认为人口普查一般存在女婴漏报多，即漏报女婴比例高于男婴相矛盾。当然，如果人口普查数据的性别比偏低是由于到省外工作的人口生育子女性别有选择性，即主要是那些容易生男孩的人口去省外且被漏登，则也可以在一定程度上进行解释，但具体如何还需要结合更多数据进行深入研究。

第二种解释则是户籍登记的当年出生数据存在问题，即户籍登记数据本身存在漏登，且漏登的女孩比例要显著高于男孩比例，因此造成户籍登记数据当年出生性别比要显著高于真实水平，从而也要显著高于根据人口普查数据得到的出生性别比。

第三种解释是人口普查和户籍登记数据都存在问题，即人口普查数据存在较为严重的女婴漏报，造成人口普查数据的出生性别比要显著低于真实水平，而户籍登记也存在较为严重的女婴漏登现象，这造成户籍登记数据的出生性别比要显著高于真实水平。因此真实的出生性别比水平应该处于人口普查数据和户籍登记数据各自得到的出生性别比之间的区间范围内。

不过，无论以上哪种解释正确，都改变不了本研究观察到的事实，即户籍登记数据和人口普查数据的出生性别比存在严重偏离的江西省，如果分年龄来看，5～14 周岁的性别比二者高度一致，而 0～4 周岁的性别比的差异也呈快速减小趋势，但是从 15～19 周岁开始二者差异又呈持续扩大趋势。

2. 河南省人口普查与户籍登记数据的比较

河南省 2010 年全省人口为 9403 万人，仅次于广东省和山东省，在全国排名第 3，占全国人口的比例为 7.06%。河南省 2010 年出生人口为 104 万人，仅次于广东省，在全国排名第 2，其占全国出生人口的比例为 7.57%。如果江西省是南方的人口流出大省，河南省则是中原地区的人口流出大省。因此，对河南省户籍登记数据与人口普查数据的出生性别比差异进行分析具有重要意义。

河南省 2010 年户籍登记数据的出生性别比要比人口普查数据的出生性别比高 14.01。重点偏高城市方面，河南省共有 11

个地级市的户籍登记数据的出生性别比与人口普查数据的出生性别比相差幅度超过 10。这 11 个城市 2010 年出生人口规模为 74 万人，占河南省 2010 年出生人口的比例为 71.17%。其中，周口市户籍登记数据的出生性别比高于人口普查数据的幅度最大（23.95），接着为南阳市（22.65）、开封市（21.87）、商丘市（21.68）、信阳市（19.96）、驻马店市（19.94）、安阳市（18.37）、新乡市（17.96）、濮阳市（13.04）、鹤壁市（12.83）和许昌市（10.20）。

河南省 2010 年 0～29 周岁户籍登记数据与人口普查数据各年龄组的性别比差异模式与江西省基本类似。也就是说，河南省同样是 5～9 周岁、10～14 周岁年龄组的性别比在人口普查数据和户籍登记数据中表现出较高的一致性，较低年龄组和较高年龄组均为户籍登记数据的性别比高于人口普查数据的性别比并且二者差异向两端呈扩大趋势。

3. 贵州省人口普查与户籍登记数据的比较

贵州省是西南地区人口流出大省，2010 年全省人口为 3475 万人，在全国排名第 19，占全国人口的比例为 2.61%。其中，贵州省 2010 年出生人口为 47.53 万人，在全国排名第 13，占全国出生人口的比例为 3.45%。

贵州省 2010 年户籍登记数据的出生性别比要比人口普查数据的出生性别比高 10.17。重点偏高城市方面，贵州省共有 6 个地级市的户籍登记数据的出生性别比与人口普查数据的出生性别比相差幅度超过 7。这 6 个城市 2010 年出生人口规模为 31.54 万人，占贵州省 2010 年出生人口的比例为 66.35%。其中，毕节地区二者差异最高（26.41），接着为安顺市的 17.64、黔西南布依族苗族自治州的 10.85、铜仁地区的 9.24、黔南布依族苗族自治州的 7.25 和黔东南苗族侗族自治州的 7.06。

2010 年贵州省户籍登记数据与人口普查数据的性别比差异的

年龄模式与江西省和河南省非常相似。也就是说，贵州省户籍登记数据的性别比与人口普查数据性别比的差异也是从 0～4 周岁组开始不断减小，到 5～9 周岁时差异已经变得非常小，并且 10～14 周岁已经基本重合，然后从 15～19 周岁开始二者差异又逐渐增大。

4. 江苏省人口普查与户籍登记数据的比较

江西省、河南省、贵州省均是中国的人口流出大省，接下来将对长三角的人口流入大省江苏省进行分析。江苏省 2010 年人口为 7866 万人，在全国排名第 5，占全国人口的比例为 5.90%。其中，江苏省 2010 年出生人口为 68.40 万人，全国排名第 9，占全国出生人口的比例为 4.96%。

江苏省 2010 年户籍登记数据的出生性别比也要比人口普查数据高 10.74。重点偏高城市方面，江苏省共有 6 个地级市的户籍登记数据出生性别比与人口普查数据相差幅度超过 10。这 6 个城市 2010 年出生人口规模为 41.56 万人，占江苏省 2010 年出生人口的比例为 60.77%。其中，徐州市户籍登记数据的出生性别比高于人口普查数据的出生性别比的幅度最大，高达 30.50，接着为宿迁市的 29.57、连云港市的 25.88、泰州市的 25.08、淮安市的 11.96 和盐城市的 11.74。

江苏省 2010 年 0～29 周岁户籍登记数据与人口普查数据各年龄组的性别比差异模式与江西省、河南省和贵州省也比较类似。也就是说，作为人口流入大省的江苏省同样是 5～9 周岁、10～14 周岁年龄组的性别比在人口普查和户籍登记数据中表现出较高的一致性，并且较低年龄组和较高年龄组均为户籍登记数据的性别比要高于人口普查数据的性别比，并且低年龄组差异从 0～4 周岁急速减小。不过，与江西省和河南省不同的是，江苏省 15～29 周岁这一较高年龄组二者的差异变化不大。

二　与 2010 年住院分娩数据的比较分析

住院分娩数据直接登记了当年出生婴儿的性别，因此可以计算当年的出生性别比。本部分将比较基于 2010 年住院分娩数据计算的出生性别比与 2010 年人口普查数据、户籍登记数据计算的出生性别比的差异。

2010 年基于住院分娩数据计算的出生性别比为 114.03，这要比人口普查数据的出生性别比（117.96）低 3.93，更是比户籍登记数据的出生性别比（122.32）低 8.29。不过，即使是 114.03 的出生性别比，也已经显著高于出生性别比正常值范围的上限。

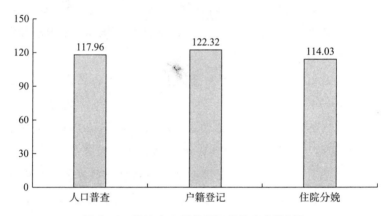

图 6-1　2010 年三种数据口径的出生性别比

通过对 2010 年三种数据口径的出生性别比的具体水平进行比较可以看出，三种数据口径的出生性别比差异非常明显。具体来说，基于户籍登记数据计算得出的出生性别比最高，而基于住院分娩数据计算得出的出生性别比最低，基于人口普查数据计算得出的出生性别比则处于中间位置。

（一）不同省份之间人口普查、户籍登记与住院分娩数据的比较

在分析了基于全国层次的 2010 年人口普查数据、户籍登记数据和住院分娩数据所得出的出生性别比之间差异的基础上，本研究继续分析 2010 年人口普查数据、户籍登记数据与住院分娩数据在省级层次之间的差异。

2010 年住院分娩数据中，除北京（107.04）、上海（107.45）、新疆（107.35）出生性别比基本处于正常水平外，其余省份出生性别比均异常偏高，并且除西藏（125.68）外的其他省份的出生性别比均在 108 ~ 119 区间范围内。其中，海南为 118.24，广西为 117.45，安徽为 117.23，江西为 117.01，均处于较高水平。

为了比较住院分娩数据的出生性别比与人口普查、户籍登记的出生性别比两个数据的差异，本研究中比较了住院分娩数据的出生性别比与人口普查数据和户籍登记数据二者出生性别比均值之间的差异，可以看出，全国住院分娩数据与其他数据口径的平均差异为 6.11，即住院分娩数据比人口普查和户籍登记数据的出生性别比平均值低 6.11。

分省来看，福建（16.76）、安徽（15.56）、江西（13.02）、海南（11.63）和贵州（11.09）的差异在 10 以上，河南（9.65）、广西（9.64）和山东（8.01）的差异在 8 以上，而西藏、浙江、上海、吉林、北京、天津、新疆、四川、内蒙古和辽宁 10 个省份的住院分娩数据与其他数据口径的出生性别比平均值差异则在 1.7 以内。

从住院分娩数据分别与人口普查数据、户籍登记数据的两两比较来看，各省住院分娩数据与人口普查数据的出生性别比差异较小。其中，仅西藏（-19.18）、福建（12.10）、安徽（11.42）、湖北（7.55）、海南（7.25）、湖南（7.14）、贵州（6.01）、江西（5.94）和广西（5.27）差距（或绝对值差距）在 5 以上，其他省份二者差距都相对较小。

表 6-2　2010 年住院分娩数据与人口普查数据出生性别比的分省差异

| | 人口普查 | | 住院分娩 | | 分娩/普查 | 水平差异 |
	出生性别比	出生人口规模	出生性别比	出生人口规模		
全　国	117.96	1378.64	114.03	1421.87	1.03	3.93

续表

	人口普查		住院分娩		分娩/普查	水平差异
	出生性别比	出生人口规模	出生性别比	出生人口规模		
福 建	125.64	40.05	113.54	40.94	1.02	12.10
安 徽	128.65	74.83	117.23	69.37	0.93	11.42
湖 北	124.11	59.08	116.56	59.18	1.00	7.55
海 南	125.49	12.10	118.24	11.46	0.95	7.25
湖 南	123.23	79.55	116.09	79.79	1.00	7.14
贵 州	122.47	47.53	116.46	44.64	0.94	6.01
江 西	122.95	57.88	117.01	59.63	1.03	5.94
广 西	122.72	71.29	117.45	78.77	1.10	5.27
山 东	119.42	98.04	114.62	95.47	0.97	4.80
广 东	120.38	108.11	115.84	116.06	1.07	4.54
甘 肃	117.56	27.70	113.09	28.29	1.02	4.47
青 海	112.32	7.17	108.64	6.42	0.90	3.68
上 海	111.05	12.82	107.45	7.55	0.59	3.60
宁 夏	113.76	7.53	110.23	7.75	1.03	3.53
河 北	114.86	88.02	111.41	95.43	1.08	3.45
黑龙江	112.36	24.87	108.94	24.39	0.98	3.42
河 南	117.77	104.39	115.13	140.93	1.35	2.64
北 京	109.48	11.59	107.04	8.42	0.73	2.44
重 庆	112.46	26.26	110.25	76.27	2.90	2.21
陕 西	115.32	33.47	113.13	34.14	1.02	2.19
吉 林	111.15	17.71	109.21	19.94	1.13	1.94
山 西	110.28	34.58	108.44	33.67	0.97	1.84
天 津	113.62	8.19	111.79	8.30	1.01	1.83
浙 江	118.11	44.33	116.95	38.95	0.88	1.16
云 南	111.93	55.69	111.23	52.32	0.94	0.70
江 苏	116.21	68.40	115.84	69.28	1.01	0.37

续表

	人口普查		住院分娩		分娩/普查	水平差异
	出生性别比	出生人口规模	出生性别比	出生人口规模		
辽　宁	110.12	26.42	110.22	28.95	1.10	−0.10
内蒙古	111.96	20.42	112.14	19.31	0.95	−0.18
四　川	111.62	74.09	111.86	29.63	0.40	−0.24
新　疆	106.02	32.04	107.35	32.38	1.01	−1.33
西　藏	106.50	4.53	125.68	4.23	0.94	−19.18

注：出生人口规模单位为万人，分娩/普查为分娩人口规模除以普查出生人口规模，水平差异为人口普查数据的出生性别比减去住院分娩数据的出生性别比。

数据来源：2010 年全国人口普查、2010 年住院分娩数据。

各省的住院分娩数据与户籍登记数据的出生性别比的差异则相对较大。其中，福建（21.43）、江西（20.10）、安徽（19.70）、河南（16.65）、贵州（16.18）、海南（16.02）、广西（14.01）、山东（11.22）、江苏（11.11）、甘肃（10.28）和宁夏（10.28）这 11 个省份的差异在 10 以上。

表 6 - 3　2010 年住院分娩数据与户籍登记数据出生性别比的分省差异

	户籍登记	住院分娩	户籍 - 分娩
全　国	122.32	114.03	8.29
福　建	134.97	113.54	21.43
江　西	137.11	117.01	20.10
安　徽	136.93	117.23	19.70
河　南	131.78	115.13	16.65
贵　州	132.64	116.46	16.18
海　南	134.26	118.24	16.02
广　西	131.46	117.45	14.01
山　东	125.84	114.62	11.22
江　苏	126.95	115.84	11.11

续表

	户籍登记	住院分娩	户籍－分娩
宁　夏	120.51	110.23	10.28
甘　肃	123.37	113.09	10.28
广　东	124.95	115.84	9.11
河　北	119.64	111.41	8.23
湖　南	123.57	116.09	7.48
青　海	113.67	108.64	5.03
云　南	115.07	111.23	3.84
陕　西	116.88	113.13	3.75
重　庆	113.83	110.25	3.58
山　西	110.96	108.44	2.52
新　疆	109.72	107.35	2.37
浙　江	118.85	116.95	1.90
湖　北	118.30	116.56	1.74
黑龙江	110.53	108.94	1.59
四　川	112.75	111.86	0.89
内蒙古	112.97	112.14	0.83
吉　林	110.03	109.21	0.82
辽　宁	110.50	110.22	0.28
天　津	111.43	111.79	－0.36
上　海	106.86	107.45	－0.59
北　京	106.19	107.04	－0.85
西　藏	108.21	125.68	－17.47

数据来源：2010 年户籍登记数据、2010 年住院分娩数据。

（二）人口普查与住院分娩数据的城乡差异

2010 年住院分娩数据中的城镇出生性别比为 113.58，这要比 2010 年人口普查数据的城镇出生性别比（116.21）低 2.63。而 2010 年住院分娩数据中的农村出生性别比为 114.37，要比 2010

年人口普查数据的农村出生性别比（119.09）低4.72。

城镇出生性别比方面，北京（9.68）、吉林（9.47）和天津（8.01）这3个省份的差距在8以上，广东（5.87）、内蒙古（5.51）、上海（4.93）、河北（4.13）和安徽（4.05）这5个省份的差距在4以上。

表6-4　2010年住院分娩数据与人口普查数据出生性别比的城乡差异

	城镇		城镇差异	农村		农村差异
	人口普查	住院分娩		人口普查	住院分娩	
全　国	116.21	113.58	2.63	119.09	114.37	4.72
北　京	122.87	113.19	9.68	128.06	113.90	14.16
天　津	123.48	115.47	8.01	131.10	118.01	13.09
河　北	120.79	116.66	4.13	126.15	116.42	9.73
山　西	117.15	117.16	-0.01	126.14	116.94	9.19
内蒙古	121.43	115.92	5.51	124.16	116.18	7.98
辽　宁	119.01	115.32	3.70	123.74	116.82	6.93
吉　林	128.60	119.13	9.47	123.43	117.08	6.34
黑龙江	120.18	116.48	3.70	120.59	114.39	6.20
上　海	122.00	117.07	4.93	123.04	117.69	5.35
江　苏	110.74	107.41	3.33	113.66	108.46	5.20
浙　江	110.95	109.22	1.73	113.53	108.57	4.96
安　徽	117.42	113.38	4.05	117.61	112.97	4.64
福　建	110.50	109.61	0.90	113.15	108.52	4.63
江　西	109.30	109.78	-0.48	114.81	110.52	4.29
山　东	114.12	111.84	2.28	115.26	111.22	4.04
河　南	111.62	108.47	3.15	114.99	111.50	3.49
湖　北	108.51	112.22	-3.71	115.47	112.09	3.38
湖　南	109.58	109.62	-0.05	110.79	107.72	3.07
广　东	117.46	111.59	5.87	120.90	117.98	2.91
广　西	117.71	115.55	2.16	117.79	114.96	2.84

	城镇		城镇差异	农村		农村差异
	人口普查	住院分娩		人口普查	住院分娩	
海　南	114. 12	112. 13	1. 99	115. 97	113. 60	2. 37
重　庆	110. 06	110. 87	− 0. 81	112. 66	111. 34	1. 32
四　川	112. 75	109. 89	2. 85	115. 49	114. 35	1. 14
贵　州	114. 75	115. 21	− 0. 46	117. 84	116. 78	1. 07
云　南	109. 60	108. 07	1. 53	112. 21	111. 32	0. 89
西　藏	116. 96	115. 57	1. 40	119. 67	119. 73	− 0. 06
陕　西	108. 76	109. 30	− 0. 54	111. 63	112. 41	− 0. 79
甘　肃	109. 97	109. 71	0. 27	112. 31	113. 65	− 1. 34
青　海	107. 37	106. 46	0. 92	105. 55	107. 71	− 2. 16
宁　夏	110. 02	106. 09	3. 93	106. 46	109. 13	− 2. 67
新　疆	110. 97	115. 46	− 4. 49	105. 85	126. 11	− 20. 26

数据来源：2010 年全国人口普查数据、2010 年住院分娩数据。

2010 年住院分娩数据和人口普查数据在农村出生性别比的差异要显著高于其在城镇之间的差异。新疆（20. 26）、北京（14. 16）、天津（13. 09）、河北（9. 73）和山西（9. 19）这 4 个省份的差异在9 以上，内蒙古（7. 98）、辽宁（6. 93）、吉林（6. 34）和黑龙江（6. 20）这 4 个省份的差异在 6 以上，上海（5. 35）、江苏（5. 20）、浙江（4. 96）、安徽（4. 64）、福建（4. 63）、江西（4. 29）和山东（4. 04）这 7 个省份的差异在 4 以上。

（三）小结

通过对 2010 年全国人口普查、户籍登记和住院分娩这三种数据的比较分析发现，三种数据口径计算得出的全国及许多省份的出生性别比均存在显著差异。这种差异一般表现为基于户籍登记数据计算的出生性别比高于人口普查数据，而基于人口普查数据计算的出生性别比又高于住院分娩数据。鉴于三种数据来源的出生性别比的这种特点，政府决策部门需要按照什么样的标准对各省份出生性别比治理工作进行评价，是需要解决的一大问题。

通过对户籍登记数据和人口普查数据二者性别比严重偏离的江西、河南、贵州和江苏四个省份的 2010 年 0～29 周岁户籍登记数据与人口普查数据各年龄组性别比差异模式的分析发现，2010年人口普查和户籍登记中 5～9 周岁年龄组的性别比表现出较高的一致性。因此，国家政府决策部门在根据人口普查数据和人口抽样调查数据、户籍登记数据对各省份出生性别比治理工作进行评估时，可以考虑采用当年数据中的 5～9 周岁年龄组的性别比来确定各省份出生性别比的排序，并将其作为评价各省份当年出生性别比治理工作的重要依据。

举例来说，假如有 A 和 B 两个省份，其人口普查（抽样调查）数据和户籍登记数据中的当年出生性别比存在较大差异，无法确定哪个数据来源的出生性别比更为真实。这时，可以采用人口普查（抽样调查）或户籍登记数据中的 5～9 周岁年龄组的性别比来大致判断 A 和 B 两个省份出生性别比的高低。在 A 和 B 两个省份近几年的出生性别比不发生大起大落的情况下，A 和 B 两个省份的 5～9 周岁年龄组性别比的高低即为两省出生性别比的高低。在 A 和 B 两个省近几年出生性别比变化模式和幅度相差不大的情况下，其 5～9 周岁年龄组性别比的差异近似于其出生性别比的差异。

第二节　2010 年出生队列性别比的跟踪分析

通过以上分析可以看出，2010 年人口普查数据、户籍登记数据和住院分娩数据各自得出的出生性别比之间存在较大差异，其中户籍登记数据的出生性别比最高，而住院分娩数据的出生性别比最低，人口普查数据的出生性别比则居于中间。

鉴于单靠这三种数据来源的简单比较还无法确定哪个数据的

出生性别比更为可靠，因此需要找到一个能够评估三种数据中哪个出生性别比更为可靠的衡量标准。为了找到一个客观衡量标准，本研究利用 2010～2013 年全国及分省的户籍登记数据对 2010 年出生队列的性别比变化情况进行追踪分析，并与 2010 年人口普查数据和住院分娩数据进行对比。

一　2010 年出生队列性别比的跟踪分析结果

从图 6-2 可以看出，户籍登记数据中 2010 年出生队列 2010～2013 年登记的男孩数和女孩数呈递增趋势。其中，2010～2011 年男孩数的增加速度快于女孩数增加速度，导致该队列性别比从 2010 年的 122.32 上升到 2011 年的 123.32。2011～2013 年女孩数增加速度反超男孩数增加速度，并且 2011～2013 年女孩数与男孩数增加速度之差高于 2010～2011 年男孩数与女孩数增加速度之差，从而导致 2012 年和 2013 年该队列的性别比分别下降到 121.77 和 119.65。

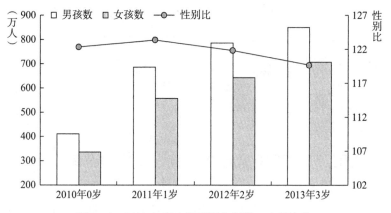

图 6-2　2010 年出生队列历年规模、水平变化

户籍登记数据与人口普查数据出生性别比的差异方面，户籍登记数据 2010 年出生队列性别比与 2010 年人口普查数据的差异从 2010 年的 4.36 下降到 2013 年 1.69，明显减小。从前面对江

西、河南、贵州和江苏 2010 年人口普查和户籍登记数据分年龄组的性别比差异可以看出,性别比差异从 0～4 周岁呈快速下降趋势,5～9 周岁人口普查和户籍登记数据性别比基本一致。

由此可以推断,户籍登记数据当年的出生性别比因漏登户籍孩子存在显著的性别差异,即户籍登记数据的当年出生申报中漏登的女孩数明显多于男孩数,因此户籍登记数据当年的出生性别比要明显高于真实出生性别比。但由于户籍漏登中的这种性别差异随子女年龄的增长逐渐缩小,而且一般到 5 周岁及以后趋于稳定,因此如果按照 0～4 周岁户籍登记数据性别比的减少速度,则真实出生性别比应该略低于 2013 年时的 2010 年出生队列性别比 (119.65)。

如果按照每年大约 0.89 的减少速度,则 2010 年出生队列 5 周岁时的性别比约为 117.87,这与 2010 年人口普查数据的 117.96 基本吻合。因此,通过对 2010 年出生队列人口普查数据和户籍登记数据的一致性进行分析,可以比较有信心地推断 2010 年人口普查得到的全国出生性别比的数据可靠性较高。

二　2010 年出生队列性别比跟踪分析的分省差异

(一) 各省份 2010 年出生队列性别比的跟踪分析结果

户籍登记数据中各省 2010 年出生队列 2010 年和 2013 年登记人口规模与 2010 年人口普查数据出生人口规模的差异变化情况见表 6-5。从全国来看,2010～2013 年的 2010 年出生队列的户籍登记数据的人口规模迅速扩大。其中,2010 年户籍登记数据中的出生人口规模与人口普查数据中的出生人口规模之比为 0.54,2013 年户籍登记出生人口规模与人口普查数据出生人口规模之比已经上升到 1.13①。各省份的情况则与全国类似,2010～

---

① 大于 1 主要因为 2010 年人口普查的出生人口规模没有考虑出生漏报和瞒报的影响。

2013 年的 2010 年出生队列的户籍登记出生人口规模基本呈显著
扩大趋势。

表 6 – 5　全国及各省份 2010 年出生队列人口规模变化情况

单位：万人

	2010 年人口普查	2010 年户籍登记	2013 年户籍登记	2010 年户籍登记/2010 年人口普查	2013 年户籍登记/2010 年人口普查
全国	1378.64	748.80	1556.35	0.54	1.13
北京	11.59	6.96	9.49	0.60	0.82
天津	8.19	6.98	8.85	0.85	1.08
河北	88.02	59.03	105.49	0.67	1.20
山西	34.58	17.93	37.05	0.52	1.07
内蒙古	20.42	12.20	20.60	0.60	1.01
辽宁	26.42	19.46	26.86	0.74	1.02
吉林	17.71	14.01	20.61	0.79	1.16
黑龙江	24.87	17.44	26.85	0.70	1.08
上海	12.82	8.15	9.94	0.64	0.78
江苏	68.40	36.36	77.08	0.53	1.13
浙江	44.33	25.28	40.58	0.57	0.92
安徽	74.83	28.65	75.71	0.38	1.01
福建	40.05	19.01	38.67	0.47	0.97
江西	57.88	27.22	63.82	0.47	1.10
山东	98.04	58.22	109.23	0.59	1.11
河南	104.39	65.70	173.72	0.63	1.66
湖北	59.08	24.71	60.85	0.42	1.03
湖南	79.55	44.35	89.81	0.56	1.13
广东	108.11	51.75	112.40	0.48	1.04
广西	71.29	37.76	76.80	0.53	1.08
海南	12.10	4.54	12.11	0.38	1.00
重庆	26.26	18.58	33.11	0.71	1.26

续表

	2010 年人口普查	2010 年户籍登记	2013 年户籍登记	2010 年户籍登记/2010 年人口普查	2013 年户籍登记/2010 年人口普查
四川	74.09	43.56	90.99	0.59	1.23
贵州	47.53	21.42	50.86	0.45	1.07
云南	55.69	28.61	52.78	0.51	0.95
西藏	4.53	0.42	5.68	0.09	1.26
陕西	33.47	21.75	45.07	0.65	1.35
甘肃	27.70	12.91	32.35	0.47	1.17
青海	7.17	3.79	8.23	0.53	1.15
宁夏	7.53	3.74	8.74	0.50	1.16
新疆	32.04	8.34	31.99	0.26	1.00

数据来源：2010 年全国人口普查数据、2010 年户籍登记数据、2013 年户籍登记数据。

2010 年出生队列 2010 年和 2013 年的性别比与 2010 年人口普查数据出生性别比差异的变化情况请见表 6-6。从中可以看出，不仅全国出生性别比，而且绝大多数省份的出生性别比差异都明显缩小。对户籍登记数据中 2010 年出生队列性别比 2010～2013 年的跟踪分析表明，绝大多数省份的 2010 年出生队列的 2013 年户籍登记数据性别比与 2010 年人口普查数据的差异大幅度减小。比如，江苏、安徽、福建、广西、海南和河南 2013 年户籍登记数据性别比与 2010 年人口普查数据的出生性别比差异有了大幅度减小，其差异分别从 2010 年的 10.73、8.28、9.32、8.74、8.78 和 14.01，下降到 2013 年的 2.76、1.99、3.03、-0.79、1.41 和 4.22。

表 6-6　全国及各省份 2010 年出生队列性别比差异变化情况

	2010 年人口普查	2010 年户籍登记	2013 年户籍登记	差异 1	差异 2
全国	117.96	122.32	119.65	4.36	1.69
北京	109.48	106.19	106.67	-3.29	-2.82

续表

	2010 年人口普查	2010 年户籍登记	2013 年户籍登记	差异 1	差异 2
天津	113.62	111.43	110.31	-2.20	-3.32
河北	114.86	119.64	117.55	4.79	2.70
山西	110.28	110.96	108.32	0.67	-1.96
内蒙古	111.96	112.97	109.84	1.00	-2.13
辽宁	110.12	110.50	109.30	0.37	-0.82
吉林	111.15	110.03	108.17	-1.12	-2.98
黑龙江	112.36	110.53	107.54	-1.82	-4.82
上海	111.05	106.86	107.05	-4.19	-4.00
江苏	116.21	126.95	118.98	10.73	2.76
浙江	118.11	118.85	116.86	0.74	-1.25
安徽	128.65	136.93	130.64	8.28	1.99
福建	125.64	134.97	128.67	9.32	3.03
江西	122.95	137.11	133.64	14.17	10.69
山东	119.42	125.84	126.16	6.42	6.74
河南	117.77	131.78	121.99	14.01	4.22
湖北	124.11	118.30	124.48	-5.81	0.37
湖南	123.23	123.57	120.69	0.34	-2.54
广东	120.38	124.95	125.43	4.57	5.06
广西	122.72	131.46	121.93	8.74	-0.79
海南	125.49	134.26	126.90	8.78	1.41
重庆	112.46	113.83	111.83	1.38	-0.63
四川	111.62	112.75	110.38	1.14	-1.24
贵州	122.47	132.64	130.87	10.17	8.40
云南	111.93	115.07	112.90	3.14	0.97
西藏	106.50	108.21	105.36	1.72	-1.14
陕西	115.32	116.88	113.02	1.57	-2.29
甘肃	117.56	123.37	117.24	5.81	-0.32

	2010 年人口普查	2010 年户籍登记	2013 年户籍登记	差异 1	差异 2
青海	112.32	113.67	108.09	1.35	- 4.23
宁夏	113.76	120.51	110.07	6.74	- 3.70
新疆	106.02	109.72	107.46	3.70	1.44

数据来源：2010 年全国人口普查数据、2010 年户籍登记数据、2013 年户籍登记数据。

但是，江西（10.69）、贵州（8.40）、山东（6.74）和广东（5.06）4 个省份 2013 年时的 2010 年出生队列性别比与 2010 年人口普查数据出生性别比依然存在较大差异。户籍登记数据中 2010 年出生队列性别比分别从 2010 年的 137.11、132.64、125.84 和 124.95 下降或上升到 2013 年的 133.64、130.87、126.16 和 125.43。

（二）差异依然偏高省份的专门分析

户籍登记数据中 2013 年时的 2010 年出生队列性别比与 2010 年人口普查数据依然存在较大差异的是江西、贵州、山东和广东 4 个省份。这 4 个省份 2010 年总人口为 2.79 亿人，占全国人口的比例为 20.97%，其中出生人口规模为 311.57 万人，占全国人口的比例为 22.60%。

重点省份方面，江西、贵州、山东和广东 4 个省份共有 25 个地级市 2013 年时的 2010 年出生队列的户籍登记数据性别比与 2010 年人口普查数据存在较大差异，涉及的出生人口规模在 150 万人左右，占 4 个省份出生人口规模的比例为 47.97%，占全国出生人口规模的比例为 10.84%。

由于缺乏 2011～2013 年户籍登记数据的分地市和分县的分年龄分性别人口信息，因此本研究分析江西、贵州、广东、山东 4 个省份户籍登记与人口普查数据 2010 年出生队列性别比差异时，只能使用 2010 年户籍登记数据分地市和分县的分年龄分性别人口信息来与 2010 年人口普查数据分地市和分县的分年龄分性别数据进行对比。

由于江西、贵州 2 个省份的户籍登记数据与人口普查数据差异、分年龄变化模式等在前面已进行了详细分析，此处主要对山东和广东 2 个省份的差异原因和分年龄变化模式进行更加深入的研究。

首先看山东省。山东省 2010 年全省人口为 9579 万人，仅次于广东省，在全国排名第 2，占全国人口的比例为 7.19%。山东省 2010 年出生人口为 98 万人，仅次于广东省和河南省，全国排名第 3，占全国出生人口的比例为 7.11%。山东省大部分地级市的户籍登记与人口普查数据出生性别比差异不大，只有 5 个地级市的户籍登记数据出生性别比与人口普查数据相差幅度超过 5。

性别比的年龄差异方面，山东省与江西省、河南省和贵州省基本类似，只是除了 5~9 周岁和 10~14 周岁年龄组的 2010 年户籍登记数据性别比与人口普查数据性别比基本一致外，0~4 周岁户籍登记数据性别比与人口普查数据也基本一致。

其次看广东省。广东省 2010 年全省人口为 1.04 亿人，在全国排名第 1，占全国人口的比例为 7.83%。其中，广东省 2010 年出生人口为 108 万人，在全国排名第 1，占全国出生人口的比例为 7.84%。

广东省分地市的户籍登记与人口普查数据出生性别比存在显著差异的模式主要有两种，一种为户籍登记数据高于人口普查数据，另一种为户籍登记数据低于人口普查数据。

性别比的年龄差异方面，广东省 0~4 周岁性别比差异随年龄增加迅速减小，5~9 周岁和 10~14 周岁两个年龄组的户籍登记数据与人口普查数据性别比基本一致，这与江西省、河南省和贵州省等的分年龄性别比差异基本类似。但是由于广东省尤其是珠三角集中了大量的外来人口，因此广东省 15~29 周岁户籍登记数据与人口普查数据性别比的差异模式与江西、河南和贵州等省份并不一样。其中，20~24 周岁组户籍登记数据与人口普查数据差异要小于 15 ~ 19 周岁年龄组，而且 25 ~ 29 周岁年龄组人口普查数据开始高于户籍登记数据性别比，方向发生了反转。

三　小结

通过对 2010 年出生队列人群 2010 ~ 2013 年性别比变化趋势的追踪研究，可以得出以下结论。首先，2010 年人口普查全国及分省出生性别比数据质量较高。通过对 2010 年出生队列的分析可以看出，2010 年人口普查数据虽然存在出生人口漏报问题，但根据其所得出生性别比依然具有较高可靠性，即女婴漏报与男婴漏报的差异不大。

其次，出生当年的户籍登记数据存在一定程度上的高估。这主要由于未登记女婴比例高于男婴，并由此导致出生当年的户籍登记数据出生性别比要比真实水平高一些，一般到 5 周岁及以后户籍登记数据性别比基本接近真实性别比。

最后，住院分娩数据的出生性别比存在低估，但偏低幅度逐年显著减少，数据可靠性不断提高。户籍登记数据与住院分娩数据的出生性别比差异从 2010 年的 8.29，下降到 2011 年的 6.89，2012 年二者差异仅为 5.67。如果认为中国出生性别比的真实水平比户籍登记数据的出生性别比低 3 左右，则 2012 年住院分娩数据的出生性别比与真实水平差距在 3 以内。

第三节　出生性别比水平估计与未来发展趋势

一　2010 年中国出生性别比的真实水平估计

通过前面分析可知，2010 年人口普查的全国和绝大多数省份的出生性别比数据质量较高，比较接近真实水平。下面对全国及各省份的真实出生性别比水平进行估计。全国出生性别比的估计主要使用线性回归拟合的方法。由于户籍登记数据漏登中的女孩高于男孩的性别差异随子女年龄的增长逐渐缩小，而且一般到 5 周岁及以后趋于稳定，因此如果按照 0～4 周岁户籍登记数据性别比的减小速度，则真实出生性别比应该略低于 2013 年时的 2010 年出生队列性别比水平（119.65）。

如果按照每年大约 0.89 的减少速度，则 2010 年出生队列 5 周岁时的性别比约为 117.87（这也是线性回归拟合的结果），与 2010 年人口普查数据的 117.96 基本吻合。因此，本研究认为中国 2010 年的出生性别比很可能在 118 左右的水平范围内。

为了对 2010 年各省份的出生性别比进行估计，并限于数据可得性，本研究规定：（1）江西、贵州、山东和广东 4 个 2010 年人口普查数据出生性别比存在较严重问题的省份，其 2010 年出生性别比估计使用户籍登记数据中 2010 年出生队列人群 2013 年的性别比减去 2 所得数值；（2）其他省份的出生性别比估计中，如果 2010 年人口普查数据出生性别比高于户籍登记数据中 2010 年出生队列人群 2013 年的性别比，则使用 2010 年人口普查数据出生性别比作为真实出生性别比的估计值；（3）如果 2010 年人口普查数据出生性别比低于户籍登记数据中 2010 年出生队列人群 2013 年的性别比，则使用 2010 年人口普查数据出生性别比和户籍登记数据中 2010 年出生队列人群 2013 年的性别比的二者均值作为真实出生性别比的估计值。

估计结果如表 6-7 所示。各省出生性别比的估计值的分布区间范围与人口普查数据基本一致，只是江西、贵州、山东和广东的出生性别比从人口普查数据的 122.95、122.47、119.42 和 120.38 分别调整到了 131.64、128.87、124.16 和 123.43。河南、江苏、安徽、福建和海南这些 2010 年人口普查数据出生性别比低于户籍登记数据中 2010 年出生队列 2013 年性别比的省份也参照户籍登记数据进行了调整，从人口普查数据的 117.77、116.21、128.65、125.64、125.49 分别调整到 119.88、117.60、129.64、127.16 和 126.19。

表 6 - 7　全国及各省份 2010 年出生性别比估计值

	2010 年人口普查	2013 年户籍登记	估计值
全国	117. 96	119. 65	118. 00
北京	109. 48	106. 67	109. 48
天津	113. 62	110. 31	113. 62
河北	114. 86	117. 55	116. 21
山西	110. 28	108. 32	110. 28
内蒙古	111. 96	109. 84	111. 96
辽宁	110. 12	109. 30	110. 12
吉林	111. 15	108. 17	111. 15
黑龙江	112. 36	107. 54	112. 36
上海	111. 05	107. 05	111. 05
江苏	116. 21	118. 98	117. 60
浙江	118. 11	116. 86	118. 11
安徽	128. 65	130. 64	129. 64
福建	125. 64	128. 67	127. 16
江西	122. 95	133. 64	131. 64
山东	119. 42	126. 16	124. 16
河南	117. 77	121. 99	119. 88
湖北	124. 11	124. 48	124. 29
湖南	123. 23	120. 69	123. 23
广东	120. 38	125. 43	123. 43
广西	122. 72	121. 93	122. 72
海南	125. 49	126. 90	126. 19
重庆	112. 46	111. 83	112. 46
四川	111. 62	110. 38	111. 62
贵州	122. 47	130. 87	128. 87
云南	111. 93	112. 90	112. 41
西藏	106. 50	105. 36	106. 50
陕西	115. 32	113. 02	115. 32

	2010 年人口普查	2013 年户籍登记	估计值
甘肃	117.56	117.24	117.56
青海	112.32	108.09	112.32
宁夏	113.76	110.07	113.76
新疆	106.02	107.46	106.74

数据来源：2010 年全国人口普查数据、2013 年户籍登记数据。

二 中国出生性别比 2010 年以来的发展趋势

本研究在估计了 2010 年全国及各省的出生性别比水平后，还需要对中国 2010 年以来出生性别比的基本趋势进行判断，即分析 2010 年以来中国的出生性别比形势是否发生了一定好转。基于数据分析结果，无论是全国层次还是省级层次，中国的出生性别比 2010 年以来都存在下降的可能性。

首先看全国 2010~2013 年出生性别比的变化趋势。从人口普查和人口抽样调查数据来看，中国出生性别比的变化幅度不大，其增减趋势由抽样误差产生的影响还无法判断；从户籍登记数据来看，中国的出生性别比则存在显著下降趋势，出生性别比从2010 年的 122.32 下降到 2011 年和 2012 年的 120.10 和 118.48，2013 年则进一步下降为 116.73，3 年间下降了 5.59，年均下降约1.97；从住院分娩数据来看，中国的出生性别比呈小幅下降趋势，出生性别比从 2010 年的 114.03 下降到 2012 年的 112.81，2年间下降了 1.22，年均下降 0.61。

其次看分省的 2010~2013 年出生性别比的变化趋势。户籍登记数据反映的 2010~2013 年出生性别比变化情况，如表 6-8 所示。全国 31 个省份中，有 22 个省份 2010~2013 年出生性别比有显著的下降趋势，涉及出生人口在 1141 万人左右，占全国出生人口的比例为 82.78%；有 8 个省份 2010~2013 年的出生性别比趋于稳定，涉及出生人口在 190 万人左右，占全国出生人口的比例为 13.78%；仅有贵州 1 个省份的 2010～2013 年出生性别比出现了小幅上升趋势，涉及出生人口在 47.5 万人左右，占全国出生人口的比例为 3.45%，其升高原因有待在获得更多数据的情况下做进一步研究。

表 6-8　各省份 2010～2013 年出生性别比变化情况（户籍登记数据）

	户籍登记数据				趋势
	2010	2011	2012	2013	
全　国	122.32	120.10	118.48	116.73	下降
北　京	106.19	106.67	106.87	105.48	稳定
天　津	111.43	110.66	111.58	109.43	稳定
河　北	119.64	118.42	117.76	117.57	下降
山　西	110.96	112.00	110.79	108.85	下降
内蒙古	112.97	112.52	115.85	111.15	稳定
辽　宁	110.50	109.43	108.92	108.35	下降
吉　林	110.03	110.85	109.73	109.00	下降
黑龙江	110.53	109.50	109.29	108.50	下降
上　海	106.86	106.80	107.17	106.71	稳定
江　苏	126.95	120.93	119.20	116.71	下降
浙　江	118.85	115.36	113.91	112.89	下降
安　徽	136.93	134.27	133.48	131.36	下降
福　建	134.97	134.65	130.66	128.57	下降
江　西	137.11	131.46	126.26	123.38	下降
山　东	125.84	121.32	117.88	111.56	下降
河　南	131.78	129.73	126.73	122.32	下降
湖　北	118.30	116.91	114.04	112.12	下降
湖　南	123.57	121.25	119.54	117.15	下降
广　东	124.95	121.14	120.14	118.45	下降
广　西	131.46	134.70	129.70	127.29	下降

	户籍登记数据				趋势
	2010	2011	2012	2013	
海　南	134.26	135.74	131.88	130.21	下降
重　庆	113.83	113.90	113.30	112.43	稳定
四　川	112.75	111.54	111.46	111.06	稳定
贵　州	132.64	135.81	136.23	133.30	上升
云　南	115.07	112.60	112.08	111.02	下降
西　藏	108.21	106.55	106.50	108.21	稳定
陕　西	116.88	116.14	113.54	112.95	下降
甘　肃	123.37	121.92	119.94	118.14	下降
青　海	113.67	114.75	110.72	109.81	下降
宁　夏	120.51	119.10	117.00	115.27	下降
新　疆	109.72	108.54	109.37	108.90	稳定

数据来源：2010～2013 年户籍登记数据。

住院分娩数据反映的 2010～2012 年出生性别比变化情况，如表 6-9 所示。全国 31 个省份中，有 15 个省份 2010～2012 年出生性别比有显著的下降趋势，涉及出生人口在 735 万人左右，占全国出生人口比例为 53.33%；有 14 个省份 2010～2012 年的出生性别比趋于稳定，涉及出生人口在 510 万人左右，占全国出生人口比例为 36.96%；仅有安徽和湖北 2 个省份的 2010～2012 年出生性别比出现了小幅上升趋势，涉及出生人口在 134 万人左右，占全国出生人口比例为 9.71%，其升高原因也有待在获得更多数据的情况下做进一步研究。

表 6-9　各省份 2010～2012 年出生性别比变化情况（住院分娩数据）

	住院分娩数据			趋势
	2010	2011	2012	
全　国	114.03	113.20	112.81	下降

续表

	住院分娩数据			趋势
	2010	2011	2012	
北 京	107. 04	107. 27	107. 43	稳定
天 津	111. 79	110. 55	110. 93	稳定
河 北	111. 41	109. 75	109. 57	下降
山 西	108. 44	109. 08	108. 86	稳定
内蒙古	112. 14	110. 51	109. 01	下降
辽 宁	110. 22	108. 90	108. 52	下降
吉 林	109. 21	111. 78	109. 69	稳定
黑龙江	108. 94	108. 36	106. 54	下降
上 海	107. 45	107. 33	108. 53	稳定
江 苏	115. 84	115. 26	113. 74	下降
浙 江	116. 95	113. 91	112. 35	下降
安 徽	117. 23	118. 34	118. 96	上升
福 建	113. 54	113. 40	110. 68	下降
江 西	117. 01	116. 33	115. 66	下降
山 东	114. 62	113. 36	112. 65	下降
河 南	115. 13	115. 00	115. 26	稳定
湖 北	116. 56	116. 56	117. 84	上升
湖 南	116. 09	115. 78	115. 32	稳定
广 东	115. 84	113. 53	114. 31	稳定
广 西	117. 45	115. 89	113. 27	下降
海 南	118. 24	118. 17	117. 76	稳定
重 庆	110. 25	109. 88	110. 43	稳定
四 川	111. 86	110. 40	109. 75	下降
贵 州	116. 46	115. 42	117. 82	稳定
云 南	111. 23	110. 26	110. 04	下降
西 藏	105. 68	103. 08	102. 57	下降
陕 西	113. 13	112. 20	111. 47	下降

续表

	住院分娩数据			趋势
	2010	2011	2012	
甘　肃	113.09	112.37	109.26	下降
青　海	108.64	107.11	108.07	稳定
宁　夏	110.23	110.66	110.99	稳定
新　疆	107.35	106.67	106.65	稳定

数据来源：2010～2012 年住院分娩数据。

三　"单独二孩"政策对中国出生性别比的影响估计

党的十八届三中全会通过的《中共中央关于全面深化改革若干重大问题的决定》提出，启动实施一方是独生子女的夫妇可生育两个孩子的政策，即实施"单独二孩"政策。"单独二孩"政策放开后，中国育龄人群尤其是"单独"夫妇不仅生育子女数量得到了一定程度的增加，而且其得到理想性别子女的机会也将会有所提高。因此，"单独二孩"政策的实施有可能在一定程度上减小中国出生性别比失衡程度。

为了对"单独二孩"政策的放开对中国出生性别比的影响程度进行估计，本研究将 2014 年出生人口划分为两部分，一部分为 2013 年的出生人口（1640 万人），并且暂不考虑 2014 年和 2013 年育龄妇女规模、年龄结构和生育进度的差异，该部分人口 2014 年的出生性别比假定仍维持在 2013 年的出生性别比水平（117.60）；另一部分为"单独二孩"政策放开导致的新增人口，假定新增人口规模在 50 万人到 300 万人的区间范围内变化，该部分人口的出生性别比假设处于正常值范围，并取正常值范围的上限 107。

"单独二孩"政策放开后，中国出生性别比的估计结果如表 6 - 10 所示。"单独二孩"政策实施一年内新增人口不断增加

时，中国总体的出生性别比呈略微下降趋势。具体来说，2014 年
"单独二孩"政策实施导致的新增人口分别为 50 万人、100 万人、
200 万人和 300 万人时，中国的出生性别比从 2013 年的 117. 60
分别下降到 2014 年的 117. 27、116. 96、116. 40 和 115. 89，下降
区间范围在 0. 33 ~ 1. 71。

表 6 - 10　"单独二孩"政策对中国出生性别比的影响估计

单位：万人

新增人口规模	新增人口出生性别比	原有人口规模	原有人口出生性别比	全国出生性别比	变化程度
50	107	1640	117. 60	117. 27	- 0. 33
100	107	1640	117. 60	116. 96	- 0. 64
150	107	1640	117. 60	116. 67	- 0. 93
200	107	1640	117. 60	116. 40	- 1. 20
250	107	1640	117. 60	116. 14	- 1. 46
300	107	1640	117. 60	115. 89	- 1. 71

数据来源：2013 年中国出生人口数据。

由于"单独二孩"政策的覆盖人群主要集中于城镇地区，因
此"单独二孩"政策的实施也主要影响中国城镇地区的生育水平
和生育性别结构。为简化分析，本研究假设"单独二孩"政策实
施导致的人口增长主要集中于城镇地区，对农村地区基本没有影
响，由此可以估计"单独二孩"政策实施所导致的中国城镇地区
出生性别比的变化。

由于本研究没有获得 2013 年中国城镇地区出生人口规模和
出生性别比的数据信息，为获得"单独二孩"政策实施对中国城
镇地区出生性别比的估计，本研究假定：（1）暂不考虑城镇化对
中国城镇和农村出生人口比例的影响，并假定 2013 年中国城镇
与农村出生人口规模的比例等于 2010 年人口普查数据的相应比
例。据此计算的 2013 年中国城镇出生人口规模为 639. 43 万人。

（2）鉴于人口普查数据反映的 2010 年以来中国出生性别比的变化幅度不大，因此假定 2013 年中国城镇出生性别比仍为 2010 年人口普查时的城镇相应水平（116.21）。

"单独二孩"政策实施对中国城镇出生性别比影响的估计结果如表 6 - 11 所示。可以看出，"单独二孩"政策的实施对中国城镇出生性别比有显著影响，"单独二孩"政策实施导致的新增人口规模越大，中国城镇出生性别比的下降程度就越明显。具体来说，2014 年"单独二孩"政策实施一年内新增人口分别为 50 万人、100 万人、200 万人和 300 万人时，中国城镇出生性别比从 2013 年的 116.21 分别下降到 2014 年的 115.51、114.91、113.94 和 113.18，下降区间范围在 0.70 ~ 3.03。

表 6 - 11　"单独二孩"政策对城镇出生性别比的影响估计

单位：万人

新增人口规模	新增人口出生性别比	原有城镇人口规模	原有城镇人口出生性别比	城镇出生性别比	变化程度
50	107	639.43	116.21	115.51	- 0.70
100	107	639.43	116.21	114.91	- 1.29
150	107	639.43	116.21	114.39	- 1.81
200	107	639.43	116.21	113.94	- 2.27
250	107	639.43	116.21	113.54	- 2.67
300	107	639.43	116.21	113.18	- 3.03

数据来源：2013 年中国出生人口数据。

四　"全面二孩"政策对中国出生性别比的影响估计

本研究同样将对"全面二孩"政策对中国出生性别比的影响进行估计。与对"单独二孩"政策对中国出生性别比影响的估计类似，本研究将 2014 年出生人口划分为两部分，一部分为 2013 年出生人口（1640 万人），其 2014 年的出生性别比维持 2013 年出生性别比水平（117.60）；另一部分为由"全面二孩"政策的实施所导致的新增人口，假定一年内的新增人口规模在 500 万到 1000 万人的区间范围内变化，并且新增人口的出生性别比为 107。

表 6 - 12　"全面二孩"政策对中国出生性别比的影响估计

单位：万人

"全面二孩"政策新增人口规模	新增人口出生性别比	原有人口规模	原有人口出生性别比	全国出生性别比	变化程度
500	107	1640	117.60	115.03	-2.57
600	107	1640	117.60	114.66	-2.94
700	107	1640	117.60	114.32	-3.28
800	107	1640	117.60	114.01	-3.59
900	107	1640	117.60	113.72	-3.88
1000	107	1640	117.60	113.46	-4.14

数据来源：2013 年中国出生人口数据。

"全面二孩"政策对中国出生性别比影响的估计结果如表 6 - 12 所示。"全面二孩"政策实施一年内导致的新增人口不断增加时，中国的出生性别比呈显著下降趋势。具体来说，"全面二孩"政策实施一年内新增人口区间范围为 500 万至 1000 万人时，中国的出生性别比从 2013 年的 117.60 分别下降到 2014 年的 115.30 ~ 113.46 的区间范围内，下降的区间在 2.57 ~ 4.14。从中可以看出，"全面二孩"政策的实施对中国出生性别比的可能降低幅度要显著高于"单独二孩"政策。

接下来对"全面二孩"政策对中国城镇和农村出生性别比的影响分别进行估计。由于没有获得 2013 年中国城镇和农村出生人口规模和出生性别比的数据信息，本研究假定：（1）暂不考虑城镇化对城镇和农村出生人口比例的影响，假定 2013 年中国城镇与农村出生人口规模的比例等于 2010 年人口普查数据的相应比例，因此 2013 年中国城镇和农村的出生人口规模分别为

639.43 万人和 1000.57 万人；（2）假定 2013 年中国城镇和农村出生性别比分别为 2010 年人口普查时的相应水平，即分别为 116.21 和 119.09；（3）结合微观模拟结果，本研究认为"全面二孩"政策对中国城镇和农村新增人口规模的影响大致持平，即各占 50%。[1]

表 6 - 13　"全面二孩"政策对城镇出生性别比的影响估计

单位：万人

"全面二孩"政策新增人口规模	新增人口出生性别比	原有人口规模	原有人口出生性别比	城镇出生性别比	变化程度
250	107	639.43	116.21	113.54	-2.67
300	107	639.43	116.21	113.18	-3.03
350	107	639.43	116.21	112.86	-3.35
400	107	639.43	116.21	112.57	-3.64
450	107	639.43	116.21	112.31	-3.90
500	107	639.43	116.21	112.07	-4.14

数据来源：2013 年中国出生人口数据。

"全面二孩"政策对中国城镇和农村出生性别比影响的估计分别见表 6 - 13 和 6 - 14。数据结果显示，"全面二孩"政策对中国城镇和农村的出生性别比均有显著影响。具体来讲，"全面二孩"政策实施一年内导致的新增人口规模变化区间在 500 万 ~ 1000 万人时，中国城镇出生性别比从 2013 年的 116.21 下降到 2014 年的 113.54 ~ 112.107 的区间范围，下降区间在 2.67 ~ 4.14，这要显著高于"单独二孩"政策导致的变化幅度；而中国农村的出生性别比从 2013 年的 119.09 下降到 2014 年的 116.57 ~

---

[1]　严格来说，"全面二孩"政策对中国城镇新增人口规模的影响更大一些。为了便于演示，本研究暂且假定中国城镇和农村因"全面二孩"政策实施导致相同规模的新增人口。

114.91 的区间范围，下降区间在 2.53 ~ 4.18，这也要显著高于
"单独二孩"政策导致的变化幅度。

表 6-14　"全面二孩"政策对农村出生性别比的影响估计

单位：万人

"全面二孩"政策新增人口规模	新增人口出生性别比	原有人口规模	原有人口出生性别比	农村出生性别比	变化程度
250	107	1000.57	119.09	116.57	-2.53
300	107	1000.57	119.09	116.18	-2.91
350	107	1000.57	119.09	115.83	-3.27
400	107	1000.57	119.09	115.50	-3.60
450	107	1000.57	119.09	115.19	-3.90
500	107	1000.57	119.09	114.91	-4.18

数据来源：2013 年中国出生人口数据。

第四节　本章小结

（一）主要结论

鉴于出生性别比数据质量的重要性，本研究主要使用 2010
年人口普查数据、2010 ~ 2013 年户籍登记数据、2010 ~ 2012 年住
院分娩数据，对中国出生性别比的真实水平和近年变化趋势进行
分析。研究得出以下几个结论。

第一，不同数据来源的出生性别比存在明显差异，且呈一定
规律性。全国及大多数省份的出生性别比均呈现户籍登记数据高于
人口普查数据，而人口普查数据又显著高于住院分娩数据的规律。

第二，人口普查数据与户籍登记数据的出生性别比差异较大
省份的分年龄性别比模式基本一致。对江西、河南、江苏、贵
州、福建、海南、广西和安徽这 8 个户籍登记数据的性别比显著
高于人口普查数据的省份 2010 年 0 ~ 29 周岁各年龄组性别比进行

分析发现，5～9周岁、10～14周岁年龄组人口普查和户籍登记数据的性别比表现出较高一致性，而较低年龄组和较高年龄组性别比则表现为户籍登记数据高于人口普查数据，且差异呈两端扩大趋势。因此，在实践中可以采用5～9周岁年龄组的性别比来对各省份出生性别比治理工作进行评估。

第三，对户籍登记数据中2010年出生队列性别比的2010～2013年的跟踪分析表明，2010年人口普查的出生性别比数据质量较高。户籍登记数据中2010年出生队列的性别比从2010年的122.32，下降到2013年的119.65。如果按照每年大约0.89的减小速度，则2010年出生队列5周岁时的性别比约为117.87，这与2010年人口普查数据的117.96基本吻合。

第四，住院分娩数据的出生性别比要比真实水平明显偏低，但偏低幅度2010～2012年逐年显著减小，数据可靠性不断提高。户籍登记与住院分娩数据的出生性别比差异从2010年的8.29下降到2011年的6.89，2012年二者差异仅为5.67。如果认为中国出生性别比的真实水平比户籍登记数据的出生性别比低3左右，那么2012年住院分娩数据的出生性别比与真实水平差距在3以内。

第五，中国2010年的出生性别比真实水平很可能在118左右。按照户籍登记数据2010年出生队列性别比随时间的变化规律，2010年人口普查出生性别比数据质量较高，基本能代表中国出生性别比真实水平。各省份出生性别比除江西、贵州、山东和广东之外，大多数省份的出生性别比与人口普查数据出生性别比基本一致。

第六，中国出生性别比2010年以来存在下降的可能性。从人口普查数据和人口抽样调查数据来看，出生性别比的下降趋势并不明显；但从户籍登记数据和住院分娩数据来看，则中国出生性别比存在下降的可能性；从各省份的户籍数据和住院分娩数据也可以看出绝大多数省份的出生性别比存在显著下降趋势。

第七，人口政策逐步放开后，中国出生性别比将呈下降趋势。因"单独二孩"政策实施导致一年内的新增人口在 50 万 ~ 300 万人区间变化时，中国出生性别比的下降范围在 0.33 ~ 1.71。其中，政策调整主要对中国城镇有显著影响，城镇出生性别比的下降范围在 0.70 ~ 3.03；因"全面二孩"政策实施导致一年内的新增人口在 500 万 ~ 1000 万人区间变化时，中国出生性别比的下降范围在 2.57 ~ 4.14，中国城镇出生性别比的下降范围在 2.67 ~ 4.14，中国农村出生性别比的下降范围在 2.53 ~ 4.18。

（二）政策建议

从 20 世纪 80 年代至今，中国出生性别比失衡已长达 30 多年，而出生性别比治理一直是政府、人口学领域和社会各界关注的热点问题（陈友华，2007；姜全保、李树茁，2009；李树茁等，2010；吴帆，2010；刘慧君、李树茁，2011；汤兆云、马琳，2011；陆杰华，2016；王胜今、石雅茗，2016）。本章试图在对中国的出生性别比水平及未来发展趋势做出估计和判断的同时，也希望能够提供一些有关中国出生性别比治理的公共政策建议。

首先，在出生性别比的监测和评估中应该建立包括人口普查、户籍登记和住院分娩等数据在内的多数据比较和评估机制。其中，应以人口普查数据为基准，并使用户籍登记数据中 5 周岁以前人口性别比进行调整，这样才能得到比单纯使用人口普查数据更为科学和合理的出生性别比水平估计。

其次，要强化统计监测在综合治理工作中的基础地位，明确卫生、公安、统计、教育、民政等部门的数据统计职责，建立和完善各部门的信息共享机制。针对出生人口基础数据收集方面的突出问题，将群众的经济利益与户籍管理服务有机结合，推广出生登记实名制度，以出生医学证明和住院分娩为切入点，建立出生人口基础信息收集机制。

▶ 第七章
结论与讨论

本章首先简要陈述本研究所得出的主要结论，接着指出研究的可能贡献和存在的不足，最后讨论中国出生性别比未来研究中可能值得继续深入探索的议题。

第一节　主要结论

性别结构均衡是中国人口发展战略的重要组成部分，而出生性别比则是衡量出生人口性别均衡最为重要的指标。随着 20 世纪 70 年代"晚、稀、少"政策和 80 年代以独生子女为主的人口政策的相继实施，中国人口的过快增长得到根本扭转。与此同时，中国出生性别比从 20 世纪 80 年代中期开始偏离正常范围。尤其 20 世纪 90 年代以来，中国出生性别比失衡的态势更是日趋明显。

虽然国内外学者围绕中国出生性别比失衡的现状、原因以及后果已有众多研究，但至少还有两个问题存在进一步研究的空间。其中，第一个问题为中国出生性别比失衡的影响因素，第二个问题为中国出生性别比当前水平估计及未来形势判断。鉴于这两个问题在当前中国出生性别比失衡研究中的重要性，本研究将其作为关注焦点。

　　基于现有研究的局限和不足，本研究主要进行两方面的尝试。第一个尝试是试图将影响中国出生性别比失衡的各主要因素整合在一个综合性框架内。在对中国的出生性别比失衡影响因素做出全景式展示的同时，本研究还试图对造成中国出生性别比失衡的原因做出更为全面的解释；第二个尝试则是在科学评估各类数据来源的出生性别比水平估计可靠性的基础上，对中国当前及未来的出生性别比形势与走势进行判断，从而为国家制定更为有效的治理出生性别比失衡问题的公共政策提供一定的决策信息参考。

　　研究方法方面，研究中国出生性别比失衡因素所用的综合性框架包括性别偏好、性别选择、人口政策、出生性别比自身的结构因素与水平因素以及人口流动与出生性别比的关系图。本研究还特别注重宏观和微观相结合的研究视角，不仅关注妇女微观层面的生育偏好、性别选择、迁移流动等因素，还关注宏观层面的地区人口政策类型等对出生性别比影响的具体作用机制；出生性别比水平估计及形势判断的研究方法则主要包括时期比较方法和队列比较方法。其中，时期比较方法是指相同年份的出生性别比全国总体水平、分省以及分年龄的出生性别比的多口径比较，而队列比较方法则是指同一出生队列的性别比随时间的变化情况。

　　数据来源方面，研究中国出生性别比影响因素所用的数据包括 1990 年和 2000 年这两次全国人口普查数据以及 1997 年全国人口与生殖健康抽样调查和 2001 年全国计划生育/生殖健康调查这两次生育调查数据。而中国出生性别比水平估计和形势判断所用的数据则主要包括 2010 年全国第六次人口普查的汇总数据、2011～2013 年的人口抽样调查数据、2010～2013 年户籍登记汇总数据以及住院分娩数据。

　　本书主要内容分为两大部分，其中第一部分为中国出生性别比失衡影响因素研究，第二部分为中国出生性别比水平估计与形势判断。其中，第三章到第五章属于中国出生性别比失衡影响因素研究的内容，第六章则属于中国出生性别比水平估计与形势判断的内容。

（一）中国出生性别比失衡影响因素研究

首先看性别偏好与中国出生性别比失衡的关系。基于全国生育调查数据，本研究在确定中国育龄妇女生育子女性别偏好测量指标的基础上，对生育偏好与出生性别比之间存在的关系进行了定量估计和分析，并且注重将育龄妇女进一步细分为城镇和农村户籍以及汉族和少数民族。

研究发现，中国育龄妇女生育子女的性别偏好主要指男孩偏好，而男孩偏好本身则是一个多层次测量指标，主要可以分为无所谓有无男孩、至少想要一个男孩的偏好、想要两个或以上男孩的偏好这样三个层次。

性别偏好与出生性别比之间可能存在的关系的定量结果表明，即使在其他条件相同的情况下，育龄妇女生育子女的男孩偏好越强烈，那么实际生育子女性别越倾向于男孩。本研究还将总体进一步细分为城镇、农村、汉族和少数民族的育龄妇女，发现不同群体中虽然性别偏好对出生性别比失衡的作用幅度不同，但方向均保持一致并且均为统计性显著，即育龄妇女生育子女的男孩偏好越强烈则其实际生育子女越倾向于为男孩这一结果比较稳健。

其次看性别选择与出生性别比之间可能存在的关系。在确定生育子女的性别偏好可能是出生性别比失衡的一个重要原因之后，接下来需要探讨从性别偏好到出生性别比失衡之间的具体机制链条。这一问题可以表述为，如果人们怀有较为强烈的生育男孩的偏好，那么这种偏好是如何转化为实际生育男孩行为的。

研究发现，中国育龄妇女生育子女的性别选择与出生性别比失衡之间可能存在一定的关系。与中国出生性别比失衡程度的整体走势基本一致，进行过性别鉴定的中国育龄妇女比例也从 1988 年以来呈现一定的明显递增趋势，从 1988 年的 3.23% 上升到 2000 年的 13.12%。与出生性别比失衡程度的历史走势一致，可能进行过性别选择的中国育龄妇女比例从 1988 年开始也同样呈现一定的增加趋势，从 1988 年的 1.57% 上升到 2000 年的 6.40%。

同时，性别选择对出生性别比失衡的放大作用呈现增加趋势，1990 年出生性别比失衡程度与性别选择比例的比值为 2.14，1995 年该比值上升到 2.31，2000 年达到了 2.39。

本研究还对纯女户生育下一孩次子女的性别选择进行了专门分析。研究发现，纯女户对于生育下一孩次子女性别的干预强度随时间的推移不断增强，越接近于当前则纯女户对于下一孩次生育子女性别的干预越明显。同时，纯女户对下一孩次生育子女性别的干预程度随生育孩次的提高而不断增强，越接近生育子女数量空间的上限，则其对于生育子女性别干预就越明显。

再次看地区人口政策类型与出生性别比的关系。基于 Logistic 多元回归的定量分析结果表明，在其他条件相同的情况下，地区人口政策类型越严格，育龄妇女本次生育子女的性别越倾向于为男孩。

由于地区人口政策类型属于地区层次变量，因此要研究地区人口政策类型与出生性别比之间的关系，最好使用多层线性模型（HLM 模型）。本研究基于人口普查数据，通过使用 HLM 模型对育龄妇女生育子女性别与地区人口政策类型可能存在的关系进行研究。

研究发现，一个地区人口政策类型如果很严格，那么其出生性别比通常要更高一些。具体来说，与政策较宽松地区相比并且在其他情况相同时，较严格人口政策地区之前没有男孩的育龄妇女本次生育子女的性别往往会更倾向为男孩。

妇女生育史方面，已有子女性别结构、生育孩次、生育年龄不仅有单独的显著影响，而且还和地区人口政策类型等变量之间存在显著的层际交互效应。比如，在其他条件相同的情况下，较严人口政策地区之前没有男孩的育龄妇女，其本次生育子女为男孩的可能性要高于政策较为宽松地区之前没有男孩的育龄妇女。

最后看影响中国出生性别比失衡的其他因素。本研究主要探讨两大因素与中国出生性别比失衡之间的关系。其中，一个因素是出生性别比本身的构成因素，即出生性别比本身的孩次结构和各孩次的性别比水平；另一个因素则是中国的人口流动特征。

研究发现，3 孩及以上生育的减少和 1 孩占比的显著增加，对中国出生性别比失衡起到了明显的抑制作用。并且，中国出生性别比失衡主要是由 2 孩及更高孩次的性别比水平的大幅升高导致。虽然无论城镇地区还是农村地区，孩次结构的变化对出生性别比失衡都起到了显著的抑制作用，但城镇地区主要是 2 孩和 3 孩及以上的占比大幅下降的结果，而农村地区则主要是 3 孩及以上的占比下降导致。

为分析人口流动对中国出生性别比失衡的影响，本研究先后将中国城镇育龄妇女划分为跨省流动、省内跨县流动、县（市）内流动、本地人口（含人户分离）这四种类型以及乡城流动、城城流动和本地人口这三个类别。Logistic 多元回归模型的分析结果表明，与本地人口相比，在其他条件相同的情况下，无论是跨省流动、省内跨县流动、县（市）内流动的育龄妇女，还是乡城流动、城城流动的育龄妇女，其在生育子女的性别方面都没有表现出明显的差异。

（二）中国出生性别比水平估计与形势判断

分析出生性别比失衡影响因素的目的，其一是找出可能导致中国出生性别比失衡的原因并通过公共政策加以干预，其二是有助于对中国当前及未来出生性别比形势的清楚认识。在较为全面地分析了可能影响中国出生性别比失衡的各主要因素的基础上，本研究继续对中国当前的出生性别比失衡形势及未来发展趋势进行估计。

国内外关于中国出生性别比的研究主要使用历年人口普查和抽样调查数据，但许多研究认为人口普查数据低年龄组一般存在比较严重的漏报问题，尤其当出生漏报中的女婴比例高于男婴时，将造成从人口普查得到的出生性别比数据本身存在很大问题，从而导致依据人口普查数据做出的大量中国出生性别比失衡的相关研究结论的可靠性值得进一步商榷。

鉴于国家政府部门也将人口普查结果作为出生性别比治理工作的主要决策依据，如果出生性别比数据质量本身并不可靠，则势必给国家决策造成一定误导。鉴于出生性别比数据质量的重要性，本研究主要使用 2010 年全国人口普查数据、2010～2013 年户籍登记数据、2010～2012 年住院分娩数据，对中国出生性别比的真实水平和未来变化趋势进行估计。

第一，本研究发现不同数据来源的出生性别比存在明显差异，且呈一定规律性。全国及大多数省份呈现户籍登记数据高于人口普查数据（除北京、上海、天津、吉林、黑龙江、湖北外，全国平均高 4.36），人口普查数据又高于住院分娩数据（除内蒙古、辽宁、四川、西藏、新疆外，全国平均高 3.93）的规律性。

第二，对江西、河南、江苏、贵州、福建、海南、广西、安徽这 8 个省份（户籍登记数据出生性别比要比人口普查数据高 8 以上）的 2010 年 0～29 周岁各年龄组性别比进行分析发现，5～9 周岁、10～14 周岁年龄组的性别比在人口普查数据和户籍登记数据中表现出较高一致性，而较低年龄组和较高年龄组均为户籍登记数据高于人口普查数据，且差异向两端呈扩大趋势。在实践中，可以采用 5～9 周岁年龄组的性别比来对各省份出生性别比治理工作进行评估。

第三，对户籍登记数据 2010 年出生队列性别比的跟踪分析表明，2010 年人口普查数据的出生性别比数据质量较高。2010 年出生队列的性别比从 2010 年的 122.32，下降到 2013 年的 119.65，其与 2010 年人口普查数据的差异从 4.36 下降到 2013 年的 1.69 的趋势一致。由于户籍登记数据漏登中的性别差异随子女年龄的增长逐渐缩小，而且一般到 5 周岁及以后趋于稳定，如果按照 0~4 周岁户籍登记数据出生性别比的减小速度，即每年大约下降 0.89，则 2010 年出生队列 5 周岁时的性别比约为 117.87，与 2010 年人口普查数据的 117.96 基本吻合。此外，绝大多数省份 2010 年人口普查数据的出生性别比质量也较高。

第四，住院分娩数据的出生性别比比真实水平明显偏低，但偏低幅度逐年减少，数据质量不断提高。户籍登记数据与住院分娩数据的出生性别比差异从 2010 年的 8.29，下降到 2011 年的 6.89，2012 年二者差异仅为 5.67。如果认为出生性别比真实水平比户籍登记数据低 3 左右，则 2012 年住院分娩数据的出生性别比与真实水平差距在 3 以内。

第五，中国 2010 年的出生性别比真实水平很可能在 118 左右。其中，各省份出生性别比估计值的分布范围与人口普查数据基本一致，只是江西、贵州、山东和广东的出生性别比从人口普查数据的 122.95、122.47、119.42 和 120.38 分别调整到 131.64、128.87、124.16 和 123.43。

第六，中国出生性别比 2010 年以来存在下降的可能性。从人口普查和人口抽样调查数据来看，变化幅度不大，还无法判断其变化趋势是否受抽样误差的影响；从户籍登记数据来看，则存在显著下降趋势，3 年间下降了 5.6，年均下降约 1.87；从住院分娩数据看，也呈小幅下降趋势，2011~2012 年下降了 1.22。

第七，人口政策逐步放松后，中国出生性别比将呈下降趋势。因"单独二孩"政策调整导致的一年内新增人口在 50 万~300 万人区间变化时，出生性别比的下降范围在 0.33~1.71。其中，政策调整主要对城镇有显著影响，城镇出生性别比的下降范围在 0.70 ~ 3.03；"全面二孩"政策导致的一年内新增人口在 500 万 ~ 1000 万人区间变化时，出生性别比的下降范围在 2.57 ~ 4.14，其中，城镇下降范围在 2.67 ~ 4.14，农村下降范围在 2.53 ~ 4.18。

第二节　可能的贡献与不足

本研究可能的贡献主要体现在以下三个方面。

首先，本研究对已有关于中国出生性别比失衡的各主要影响因素进行了较为全面的梳理，并试图将性别偏好、性别选择、地区人口政策类型、出生性别比本身的结构因素和水平因素以及人口流动对中国出生性别比失衡的影响整合在同一个分析框架内。同时，基于全国人口普查数据和生育调查数据，本研究定量估计和分析了各影响因素与出生性别比之间存在的具体关系，包括作用方向、影响幅度以及影响路径。

其次，从方法论的角度来看，本研究分析人口政策与中国出生性别比失衡的关系时，不仅关注育龄妇女个人层次的生育史、个人特征等变量，还非常看重地区层次变量（如地区人口政策类型）对个人和家庭层次变量之间作用机制（如育龄妇女本次生育之前的已有子女性别结构与其本次生育男孩的可能性之间的关系）的调节作用。

本研究使用多层线性模型（HLM 模型）方法，基本达到了将中国出生性别比失衡的宏观层次和微观层次影响因素整合在一个分析框架的目的。基于 HLM 模型，本研究不仅分析了育龄妇女个人和家庭层次变量对出生性别比的单独影响，而且还重点关注了地区人口政策类型等地区层次变量与育龄妇女个人和家庭层次变量对出生性别比影响的层际交互效应。

最后，从研究方法的角度来看，本研究估计中国出生性别比水平及判断未来形势时采用了人口普查、户籍登记和住院分娩这3种数据，并使用了时期比较和队列比较的方法，这相比其他研究可能具有一定的创新性。基于多来源数据的比较结果，本研究对中国出生性别比 2010 年以来存在下降的判断也具有一定的公共政策含义和实际应用价值。

本研究也存在许多不足。

首先，本研究分析中国出生性别比失衡影响因素时，所使用的微观原始数据主要包括 2000 年全国人口普查数据以及 1997 年全国人口与生殖健康抽样调查和 2001 年全国计划生育/生殖健康调查这两次生育调查数据。不使用最新数据的原因为，2010 年全国人口普查和 2015 年全国 1% 人口抽样调查的微观原始数据均不对外公开，因此本研究只能获得 2000 年及以前的人口普查微观原始抽样数据。

其次，本研究估计中国出生性别比水平和进行未来形势判断所用的数据主要为 2010 年全国人口普查的汇总数据、2010 ~ 2013 年户籍登记汇总数据以及住院分娩的汇总数据。由于无法获得微观原始抽样数据，只能在全国、省份或地级市等汇总层面进行不同数据来源之间的比较和分析，这无疑会限制本研究的深入程度。

再次，虽然本研究试图将中国出生性别比失衡的各影响因素整合在一个框架内，但是由于数据本身的局限性，本研究依然无法定量估计中国出生性别比失衡各影响因素的相对作用大小。此处的数据局限性具体表现为，历次全国人口普查数据都没有测量育龄妇女生育子女的性别偏好和性别选择，而历次全国生育调查数据又没有测量地区人口政策类型这一变量。

复次，在分析性别选择与出生性别比之间存在的关系以及出生性别比的孩次结构与各生育孩次的性别比水平对出生性别比的影响时，鉴于相关数据无法直接公开获得，本研究采取了分别将

2000 年全国人口普查数据回推 10 年的方法。该回推方法并没有考虑婴幼儿死亡的性别差异问题，因此回推得到的数据必然会存在一定偏差。基于该数据得出的有关结论虽然具有一定的研究价值和启发意义，但对结果的解释和应用仍需相当谨慎。

最后，在分析地区人口政策类型与出生性别比之间存在的关系时，由于案例数量的限制，本研究纳入统计模型的因变量为 2000 年 11 月 1 日零时 0～4 周岁的儿童性别比。虽然 0～4 周岁的儿童性别比可以在一定程度上弥补人口普查的出生漏报对出生性别比造成的影响，但是 0～4 周岁的儿童性别比毕竟不同于严格意义上的出生性别比。因此，如果要将 0～4 周岁的儿童性别比分析得出的结论推论到出生性别比，需要保持一定的警惕。

第三节　值得进一步研究的议题

中国出生性别比研究中至少有以下两个值得继续深入探讨的议题。

第一个议题是人口政策调整对于中国出生性别比失衡的缓解作用。由于长期低生育率导致少子化和老龄化问题，中国于 2014 年年初开始逐步实施"单独二孩"政策。鉴于"单独二孩"政策对生育率的提升作用较为有限，中国又于 2016 年年初开始在全国同步实施"全面二孩"政策。在当前"全面二孩"政策下，中国的生育率虽然有了一定程度的提升，但效果依旧不是很理想，2018 年中国出生人口相比 2017 年反而出现了较大幅度的下降。

可以说，从人口政策调整的角度分析问题为检验人口政策与出生性别比之间的关系提供了新的方式和视角。如何来测量和定量估计人口政策调整与中国出生性别比之间的关系，正成为一个非常有价值和潜力的研究领域。

第二个议题是实际生育率与出生性别比之间的关系。即使在当前"全面二孩"政策下，中国的实际总和生育率仍然明显低于 2.1 的更替水平，这基本证明了以往对人口政策进行调整将导致中国生育率大幅反弹的担心其实并不存在。

那么由此产生的一个问题是，即使没有人口政策的限制，中国的生育率是否还会显著低于更替水平。根据当前国内人口与计划生育领域的研究来看，这一问题的答案基本是肯定的，即中国的总和生育率很可能仍旧会显著低于更替水平。而且，随着中国未来经济和社会的进一步发展，中国的生育率存在继续走低的可能性。

在这种背景下，中国的低生育水平与出生性别比之间的关系问题成为一个值得深入研究的领域，而这一问题其实也是第一个议题的延续和深入。即使在没有人口政策限制的情况下，中国的出生性别比将会发生怎样的变化，其会显著缓解甚至消失还是依旧存在，正成为亟须研究的问题。

具体来说，当前研究需要关注在没有人口政策限制下的中国低生育水平的自身特征。一方面，与其他低生育国家和地区类似，当前中国的低生育率同样主要是由经济社会发展以及自身生育观念变化导致的；另一方面，由于传统文化的影响，即使在没有人口政策限制的情况下，中国的低生育率是否仍旧伴随着较为强烈的男孩偏好，则是需要认真研究的问题。如果中国的低生育率仍然伴有较为强烈的男孩偏好，那么中国出生性别比回归正常水平仍是一个较为长期的过程。但是如果中国的低生育率是与男孩偏好的显著降低相关联的，那么中国出生性别比的未来形势则要乐观得多。

参考文献 ◀

中文文献

蔡菲,2007,《出生性别比升高的分因素贡献率》,《人口研究》
　　第4期。

陈胜利、顾法明、蔡菲,2008,《2005年1%人口抽样调查对综
　　合治理出生性别比工作的启示》,《人口研究》第1期。

陈彩霞、张纯元,2003,《当代农村女性生育行为和生育意愿的
　　实证研究》,《人口与经济》第5期。

陈力勇、刘旭东、裴霞,2010,《农村综合治理出生性别比工作
　　思考》,《人口研究》第6期。

陈卫,2002,《性别偏好与中国妇女生育行为》,《人口研究》第
　　3期。

陈卫,2005,《中国的人工流产——趋势、模式与影响因素》,社
　　会科学文献出版社。

陈卫、翟振武,2007,《1990年代中国出生性别比:究竟有多高》,
　　《人口研究》第5期。

陈卫、吴丽丽,2008,《外来人口对中国城市地区出生性别比的
　　影响》,《人口学刊》第2期

陈友华,2006,《关于出生性别比的几个问题——以广东省为例》,

《中国人口科学》第 1 期。

陈友华，2007，《出生性别比偏高的治理对策研究——以广东省
　　为例》，《人口与经济》第 2 期。

楚军红，2001，《中国农村产前性别选择的决定因素分析》，《中
　　国人口科学》第 1 期。

杜本峰，2010，《农村独生子女生育选择影响因素及测度研究——
　　基于 Multinomial Logistic 模型实证分析》，《人口研究》第 3 期。

段成荣、孙玉晶，2006，《我国流动人口统计口径的历史变动》，
　　《人口研究》第 4 期。

冯立天、马瀛通、冷眸，1999，《50 年来中国生育政策演变之历
　　史轨迹》，《人口与经济》第 2 期。

风笑天、张青松，2002，《二十年城乡居民生育意愿变迁研究》，
　　《市场与人口分析》第 9 期。

高凌，1993，《中国人口出生性别比的分析》，《人口研究》第 1 期。

高凌，1995，《中国人口出生性别比的特征及其影响因素》，《中
　　国人口科学》第 1 期。

顾宝昌，2007，《我对出生性别比问题的认识》，《市场与人口分
　　析》第 1 期。

顾宝昌、徐毅，1994，《中国婴儿出生性别比综论》，《中国人口
　　科学》第 3 期。

顾宝昌、罗伊，1996，《中国大陆、中国台湾省和韩国婴儿出生性
　　别比失调的比较分析》，《人口研究》第 5 期。

谷祖善，1984，《出生性别比的地理分布》，《人口研究》第 6 期。

国务院人口普查办公室，1993，《中国 1990 年人口普查资料》，中
　　国统计出版社。

国务院人口普查办公室，2002，《中国 2000 年人口普查资料》，中
　　国统计出版社。

国家计划生育委员会，2001，2001 年全国计划生育/生殖健康调

查技术文件。

郭志刚,1999,《社会统计分析方法——SPSS 软件应用》,中国人民大学出版社。

郭志刚,2003,《北京市生育水平和出生性别比以及外来人口影响》,《中国人口科学》第 6 期。

郭志刚,2004,《分析单位、分层结构、分层模型》,载《北京大学社会学学刊》第一辑,北京大学出版社。

郭志刚,2005,《2000 年人口普查按生育政策类型的人口分析》,载《2000 年人口普查国家级重点课题研究报告》,中国统计出版社。

郭志刚,2007,《对 2000 年人口普查出生性别比的分层模型分析》,《人口研究》第 3 期。

郭志刚,2010,《中国的低生育率与被忽略的人口风险》,《国际经济评论》第 6 期。

郭志刚,2011,《六普结果表明以往人口估计和预测严重失误》,《中国人口科学》第 6 期。

郭志刚,2015,《清醒认识中国低生育率风险》,《国际经济评论》第 2 期。

郭志刚、张二力、顾宝昌、王丰,2003,《从政策生育率看中国生育政策的多样性》,《人口研究》第 5 期。

郭志刚、李建钊,2006,《农村 2 孩生育间隔的分层模型研究》,《人口研究》第 4 期。

胡耀岭、原新,2012,《基于空间数据的出生性别比偏高影响因素研究》,《人口学刊》第 5 期。

黄润龙、虞沈冠,2000,《中国已婚妇女的人工流产及其影响因素研究》,载《1997 年全国人口与生殖健康调查论文集》,中国人口出版社。

贾威、彭希哲,1995,《中国生育率下降过程中的出生性别比》,

《人口研究》第 4 期。

姜全保、李树茁，2009，《女性缺失与社会安全》，社会科学文献
　　出版社。

劳登布什，W. 斯蒂芬、安东尼·S. 布里克，2007，《分层线性
　　模型：应用与数据分析方法》，郭志刚等译，社会科学文献
　　出版社。

康国定、肖鹏峰、周长洪，2010，《地理环境对中国 0 - 4 岁人口
　　性别比的影响研究》，《中国人口科学》第 6 期。

李伯华，1994，《中国出生性别比的近期趋势——从医院记录获
　　得的证据》，《人口研究》第 4 期。

李伯华、段纪宪，1986，《对中国出生婴儿性别比的估计》，《人
　　口与经济》第 4 期。

李建新，1996，《七、八十年代中国生育政策的演变及其思考》，
　　《人口学刊》第 1 期。

李建新，2008，《生育政策与出生性别比偏高》，《中国农业大学
　　学报》（社会科学版）第 3 期。

李若建，2005，《性别偏好与政策博弈：广东省出生人口性别比
　　时空变迁分析》，《中山大学学报》（社会科学版）第 3 期。

李树茁、姜保全、费尔德曼，2006，《性别歧视与人口发展》，社
　　会科学文献出版社。

李树茁、韦艳、姜保全，2006，《中国女孩的生存：历史、现状
　　和展望》，《市场与人口分析》第 1 期。

李树茁、韦艳、任锋，2010，《国际视野下的性别失衡与治理》，
　　社会科学文献出版社。

李树茁、孟阳，2018，《改革开放 40 年：中国人口性别失衡治理的
　　成就与挑战》，《西安交通大学学报》（社会科学版）第 6 期。

李涌平，1993a，《婴儿性别比及其与社会经济变量的关系：普查
　　的结果和所反映的现实》，《人口与经济》第 4 期。

李涌平，1993b，《胎儿性别鉴定的流引产对出生婴儿性别比的影响》，《人口研究》第 5 期。

刘鸿雁，2004，《中国人工流产状况与性别偏好的关系》，载《2001 年全国计划生育/生殖健康调查论文集》，中国人口出版社。

刘虹雁、顾宝昌，1998，《中国农村地区性别偏好及其行为表现》，《中国人口科学》第 2 期。

刘华、杨丽霞、朱晶、陆炳静，2014，《农村人口出生性别比失衡及其影响因素的空间异质性研究——基于地理加权回归模型的实证检验》，《人口学刊》第 4 期。

刘华、钟甫宁、朱晶、王琳，2016，《计划生育政策影响了出生性别比吗？——基于微观行为主体的考察》，《人口学刊》第 4 期。

刘慧君、李树茁，2011，《出生性别比下降的路径选择与有效机制》，《人口与经济》第 4 期。

刘爽，2002，《生育率转变过程中家庭子女性别结构的变化——对人口出生性别比偏高的另一种思考》，《市场与人口分析》第 5 期。

刘爽，2005a，《世界各国的人口出生性别比及其启示》，《人口学刊》第 6 期。

刘爽，2005b，《中国育龄夫妇的生育"性别偏好"》，《人口研究》第 3 期。

刘爽，2006，《对中国生育"男孩偏好"社会动因的再思考》，《人口研究》第 5 期。

刘爽，2009a，《出生人口性别比的变动趋势及其影响因素——一种国际视角的分析》，《人口学刊》第 1 期。

刘爽，2009b，《中国的出生性别比与性别偏好：现象、原因及后果》，社会科学文献出版社。

刘中一、潘绥铭，2005，《从男孩偏好到出生性别选择》，《市场人口分析》第 4 期。

陆杰华，2016，《全面二孩政策背景下完善出生性别比综合治理体系的思考》，《人口与发展》第 3 期。

陆杰华、吕萍，2006，《影响农村地区男孩偏好因素的实证分析》，《人口与计划生育前沿问题论坛（一）》，中国人口出版社。

罗华、鲍思顿，2005，《出生性别比的社会经济决定因素——对 2000 年中国最大的 36 个少数民族的分析》，《人口研究》第 6 期。

吕红平、张呈琼、陆杰华、和云，2010，《中国少数民族地区人口状况研究》，中国社会科学出版社。

马瀛通，2005，《出生人口性别比失调与从严控制人口中的误导与失误》，《中国人口科学》第 2 期。

穆光宗，1995，《近年来中国出生性别比升高偏高现象的理论解释》，《人口与经济》第 1 期。

穆光宗（主持人），2008，《出生人口性别比异常偏高与生育政策有关吗》，《人口与发展》第 2 期。

穆光宗、陈俊杰，1996，《中国农民生育需求的层次结构》，《人口研究》第 3 期。

彭佩云，1997，《中国计划生育大全》，中国人口出版社。

乔晓春，1992，《对中国人口普查出生婴儿性别比的分析与思考》，《人口与经济》第 2 期。

乔晓春，2002，《中国妇女人工流产状况分析》，《人口研究》第 3 期。

乔晓春，2004，《性别偏好、性别选择与出生性别比》，《中国人口科学》第 1 期。

乔晓春，2006，《关于出生性别比的统计推断问题》，《中国人口科学》第 6 期。

屈坚定、杜亚平，2007，《性别选择性人工流产对出生性别比影响强度的定量研究》，《中国人口科学》第 2 期。

石人炳，2013，《我国出生性别比变化新特点——基于"五普"和"六普"数据的比较》，《人口研究》第 2 期。

石人炳，2009，《生育控制政策对人口出生性别比的影响研究》，《中国人口科学》第 5 期。

石雅茗、刘爽，2015，《中国出生性别比的新变化及其思考》，《人口研究》第 4 期。

宋健，2016，《"普二"政策下的性别失衡与治理》，《西安交通大学学报》（社会科学版）第 6 期。

宋月萍、陈蓉，2009，《生育政策对出生性别比的影响：一个微观实证分析》，《人口研究》第 3 期。

陶涛、杨凡，2015，《出生性别比间接估计方法》，《人口学刊》第 2 期。

汤兆云、马琳，2011，《出生性别比综合治理：有所为，有所不为》，《人口研究》第 4 期。

汤兆云、郭真真，2011，《生育政策与经济水平对出生性别比偏高的分析》，《人口与经济》第 1 期。

涂平，1993，《中国出生人口性别比问题探讨》，《人口研究》第 1 期。

王广州、傅崇辉，2009，《中国出生性别比升高的孩次性别递进过程分析》，《人口学刊》第 1 期。

王广州，2010，《人口出生性别比变动的监测方法》，《中国人口科学》第 4 期。

王济川、谢海义、姜宝法，2008，《多层统计分析模型——方法与应用》，高等教育出版社。

王军，2013，《生育政策和社会经济状况对中国出生性别比失衡的影响》，《人口学刊》第 5 期。

王军，2013，《我国生育政策对二孩生育间隔影响的分层模型研究》，《南方人口》第 4 期。

王军、郭志刚，2014，《孩次结构与中国出生性别比失衡关系研究》，《人口学刊》第 4 期。

王军、王广州、高凌斐、张央，2016，《中国出生性别比水平估计及形势判断》，《学习与实践》第 3 期。

王钦池，2013，《生育水平、性别偏好和出生性别比——兼论出生性别比的监测方法》，《人口学刊》第 2 期。

王胜今、石雅茗，2016，《综合治理出生性别比偏高的深层思考》，《人口学刊》第 3 期。

王燕、黄玫，2004，《中国出生性别比异常的特征分析》，《人口研究》第 6 期。

韦艳、李树茁、韦尔德曼，2005，《中国农村的男孩偏好与人工流产》，《中国人口科学》第 2 期。

邬沧萍，1988，《中国人口性别比的研究》，载刘铮等编《中国人口问题研究》，中国人民大学出版社。

吴帆，2010，《治理出生性别比失调公共政策的困境与"帕累托改进"路径》，《人口研究》第 5 期。

伍海霞、李树茁、杨绪松，2005，《中国乡城人口流动与城镇出生人口性别比——基于"五普"数据的分析》，《人口与经济》第 6 期。

巫锡炜，2010，《中国步入低生育率：1980－2000》，北京大学博士学位论文。

解振明，2002，《引起中国出生性别比偏高的三要素》，《人口研究》第 5 期。

徐毅、郭维明，1991，《中国出生性别比的现状及有关问题的探讨》，《人口与经济》第 5 期。

杨菊华，2006，《生育政策的地区差异与儿童性别比关系研究》，

《人口研究》第 3 期。

杨菊华、宋月萍、翟振武、陈卫，2009，《生育政策与出生性别比》，社会科学文献出版社。

杨书章、王广州，2006a，《孩次性别递进人口发展模型及孩次性比递进指标体系》，《中国人口科学》第 2 期。

杨书章、王广州，2006b，《孩次性别递进比研究》，《人口研究》第 2 期。

原新，2014，《流动人口并非出生性别比偏高的主要推手》，《探索与争鸣》第 9 期。

原新，2016，《出生人口性别比最新动态及问题判断》，《西安交通大学学报》（社会科学版）第 6 期。

原新、石海龙，2005，《中国出生性别比偏高与计划生育政策》，《人口研究》第 3 期。

原新、刘厚莲，2015，《流动人口出生性别比形势与贡献分析》，《人口学刊》第 1 期。

曾毅、顾宝昌、涂平、徐毅、李伯华、李涌平，1993，《中国近年来出生人口性别比升高原因及其后果分析》，《人口与经济》第 1 期。

查瑞传，1991，《人口普查资料分析技术》，中国人口出版社。

翟振武、杨凡，2009，《中国出生性别比水平与数据质量研究》，《人口学刊》第 4 期。

张纯元，2000，《中国人口生育政策的演变历程》，《市场与人口分析》第 1 期。

张二力，2005，《从"五普"地市数据看生育政策对出生性别比和婴幼儿死亡率性别比的影响》，《人口研究》第 1 期。

张雷、雷雳、郭伯良，2003，《多层线性模型应用》，教育科学出版社。

张丽萍，2006，《80 年代以来中国少数民族出生人口性别比与生育水平变化的历史回顾》，《人口与经济》第5期。

张翼，1997，《中国人口出生性别比的失衡、原因与对策》，《社会学研究》第6期。

《中国卫生年鉴》编辑委员会，2003，《中国卫生年鉴（2002）》，人民卫生出版社。

中共中央批转国家计划生育委员会党组《关于计划生育工作情况的汇报》，1997，载彭珮云主编，《中国计划生育全书》，中国人口出版社。

《中共中央、国务院关于加强计划生育工作严格控制人口增长的决定》，1997，载彭珮云主编《中国计划生育全书》，中国人口出版社。

《中共中央关于全面深化改革若干重大问题的决定》，2013，中国政府网（http://www.gov.cn/jrzg/2013-11/15/content_2528179.htm）11月15日。

《中国共产党第十八届中央委员会第五次全体会议公报》，2015，新华网（http://www.xinhuanet.com//politics/2015-10/29/c_111 6983078.htm）10月29日。

中共中央宣传部，2019，《习近平新时代中国特色社会主义思想学习纲要》，学习出版社、人民出版社。

周云，1997，《国外出生婴儿性别比的研究》，《人口研究》第4期。

周云、任强，2004，《高龄老人1910－1969年间出生子女性别比的研究》，《北京大学学报》（哲学社会科学版）第4期。

朱楚珠、付小斌、李树茁，1998，《当前中国农村女孩的生存风险分析》，《人口与经济》第6期。

英文文献

Anderson, B., & Silver, B. (1995). Ethnic Differences in Fertility and Sex Ratios at Birth in China: Evidence from Xinjiang. *Population*

Studies, 49 (2), 211 –226.

Attané, I. (2006). The Demographic Impact of a Female Deficit in China, 2000 – 2050. *Population and Development Review*, 32 (4), 755 –770.

Attané, I. (2009). The Determinants of Discrimination Against Daughters in China: Evidence from a Provincial-level Analysis. *Population Studies*, 63 (1), 87 –102.

Baochang, G. , Feng, W. , Zhigang, G. , & Erli, Z. (2007). China's Local and National Fertility Policies at the End of the Twentieth Century. *Population and Development Review*, 33 (1), 129 –147.

Banister, J. (2004). Shortage of Girls in China Today. *Journal of Population Research*, 21 (1), 19 –45.

Bhattacharjya, D. , Sudarshan, A. , Tuljapurkar, S. , Shachter, R. , & Feldman, M. (2008). How can Economic Schemes Curtail the Increasing Sex Ratio at Birth in China? *Demographic Research*, 19, 1831 –1850.

Bongaarts, J. (2001). Fertility and Reproductive Preferences in Post-Transitional Societies. *Population and Development Review*, 27, 260 –281.

Bongaarts, J. (2013). The Implementation of Preferences for Male Offspring. *Population and Development Review*, 39 (2), 185 –208.

Cai, Y. , & Lavely, W. (2003). China's Missing Girls: Numerical Estimates and Effects on Population Growth. *China Review*, 3 (2), 13 –29.

Cai, Y. (2013). China's New Demographic Reality: Learning from the 2010 Census. *Population and Development Review*, 39 (3), 371 –396.

Chen, J. , Xie, Z. , & Liu, H. (2007). Son Preference, Use of Ma-

ternal Health Care, and Infant Mortality in Rural China, 1989 –
2000. *Population Studies*, 61 (2), 161 – 183.

Chen, Y. , Li, H. , & Meng, L. (2013). Prenatal Sex Selection and
Missing Girls in China: Evidence from the Diffusion of Diagnostic
Ultrasound. *The Journal of Human Resources*, 48 (1), 36 – 70.

Chen, Y. , Ebenstein, A. , Edlund, L. , & Li, H. (2015). Girl adop-
tion in China—A Less-known Side of Son Preference. *Population
Studies*, 69 (2), 161 – 178.

Coale, A. , & Banister, J. (1994). Five Decades of Missing Females
in China. *Demography*, 31 (3), 459 – 479.

Coale, A. , & Banister, J. (1996). Five Decades of Missing Females
in China. *Proceedings of the American Philosophical Society*, 140
(4), 421 – 450.

Dai, S. , & Li, X. (2015). China's Ratio of Male to Female Babies
Remains High Despite Sixth Annual Fall. *BMJ: British Medical
Journal*, 350.

Ding, Q. , & Hesketh, T. (2006). Family size, Fertility Preferences,
and Sex Ratio in China in the Era of the one Child Family Policy:
Results from National Family Planning and Reproductive Health
Survey. *BMJ: British Medical Journal*, 333, 371 – 373.

Ebenstein, A. , & Sharygin, E. (2009). The Consequences of the
"Missing Girls" of China. *The World Bank Economic Review*, 23
(3), 399 – 425.

Ebenstein, A. (2010). The "Missing Girls" of China and the Unin-
tended Consequences of the One Child Policy. *The Journal of Hu-
man Resources*, 45 (1), 87 – 115.

Ebenstein, A. , & Leung, S. (2010). Son Preference and Access to Social
Insurance: Evidence from China's Rural Pension Program. *Population*

and Development Review, 36 (1), 47 –70.

Ebenstem, A. (2011). Estimating a Dynamic Model of Sex Selection in China. *Demography*, 48 (2), 783 –811.

Edlund, L. , Li, H. , Yi, J. , & Zhang, J. (2013). Sex Ratios and Crime: Evidence from China. *The Review of Economics and Statistics*, 95 (5), 1520 – 1534.

Feng, W. , Gu, B. , & Cai, Y. (2016). The End of China's One-Child Policy. *Studies in Family Planning*, 47 (1), 83 – 86.

Festini, F. , & De Martino, M. (2004). Twenty Five Years of the One Child Family Policy in China. *Journal of Epidemiology and Community Health (1979 –)*, 58 (5), 358 – 360.

Jiang, Q. , Li, S. , & Feldman, M. (2011). Demographic Consequences of Gender Discrimination in China: Simulation Analysis of Policy Options. *Population Research and Policy Review*, 30 (4), 619 – 638.

Goodkind, D. (2011). Child Underreporting, Fertility, and Sex Ratio Imbalance in China. *Demography*, 48 (1), 291 – 316.

Goodkind, D. (2015). The Claim that China's Fertility Restrictions Contributed to the Use of Prenatal Sex Selection: A Sceptical reappraisal. *Population Studies*, 69 (3), 263 – 279.

Goldstein, H. (1995). Multilevel Statistical Models, New York: John Wiley.

Graham, M. , Larsen, U. , & Xu, X. (1998). Son Preference in Anhui Province, China. International Family Planning Perspectives, 24 (2), 72 – 77.

Gu, B. , & Li, Y. (1995). Sex Ratio at Birth and Son Preference in China. *Asia Journal*, 2 (1), 87 – 108.

Guilmoto, C. (2009). The Sex Ratio Transition in Asia. *Population and*

Development Review, 35 (3), 519 – 549.

Guilmoto, C. (2012). Skewed Sex Ratios at Birth and Future Marriage Squeeze in China and India, 2005 – 2100. *Demography*, 49 (1), 77 – 100.

Gupta, M. , Chung, W. , & Shuzhuo, L. (2009). Evidence for an Incipient Decline in Numbers of Missing Girls in China and India. *Population and Development Review*, 35 (2), 401 – 416.

Greenhalgh, S. (2013). Patriarchal Demographics? China's Sex Ratio Reconsidered. *Population and Development Review*, 38, 130 – 149.

Hesketh, T. , & Xing, Z. (2006). Abnormal Sex Ratios in Human Populations: Causes and Consequences. *Proceedings of the National Academy of Sciences of the United States of America*, 103 (36), 13271 – 13275.

Hull, T. (1990). Recent Trends in Sex Ratios at Birth in China. *Population and Development Review*, 16 (1), 63 – 83.

Jiang, Q. , Li, S. , & Feldmanc, M. (2013). China's Population Policy at the Crossroads: Social Impacts and Prospects. *Asian Journal of Social Science*, 41 (2), 193 – 218.

Johansson, S. , & Nygren, O. (1991). The Missing Girls of China: A New Demographic Account. *Population and Development Review*, 17 (1), 35 – 51.

Junhong, C. (2001). Prenatal Sex Determination and Sex-Selective Abortion in Rural Central China. *Population and Development Review*, 27 (2), 259 – 281.

Kaur, R. (2013). Mapping the Adverse Consequences of Sex Selection and Gender Imbalance in India and China. *Economic and Political Weekly*, 48 (35), 37 – 44.

Kim, D. (2004). Missing Girls in South Korea: Trends, Levels and

Regional Variations. *Population* (*English Edition*, *2002 -*) , 59 (6) , 865 – 878.

Lai, D. (2005). Sex Ratio at Birth and Infant Mortality Rate in China: An Empirical Study. *Social Indicators Research*, 70 (3) , 313 – 326.

Lavely, W. (2001). First Impressions from the 2000 Census of China. *Population and Development Review*, 27 (4) , 755 – 769.

Lavely, W. , Li, J. , & Li, J. (2001). Sex Preference for Children in a Meifu Li Community in Hainan, China. *Population Studies*, 55 (3) , 319 – 329.

Li, H. , Yi, J. , & Zhang, J. (2011). Estimating the Effect of the One-Child Policy on the Sex Ratio Imbalance in China: Identification Based on the Difference-in-Differences. *Demography*, 48 (4) , 1535 – 1557.

Li, J. , & Cooney, R. (1993). Son Preference and the One Child Policy in China: 1979 – 1988. *Population Research and Policy Review*, 12 (3) , 277 – 296.

Lipatov, M. , Li, S. , & Feldman, M. (2008). Economics, Cultural Transmission, and the Dynamics of the Sex Ratio at Birth in China. *Proceedings of the National Academy of Sciences of the United States of America*, 105 (49) , 19171 – 19176.

Löfstedt, P. , Shusheng, L. , & Johansson, A. (2004). Abortion Patterns and Reported Sex Ratios at Birth in Rural Yunnan, China. *Reproductive Health Matters*, 12 (24) , 86 – 95.

Lutz, W. , Scherbov, S. , Cao, G. , Ren, Q. , & Zheng, X. (2007). China's Uncertain Demographic Present and Future. *Vienna Yearbook of Population Research*, 5, 37 – 59.

Merli, M. (1998). Underreporting of Births and Infant Deaths in Rural China: Evidence from Field Research in One County of Northern

China. *The China Quarterly*, (155), 637 – 655.

Merli, M. , & Raftery, A. (2000). Are Births Underreported in Rural China? Manipulation of Statistical Records in Response to China's Population Policies. *Demography*, 37 (1), 109 – 126.

Muhua, C. , & Chen, P. (1979). Birth Planning in China. *Family Planning Perspectives*, 11 (6), 348 – 354.

Poston, D. , & Glover, K. (2005). Too Many Males: Marriage Market Implications of Gender Imbalances in China. *Genus*, 61 (2), 119 – 140.

Potts, M. (2006). China's One Child Policy. *BMJ: British Medical Journal*, 333 (7564), 361 – 362.

Qian, Z. (1997). Progression to Second Birth in China: A Study of Four Rural Counties. *Population Studies*, 51 (2), 221 – 228.

Raudenbush. S. W. and A. S. Bryk, Hiearchical Linear Models: Applications and Data Analysis Methods, second edition. London: Sage Publications, Inc. 2002.

Secondi, G. (2002). Biased Childhood Sex Ratios and the Economic Status of the Family in Rural China. *Journal of Comparative Family Studies*, 33 (2), 215 – 234.

Seidl, C. (1995). The Desire for a Son is the Father of Many Daughters: A Sex Ratio Paradox. *Journal of Population Economics*, 8 (2), 185 – 203.

Short, S. , Linmao, M. , & Wentao, Y. (2000). Birth Planning and Sterilization in China. *Population Studies*, 54 (3), 279 – 291.

Shuzhuo, L. , Zijuan, S. , & Feldman, M. (2013). Social Management of Gender Imbalance in China: A Holistic Governance Framework. *Economic and Political Weekly*, 48 (35), 79 – 86.

Smith, H. (1994). Nonreporting of Births or Nonreporting of Pregnancies? Some Evidence from Four Rural Counties in North China. *Demography*, 31 (3), 481 – 486.

Stephen, E. (2000). Demographic Implications of Reproductive Technologies. *Population Research and Policy Review*, 19 (4), 301 – 315.

Thorborg, M. (2005). Where Have All The Young Girls Gone? Fatal Discrimination of Daughters-A Regional Comparison. *China Perspectives*, (57), 2 – 11.

Trent, K., & South, S. (2011). Too Many Men? Sex Ratios and Women's Partnering Behavior in China. *Social Forces*, 90 (1), 247 – 267.

Tucker, C., & Van Hook, J. (2013). Surplus Chinese Men: Demographic Determinants of the Sex Ratio at Marriageable Ages in China. *Population and Development Review*, 39 (2), 209 – 229.

Tuljapurkar, S., Li, N., & Feldman, M. (1995). High Sex Ratios in China's Future. *Science*, 267 (5199), 874 – 876.

Wu, Z., Viisainen, K., & Hemminki, E. (2006). Determinants of High Sex Ratio among Newborns: A Cohort Study from Rural Anhui Province, China. *Reproductive Health Matters*, 14 (27), 172 – 180.

Xie, K. (2014). The "Missing Girls" From China: Reforms are Too Little, Too Late. *Harvard International Review*, 36 (2), 33 – 36.

Yi, Z., Ping, T., Baochang, G., Yi, X., Bohua, L., & Yongping, L. (1993). Causes and Implications of the Recent Increase in the Reported Sex Ratio at Birth in China. *Population and Development Review*, 19 (2), 283 – 302.

Zhu, W., Lu, L., Hesketh, T., Liu, & Zhang. (2009). China's Excess Males, Sex Selective Abortion, and One Child Policy: Analysis of Data from 2005 National Intercensus Survey. *BMJ: British Medical Journal*, 338 (7700), 920 – 923.

▶ **附　录**

附录 1：1997 年全国人口与生殖健康抽样调查

个 人 问 卷

地址：_____省（区、市）_____地（州、市）_____县（区、市）_____乡（镇、街道）_____村（居）委会_____村（居）民小组

国 家 计 划 生 育 委 员 会

1997 年 11 月

样本点编码：☐☐☐☐

样本点类型：☐

（村民小组 "1" 居民小组 "2"）

育龄妇女姓名：＿＿＿＿＿＿　户编码：☐☐☐

代码：☐☐

调查日期：1997 年 11 月☐☐日

填表开始时间 ☐☐☐☐

亲爱的朋友：

　　您好！

　　在您的大力支持下，国家计划生育委员会在 1997 年 9 月进行的全国人口与生殖健康第一阶段调查已圆满结束。为了更详细、深入地了解广大育龄妇女在避孕节育、优生优育、生殖保健等方面的情况和需求，根据大家的意愿和期望，进一步提高计划生育工作水平和服务质量，国家从第一阶段被调查的人中又抽取部分育龄妇女，进行第二阶段的问卷调查。您已被确定为第二阶段调查对象，您所提供的宝贵信息，不仅对国家有贡献，也与您自身的利益息息相关。为此，我们要单独向您了解一些情况。根据国家有关规定，对您所提供的所有情况，我们将严格保密，请您放心。感谢您对我们工作的理解和支持！

一　基本情况

☐☐☐☐☐ 101. 您是哪年哪月出生的（阳历）?

☐ 102. 您属于哪一个民族?

　　（1）汉族

　　（2）少数民族（请注明：_____）

☐ 103. 您的受教育程度属于或相当于哪一类?

　　（1）不识字或很少识字　　（2）小学

　　（3）初中　　　　　　　　（4）高中

　　（5）中专　　　　　　　　（6）大专及以上

☐ 104. 您目前的婚姻状况属于哪一类?

　　（1）未婚————————————→**跳至第 201 问**

　　（2）初婚　　　　　　　　（3）再婚

　　（4）离婚　　　　　　　　（5）丧偶

☐☐☐☐☐ 105. 您的初婚时间是哪年哪月（阳历）?

　　··离婚、丧偶者跳至第 201 问

☐ 106. 您丈夫属于哪一个民族?

　　（1）汉族

　　（2）少数民族（请注明：_____）

☐ 107. 您丈夫的受教育程度属于或相当于哪一类?

　　（1）不识字或很少识字　　（2）小学

　　（3）初中　　　　　　　　（4）高中

　　（5）中专　　　　　　　　（6）大专及以上

二　经期保健及健康状况

　　★★下面我想问您一些有关妇女月经方面的问题。

☐☐ 201. 您第一次来月经时多大年龄（周岁）?（尚未来过填 88，记不清填 99）

· · **未来过月经者，跳至第 205 问**

☐ 202. 您初次来月经前是否已经知道来月经是女孩子的正常生理现象？

（1）知道

（2）不知道————┐

（3）记不清————┴————→**跳至第 204 问**

☐ 203. 关于女孩子要来月经这件事，您当时主要是从谁那儿知道的？

（1）母亲

（2）家庭中的其他女性

（3）女友、同学　　　　（4）学校老师

（5）计生干部　　　　　（6）医务人员

（7）自己看书报、电视，听广播等

（8）其他（请注明：_____）

（9）记不清

☐ 204. 您来月经时通常用什么东西垫接经血？

（1）已绝经　　　　　　（2）什么都不用

（3）普通的布或纸等　　（4）专门的卫生纸

（5）卫生巾

（6）其他（请注明：_____）

★★**下面我想问您一些有关身体健康方面的问题。**

☐ 205. 您过去或现在是否有妇科方面的不适感觉？如果有，严重不严重？

（1）没有————————————→**跳至第 208 问**

（2）有轻度不适感　　　　（3）有重度不适感

☐ 206. 您是否就此请医生做过检查？如果做过，医生的诊断结果是什么？目前治疗得怎么样了？

（1）没做过检查

（2）无妇科疾病

（3）病已治愈 ——————————————

（4）有病正在治疗 ——————————— **跳至第**

（5）有病，但疗效不好， **208 问**

中断治疗

（6）诊断有病但未治疗

207. 您没去做妇科检查或治疗的原因是什么？

（原因存在填 1，不存在填 2）

☐ 交通不便

☐ 收费太高

☐ 没有时间

☐ 不好意思

☐ 能挺得住

☐ 其他（请注明：_____）

☐ 208. 您参加过有组织的妇科体检吗？如果参加过，是
定期参加吗？

（1）没参加过 （2）定期参加过

（3）不定期参加过

··未婚者跳至第 323 问

☐ 209. 您或您丈夫在结婚前做过"婚前体检"吗？

（1）双方都做过——————————▶**跳至第 211 问**

（2）自己做过，丈夫未做

（3）自己未做，丈夫做过

（4）双方都没做过

☐ 210. 您或您丈夫结婚前没有做"婚前体检"的首要原
因是什么？

（1）不知道要检查

（2）不知道去哪里检查

（3）当地没有开展婚检

（4）主管部门没要求检查

（5）交通不便

（6）收费太高

（7）没有时间

（8）认为身体没病，不需要做

（9）其他（请注明：_____）

□ 211. 您或您丈夫婚前参加过有组织的新婚知识学习吗？
如果参加过，是谁组织的？

（1）没参加过

（2）只参加过由计生部门组织的学习

（3）只参加过由其他部门组织的学习

（4）参加过计生与其他部门联合或分别组织的
学习

三　怀孕和生育

★★下面我想问您一些有关您怀孕和生育方面的问题。

□ 301. 您怀过孕吗（含现孕）？

（1）怀过

（2）未怀过——————————→**跳至第 318 问**

□□ 302. 到目前为止，您生育（指活产）过几次？是否有
过死胎或死产的现象？

如果有，共几次？自然流产过几次？人工流产或
引产过几次？是否现孕？

（调查员计算以上几项之和）那么，您一共怀孕过

××次，对吗？

（核实后，在方格内填写怀孕总次数）

请您按时间先后顺序，谈谈您本人每次怀孕的情况：

（如果表格不够，请自加附页，并与本页粘贴在一起）

孕次	怀孕结果	怀孕结束 年　　月	孩次	完全母乳 喂养月数	活产子女 健康状况
①	②	③	④	⑤	⑥
	1. 活产男婴 2. 活产女婴 3. 死胎死产 4. 自然流产 5. 人流引产 6. 现孕	（第②栏为 1～5者， 填此栏）	（第②栏为 1或2者， 问④⑤⑥）	（从未哺母乳填0；1个 月及以下填1；2个月 及以下填2；依次类 推；超过8个月填9）	1. 健康 2. 基本健康 3. 有病无残 4. 先天残疾 5. 后天残疾 6. 死亡 7. 不详
☐		☐	☐		☐
☐		☐☐	☐		☐
☐		☐	☐		☐
☐		☐	☐		☐
☐		☐	☐		☐
☐		☐	☐		☐
☐		☐	☐		☐
☐		☐	☐		☐
☐		☐	☐		☐
☐		☐	☐	☐	☐
☐		☐	☐	☐	☐
☐		☐	☐	☐	☐
☐		☐	☐	☐	☐

··未生育过活产子女者跳至第 310 问

303. 您怀最小一个孩子期间是否存在下列情况？

（某种情况如果存在，在对应的方格内填 1；不存
在，填 2；记不清或说不清，填 3）

☐　　接触农药、化肥

☐　　抽烟

☐　饮酒

☐　服抗生素类、镇痛类、激素类药

☐　做 X 光检查

☐　经常使用计算机或复印机

☐　经常从事重体力劳动

☐ 304. 您怀最小一个孩子期间，是否由专业技术人员做过产前检查？

(1) 是

(2) 否————————————————→**跳至第 307 问**

☐☐ 305. 一共检查过几次？（不足 10 次前位补 0）

306. 其中第一次产前检查是在怀孕后第几个月做的？

　　··跳至第 308 问

☐ 307. 您未做产前检查的首要原因是什么？

(1) 不知道要检查　　(2) 不知道去哪里检查

(3) 交通不便　　　　(4) 收费太高

(5) 没有时间　　　　(6) 不好意思

(7) 认为自己身体没问题，不需要做

(8) 其他（请注明：_____）

☐ 308. 您生育最小一个孩子时，在什么地方？

(1) 县（区、市）及以上医院、保健院

(2) 正规的机关、部队、厂矿医院

(3) 县（区、市）及以上计生服务站

(4) 乡（镇、街道）医院

(5) 乡（镇、街道）计生服务站

(6) 私人诊所

(7) 家中

(8) 其他（请注明：_____）

☐ 309. 您生育最小一个孩子时，是由谁接生的？

    （1）医院、保健院医生   （2）计生服务站医生

    （3）私人医生   （4）接生员

    （5）家人

    （6）其他（请注明：_____）

☐ 310. 您做过人工流产（含药流，下同）或引产吗？

    （1）做过

    （2）没做过————————————→**跳至第 317 问**

☐ 311. 您最后一次人工流产或引产的主要原因是什么？

    （1）避孕失败造成意外怀孕

    （2）孕期发生某些情况，怕影响孩子健康

    （3）继续怀孕影响本人健康

    （4）因工作或生活原因，自己改变生育计划

    （5）不符合计划生育规定

    （6）其他（请注明：_____）

☐ 312. 您做这次人工流产或引产手术前，做过 B 超吗？

    （1）做过   （2）没做过

☐ 313. 您做这次人工流产或引产手术时，已经怀孕几个月了？

☐ 314. 这次人工流产或引产手术是在什么地方做的？

    （1）县（区、市）及以上医院、保健院

    （2）正规的机关、部队、厂矿医院

    （3）县（区、市）及以上计生服务站

    （4）乡（镇、街道）医院

    （5）乡（镇、街道）计生服务站

    （6）私人诊所

    （7）村里

    （8）其他（请注明：_____）

315. 您做完这次人工流产或引产手术后，休息了多少天？

316. 您做完这次人工流产或引产手术后多久开始过性生活的？

    （1）一直未过   （2）不足 2 个星期

    （3）2—4 个星期   （4）1—2 个月

    （5）2 个月以后   （6）记不清

    （7）拒答

317. 您认为做人工流产（不含药流）手术对妇女身心的影响有多大？

    （1）没什么影响   （2）有一定影响

    （3）有很大影响

    （4）其他（请注明：_____）

    （5）说不清

    ‥跳至第 323 问

318. 您尚未怀过孕的原因是什么？

    （1）婚后一直避孕

    （2）夫妻不经常在一起   **跳至第 323 问**

    （3）新婚（一年以内）尚未怀上

    （4）其他（请注明：_____）

319. 您或您丈夫是否因为未怀孕去看过医生？

    （1）是

    （2）否————————→**跳至第 322 问**

320. 曾去什么地方看过？

    （1）县（区、市）及以上医院、保健院

    （2）正规的机关、部队、厂矿医院

    （3）县（区、市）及以上计生服务站

    （4）乡（镇、街道）医院

(5) 乡（镇、街道）计生服务站

(6) 私人诊所

(7) 其他（请注明：_____）

☐ 321. 医生诊断的结果是什么？

(1) 男方原因   (2) 女方原因

(3) 双方原因   (4) 未明确诊断

(5) 诊断未发现异常

··跳至第 323 问

☐ 322. 您或您丈夫没去看医生的主要原因是什么？

(1) 不知道需要去看   (2) 不知道去哪里看

(3) 交通不便   (4) 收费太高

(5) 没有时间

(6) 认为自己身体没问题，不需要看

(7) 不好意思

(8) 其他（请注明：_____）

☐☐ 323. 您家抱养过孩子吗？如果抱养过，几个男孩？几个女孩？

（第一格填男孩数，没有填 0；第二格填女孩数，填法同男孩）

··没抱养过孩子（即第 323 问填 00）者，跳至第 325 问

☐☐ 324. 您家抱养的最小一个孩子是哪一年出生的？

☐☐ 325. 您认为一个家庭最理想的子女数是多少？性别如何？

(01) 不要孩子   (02) 一个男孩

(03) 一个女孩

(04) 一个孩子，无所谓男女

(05) 一男一女   (06) 两个男孩

（07）两个女孩

（08）两个孩子，无所谓男女

（09）至少要有一个男孩

（10）至少要有一个女孩

（11）至少要有一男一女

（12）越多越好

（13）顺其自然

（14）其他（请注明：＿＿＿＿＿＿）

（15）说不清

　　··未婚、离婚、丧偶者跳至第 332 问

★★下面我想问您一些有关性生活方面的问题。

☐ 326. 在过去的一个月内，您和您丈夫居住在一起的时间有多长？

（1）未居住在一起──────→**跳至第 328 问**

（2）不足 1 个星期　　　（3）1—2 个星期

（4）2—3 个星期　　　　（5）3—4 个星期

（6）一直住在一起

☐ 327. 在过去的一个月内，您和丈夫有过多少次性生活？
（不足 10 次前位补 0，拒答填 99）

☐ 328. 您对您目前的性生活满意吗？

（1）满意　　　　　　　（2）比较满意。

（3）一般　　　　　　　（4）不太满意

（5）很不满意　　　　　（6）说不清

（7）其他（请注明：＿＿＿＿＿＿）

（8）拒答

☐ 329. 您认为女方可以主动提出性生活要求吗？如果可以，实际您能做到吗？

（1）不可以　　　　　　（2）可以但很难做到

（3）可以且能做到 　　（4）说不清

（5）拒答

☐ 330. 您认为女方可以拒绝男方提出的性生活要求吗？
如果可以，实际您能做到吗？

（1）不可以

（2）可以但很难做到

（3）可以且能做到

（4）说不清

（5）拒答

331. 您认为下列各时期能否过性生活？

（如果可以，在相应的方格内填 1；不可以，填 2；
不知道，填 3；拒答，填 4）

☐　　月经期

☐　　妊娠早期

☐　　妊娠中期

☐　　妊娠晚期

☐　　产褥期（月子中）

☐ 332. 现在有些人认为，只要两个人准备结婚，婚前就
可以发生性行为，您同意这种观点吗？

（1）同意 　　　　　（2）不同意

（3）说不清 　　　　（4）拒答

☐ 333. 据您所知，您周围的人当中，有没有人在婚前发
生过性行为？如果有，普遍程度如何？

（1）没有 　　　　　（2）有个别

（3）有一些 　　　　（4）比较普遍

（5）不知道 　　　　（6）拒答

··**未婚者跳至第 418 问**

四、避孕情况

★★下面我想问您一些有关避孕方面的问题。

□ 401. 您首次性生活时，是否采取了避孕措施？

　　（1）是

　　（2）否————————————→**跳至第 403 问**

□ 402. 您首次性生活时采取了哪种避孕措施？

　　（1）口服避孕药　　　　（2）避孕针剂

　　（3）避孕套　　　　　　（4）外用药

　　（5）安全期　　　　　　（6）体外排精

　　（7）其他（请注明：_____）

　　··有偶者跳至第 405 问，离婚、丧偶者跳至第 418 问

□ 403. 您首次性生活时，没有采取避孕措施的主要原因是什么？

　　（1）打算很快要孩子

　　（2）没想到或不知道要避孕

　　（3）得不到想采用的方法

　　（4）担心影响性生活，自己不愿意避孕

　　（5）担心影响性生活，对方不愿意避孕

　　（6）担心有副作用，不愿意避孕

　　（7）有病不能避孕

　　（8）其他（请注明：_____）

□ 404. 您后来采取过避孕措施吗？如果采取过，那么您第一次采取避孕措施是在什么时候？

　　（1）一直未避孕————————→**跳至第 411 问**

　　（2）生育第二个活产孩子之后

　　（3）生育第一个活产孩子之后

（4） 生育第一个活产孩子之前

（5） 记不清

··**离婚、丧偶者跳至第418问**

☐ 405. 您现在采取避孕措施了吗？如果采取了，是哪种避孕方法？

（1） 未避孕————————————→**跳至第410问**

（2） 男性绝育————————

（3） 女性绝育————————→**跳至第408问**

（4） 皮下埋植————————

（5） 宫内节育器

（6） 服或注射药————————

（7） 避孕套 ————————→**跳至第407问**

（8） 外用药————————

（9） 其他（请注明：_____）——→**跳至第408问**

☐ 406. 您知道您使用的是哪一种宫内节育器吗？

（1） 不知道

（2） 知道（请注明：_____）

··**跳至第408问**

☐ 407. 您使用的药具主要是通过什么方式获得的？是否需要花钱？

（1） 计生部门或单位免费送到手

（2） 到计生工作人员处或单位免费领取

（3） 计生工作人员或单位发放但要花钱

（4） 自己到商店购买

（5） 亲戚、朋友或邻居给予

（6） 其他（请注明：_____）

☐ 408. 您现在使用的这种避孕方法是如何决定的？

（1） 计生干部要求的

　　（2）丈夫或亲戚要求的

　　（3）专业技术人员建议的

　　（4）非专业人员建议的

　　（5）自己独立决定的

　　（6）其他（请注明：_____）

☐ 409. 您丈夫对目前采取的这种避孕方法的态度是什么？

　　（1）支持　　　　　　（2）无所谓

　　（3）反对　　　　　　（4）说不清

　　‥跳至第 411 问

☐☐ 410. 您现在未避孕的主要原因是什么？

　　（01）没想到或不知道

　　（02）得不到想采用的方法

　　（03）担心影响性生活质量

　　（04）担心有副作用

　　（05）有指标待孕

　　（06）现孕

　　（07）哺乳

　　（08）有病不能避孕

　　（09）患不孕症

　　（10）配偶不在

　　（11）已绝经

　　（12）其他（请注明：_____）

☐ 411. 如果夫妻决定绝育，您倾向于让妻子去做手术，还是丈夫去做？

　　（1）妻子　　　　　　（2）丈夫

　　（3）谁做都行

☐ 412. 您是否有过避孕失败导致怀孕的经历？

　　（1）有　　　　　　　（2）无—**跳至第 414 问**

☐ 413. 您最后一次避孕失败时，使用的是哪种避孕方法？

（1）男性绝育　　　　（2）女性绝育

（3）宫内节育器　　　（4）皮下埋植

（5）口服或注射药　　（6）避孕套

（7）外用药

（8）其他（请注明：_____）

☐ 414. 对于一个月经周期正常的妇女，您知道在月经周期的哪个阶段同房最容易受孕吗？

（1）月经期　　　　　（2）月经前、后几天

（3）两次月经中间　　（4）月经前 14 天左右

（5）不知道

☐ 415. 您觉得生完孩子后，在来月经之前需要避孕吗？

（1）需要

（2）不需要————————————▶**跳至第 417 问**

☐ 416. 下列 1~4 种避孕方法中有一种绝对不宜在哺乳期使用，您认为是哪一种？

（1）避孕套　　　　　（2）宫内节育器

（3）口服药或复合避孕针剂

（4）皮下埋植　　　　（5）不知道

☐ 417. 一个正在服用短效口服避孕药的妇女，如果忘服了一次，她应该怎么办？

（1）继续服用，不用做任何改变

（2）第二天加服一片

（3）停服

（4）改用另一种方法

（5）其他（请注明：_____）

（6）说不清

☐ 418. 您觉得应该对在校生讲授一些性知识吗？如果应

该，从什么时开始讲授比较合适？

(1) 不应该　　　　　(2) 初中以前

(3) 初中　　　　　　(4) 高中

(5) 高中以后　　　　(6) 说不清

□ 419. 您觉得应该对未婚青年提供避孕咨询服务吗？

(1) 不应该　　　　　(2) 应该

(3) 说不清

□ 420. 如果未婚青年需要避孕药具，您认为应该向他们

提供吗？

(1) 不应该　　　　　(2) 应该

(3) 说不清

··未婚者跳至第 601 问

五　技术服务

★★下面我想问您一些有关计划生育手术方面的问题。

501. 您做过下列哪几种计划生育手术（逐一询问）？分

别为几次？（在对应的方格内填写手术的<u>次数</u>，没

做过的填 0，做过 9 次以上的填 9。）

□　女性绝育

□　女性绝育复通

□　放置皮埋

□　取出皮埋

□　放置宫内节育器

□　取出宫内节育器

□　人工流产（不含药物流产）

□　引产

··未做过任何计划生育手术者，跳至第 509 问

□□ 502. 您最后一次计划生育手术是在哪一年做的？

□ 503. 您做的最后一次计划生育手术是哪一种手术？

    （1）女性绝育

    （2）女性绝育复通

    （3）放置皮下埋植

    （4）取出皮下埋植

    （5）放置宫内节育器

    （6）取出宫内节育器

    （7）人工流产（不含药流）

    （8）引产

□ 504. 这次手术是在什么地方做的？

    （1）县（区、市）及以上医院、保健院

    （2）正规的机关、部队、厂矿医院

    （3）县（区、市）及以上计生服务站

    （4）乡（镇、街道）医院

    （5）乡（镇、街道）计生服务站

    （6）私人诊所

    （7）村里

    （8）其他（请注明：_____）

□ 505. 您在接受这次手术之前，技术服务人员是否向您介绍过该种手术的情况？

    （1）介绍过   （2）未介绍

    （3）记不清

□ 506. 您在做完这次手术，离开手术地点之前，技术服务人员是否向您提供避孕及保健指导？

    （1）提供过   （2）未提供

    （3）记不清

□ 507. 这次手术后，技术服务人员对您进行过随访吗？如果进行过，第一次随访是在术后多久进行的？

（1）未随访　　　　　　（2）不足 1 个星期

（3）1—2 个星期　　　（4）2—4 个星期

（5）1—2 个月　　　　（6）2—3 个月

（7）3—6 个月　　　　（8）半年以上

（9）记不清

☐ 508. 总的来说，您对技术服务人员在这次手术前后所提供的服务满意吗？

（1）很满意　　　　　　（2）较满意

（3）一般　　　　　　　（4）不大满意

（5）很不满意　　　　　（6）说不清

☐ 509. 您去过当地的计划生育服务站（所）吗？

（1）去过

（2）没去过————————→**跳至第 601 问**

☐ 510. 您认为计划生育服务站（所）在以下哪些方面（读出）需要加以改进？（认为需要改进，在对应的方格内填 1，不需改进填 2，对该项内容不了解的填 3。）

☐　　工作态度和方式

☐　　卫生状况

☐　　检查和治疗环境

☐　　技术服务人员的业务水平

☐　　咨询服务或上门服务

六　性病、艾滋病

★★下面我想问您一些有关性病、艾滋病方面的问题。

☐ 601. 您听说过性病或性传播疾病吗？

（1）听说过

（2）没听说过————————→**跳至第 603 问**

□ 602. 有关性病的知识您主要是通过什么途径了解的？

　　　（1）计生部门　　　　　（2）卫生部门

　　　（3）其他部门　　　　　（4）家庭成员

　　　（5）亲友、同事或邻居　（6）广播或电视

　　　（7）书刊、杂志　　　　（8）街头广告

　　　（9）其他（请注明：_____）

□ 603. 您听说过艾滋病吗？如果听说过，您对它了解吗？

　　　（1）没听说过————————▶**跳至第701问**

　　　（2）听说过，但不大清楚

　　　（3）听说过，并有所了解

□ 604. 您知道艾滋病病毒可能通过下面哪些途径（读出）传播吗？

　　　（认为可能传播的，在对应的方格内填1，不可能传播的填2，不知道的填3）

□　　输血

□　　注射

□　　拥抱、握手

□　　接吻

□　　与多个性伴侣发生性行为

□　　母婴传播

□　　与病毒携带者共同就餐

七　绝经期保健

□ 701. 您现在还定期来月经吗？如果已绝经，是在多大年龄（周岁）绝经的？

　　　（填写绝经周岁年龄，未绝经填99）

　　　··未绝经者跳至第801问

□ 702. 您在绝经前后，最需要在哪方面获得帮助？

（1）不需要帮助　　（2）精神、心理方面

（3）身体方面

（4）精神、心理和身体方面

（5）其他（请注明：_____）

□ 703. 计生部门在您绝经前后是否向您提供过有关服务？

（1）提供过（请注明：_____）

（2）没提供过

八　其他

□ 801. 下列知识或信息（读出 1 ~ 6），您最希望了解哪一种？

（1）计划人口政策规定　　（2）性知识

（3）避孕节育知识　　（4）优生优育优教知识

（5）妇幼保健知识

（6）致富、就业技能或信息

（7）都不需要

□ 802. 您的家庭是否得到过有关部门在经济上的帮助或扶持？

（1）是

（2）否————————————→**跳至第 804 问**

□ 803. 具体在哪些方面？（如果得到帮扶，在对应的方格内填 1，否则填 2）

□　安排致富项目

□　提供致富信息

□　提供贷款和扶贫资金

□　优先供应生产资料

□　培训生产技术

□　帮助销售产品

☐ 　优先安排就业

☐ 　减免义务工

☐ 　帮助购买计划生育系列保险

☐ 　为子女助学

● ● 调查员审核问卷，无误后填写下列各项

☐ 804. 调查对象的配合情况：

（1）很好　　　　　（2）较好

（3）一般　　　　　（4）较差

（5）很差

填表结束时间　☐☐☐☐

调查员签名：_____

★ ★ 访问到此结束，谢谢您的合作！

附录2：2001 年全国计划生育/生殖健康调查

个 人 问 卷

地址：_____省（区、市）_____地（州、市）_____县（区、市）_____乡（镇、街道）_____村（居）委会_____村（居）民小组

□□□□□样本点编码

□样本点类型（村民小组填"1"、居民小组填"2"）

□□□户编码　　　　□□育龄妇女户内代码

调查员签名：_____

□□□□□调查员编号　　□□录入员编号

国 家 计 划 生 育 委 员 会

2001 年 7 月

育龄妇女姓名＿＿＿＿＿＿＿＿＿＿

一　基本情况

☐☐☐☐☐ 101. 您是哪年哪月出生的（阳历）？

☐ 102. 您是什么民族？

　　1 汉族

　　2 其他民族（请注明：＿＿＿＿＿）

☐ 103. 您的受教育程度属于或相当于哪一类？

　　1 不识字或很少识字

　　2 小学

　　3 初中

　　4 高中（含中专、技校）

　　5 大专及以上

☐ 104. 您目前的婚姻状况？

　　1 未婚—————————————➤ **跳至** 201

　　2 初婚　　　3 再婚　　　4 离婚　　　5 丧偶

☐☐☐☐☐ 105. 您的初婚时间是哪年哪月（阳历）？

■■城镇妇女跳至 201

☐ 106.（本题只询问农村妇女）您娘家是在本村、本乡还是更远？

　　1 本村　　　2 本乡　　　3 本县　　　4 本地区

　　5 本省　　　6 外省　　　7 外国

二　怀孕和生育

☐ 201. 您认为一个家庭最理想的子女数是＿＿＿＿＿个

（不希望要孩子填 0，无所谓要几个孩子填 9，并均跳至 202）

☐ 　　其中男孩＿＿＿＿＿个

　□　　女孩_____ 个

　□　　无所谓男孩、女孩_____ 个

■■未婚跳至 321

□ 202. 您怀过孕吗（首次怀孕的现孕者填"1"）？

初婚、再婚跳至 301

1 怀过　　　2 未怀过

离婚、丧偶跳至 323

□□ 203. 您一共怀过几次孕［将现孕、活产、自然流产、人工流产（含药流）、死胎/死产、葡萄胎、宫外孕的次数全部计算在内。双胞胎及多胞胎的情况按一次怀孕计算］？

204. 请您说出每次怀孕以及怀孕期间接受服务的情况：

调查内容	第一次	第二次	第三次	第四次	第五次	第六次	第七次	第八次
A 怀孕结束年月（现孕填 2222）	□□□□	□□□□	□□□□	□□□□	□□□□	□□□□	□□□□	□□□□
B 怀孕结果 1 活产男婴 2 活产女婴 3 人工流产（含药流）（跳至 J） 4 自然流产（跳下一次怀孕） 5 死胎/死产（跳下一次怀孕） 6 病理妊娠（跳下一次怀孕） 7 现孕（跳至 205）	□	□	□	□	□	□	□	□
C 产前检查 1 检查过 2 未检查过	□	□	□	□	□	□	□	□
D 怀孕期是否吃过： 补钙制品 补铁制品（补血制品） 1 是　　2 否 3 记不清	□	□	□	□	□	□	□	□

调查内容	第一次	第二次	第三次	第四次	第五次	第六次	第七次	第八次
E 分娩地点 1县（区）级及以上医院 2县（区）级及以上妇幼保健院 3县（区）级及以上计生服务站 4乡（街道）级医院 5乡（街道）级计生服务站 6私人诊所 7村（地段、小区）卫生室 8家里 9其他（请注明____ 　　　）	☐	☐	☐	☐	☐	☐	☐	☐
F 接生人员 1 医院、妇幼保健院医生 2 计生服务站医生 3 私人医生 4 接生员 5 家人 6 其他	☐	☐	☐	☐	☐	☐	☐	☐
G 孩子出生后几个月加辅食？ （不足1月填0，≥9个月填9）	☐	☐	☐	☐	☐	☐	☐	☐
H 孩子现在是否还活着？ 1是（跳下一次怀孕）　　2否	☐	☐	☐	☐	☐	☐	☐	☐
I 孩子死亡时的年龄（周岁） （不足1岁填0，≥5岁填5） （跳下一次怀孕）	☐	☐	☐	☐	☐	☐	☐	☐

续表

调查内容	第一次	第二次	第三次	第四次	第五次	第六次	第七次	第八次
J 这次怀孕前是否采取过避孕方法? 1 是　2 否	☐	☐	☐	☐	☐	☐	☐	☐
K 人工流产(含药流)地点 (答案编码同 E)	☐	☐	☐	☐	☐	☐	☐	☐
★★凡跳下一次怀孕的地方,如无下一次怀孕,续问 205								

☐ 205. 您现在有几个亲生的孩子?

(无孩、两个及以上孩子初、再婚妇女跳至 301;
所有离婚、丧偶妇女跳至 323)

☐ 206. (只问现有一个亲生孩子的妇女)您是否领取了独
生子女证?

1 是　　　　　　　　　2 否 **(跳至 301)**

☐ 207. 您的孩子或您的家庭是否得到了下列优惠? (复
选,提示)

☐ 　　(1) 独生子女父母养老保险　　　　0 否　1 是

☐ 　　(2) 独生子女医疗保险　　　　　　0 否　1 是

☐ 　　(3) 每月领取独生子女费　　　　　0 否　1 是

☐ 　　(4) 入托、入学照顾　　　0 否　1 是　9 不适合

☐ 　　(5) 多分宅基地　　　　　　　　　0 否　1 是

☐ 　　(6) 减免义务工　　　　　　　　　0 否　1 是

☐ 　　(7) 招工、就业优惠　　　0 否　1 是　9 不适合

☐ 　　(8) 政府给予的其他优惠措施(请注明:_____)

0 否　1 是

三、避孕情况

★★下面我想问您一些有关避孕方面的情况

☐ 301. 你们夫妇目前是否避孕?

1 是   2 否

302. 你们夫妇目前未避孕的主要原因是什么？
（不提示）

01配偶不在	02没有性生活	03绝经
04想要孩子	05哺乳	06怀孕
07不育	08子宫切除	11健康原因
12担心副作用	13费用高	14使用不方便
21本人不愿使用	22丈夫反对	23其他人反对
98其他（请注明：＿＿＿＿＿＿＿＿＿＿＿＿＿＿）
99说不清

303.你们夫妇以前是否采取过避孕方法？
————— 是   2否 —————▶ 跳至319

304. 目前（对目前未采取但以前采取过避孕方法者问：最近一次）采取的是哪种避孕方法？

01 男性绝育   06 口服药
02 女性绝育   07 避孕套
03 宫内节育器   08 外用药
04 皮下埋植   09 安全期
05 避孕针剂   10 体外射精

305. 这种避孕方法是在什么地方获得的？

1 县（区）级及以上医院
2 县（区）级及以上妇幼保健院
3 县（区）级及以上计生服务站
4 乡（街道）级医院
5 乡（街道）级计生服务站
6 私人诊所
7 村里（地段、小区）或工作单位

8 商店、专卖店、零售点、自动售货机等

9 其他（请注明：_____ ）

☐ 306. 这种避孕方法是全部免费、部分免费还是全部自费？

1 全部免费　　　　　　　2 部分免费

3 全部自费

☐☐☐☐ 307. 这种避孕方法是从哪年哪月开始使用的？

☐ 308. 这种避孕方法是由谁选择或推荐的？（单选）

```
┌─────────────────────┐        ┌─────────────────────┐
│ 1 自己选择           │        │ 5 专业技术人员推荐   │
│ 2 丈夫选择           │        │ 6 管理人员推荐       │
│ 3 夫妇双方共同选择   │        │ 7 社会其他人员推荐   │
│ 4 家庭其他成员推荐   │        │                     │
└─────────────────────┘        └─────────────────────┘
```

☐ 309. 选择这种方法前，你们夫妇是否向技术服务人员咨询过？
1 咨询过　　　2 未咨询过

☐ 310. 除使用的这种避孕方法外，他们是否还向你们夫妇推荐过其他方法？
1 推荐过　　2 未推荐过　　9 记不清

■■使用安全期、体外射精方法者 ──────→ **跳至315**

☐ 311. 你们夫妇是否知道使用这种避孕方法可能出现什么副作用？

1 知道　　　　　　　　2 知道一点

3 不知道

☐ 312. 你们夫妇使用这种方法时，是否出现过副作用？

1 是　　　　　　　　　2 否 **（跳至 315）**

313. 出现过哪些副作用？（复选，不提示）

☐　　（1）体重变化　　　　　　　　0 无　　1 有

☐　　（2）出血过多　　　　　　　　0 无　　1 有

　　　　　　　　(3) 点状出血　　　　　　　　0 无　1 有

　　　　　　　　(4) 闭经　　　　　　　　　　0 无　1 有

　　　　　　　　(5) 月经周期紊乱　　　　　　0 无　1 有

　　　　　　　　(6) 高血压　　　　　　　　　0 无　1 有

　　　　　　　　(7) 头痛/眩晕/恶心/虚弱　　0 无　1 有

　　　　　　　　(8) 腹痛/腰痛　　　　　　　0 无　1 有

　　　　　　　　(9) 其他（请注明：_____）　0 无　1 有

314. 你们夫妇是否因为这种（些）副作用去看过医生？

　　　1 是　　　　　　　　　　2 否

315. 你们夫妇在使用这种方法时是否遇到下列问题？

　　　（复选，提示）

　　　　　　　　(1) 丈夫反对　　　　　　　　0 无　1 有

　　　　　　　　(2) 长辈反对　　　　　　　　0 无　1 有

　　　　　　　　(3) 花费太大　　　　　　　　0 无　1 有

　　　　　　　　(4) 使用不方便　　　　　　　0 无　1 有

　　　　　　　　(5) 绝育后又想要孩子　　　　0 无　1 有

　　　　　　　　(6) 担心怀孕　　　　　　　　0 无　1 有

316. 您对这种避孕方法是否满意？

　　　1 满意　　　　　　　　　　2 基本满意

　　　3 不满意

317. 您丈夫对这种避孕方法是否满意？

　　　1 满意　　　　　　　　　　2 基本满意

　　　3 不满意

318. 请问您第一次采取避孕方法是在哪年哪月？

319. 请问处于哺乳期的妇女，可以使用下列哪些避孕

　　　方法？（复选，提示）

　　　　　　　　(1) 避孕套　　　0 不可以　1 可以　9 说不清

　　　　　　　　(2) 宫内节育器　0 不可以　1 可以　9 说不清

☐　　　（3）口服药　　　0 不可以　1 可以　9 说不清

☐　　　（4）避孕针剂　　0 不可以　1 可以　9 说不清

☐　　　（5）皮下埋植　　0 不可以　1 可以　9 说不清

320. 请问有哪些情况或疾病的妇女不适宜使用宫内节育器？（复选，不提示）

☐　　　（1）月经量多　　　　　　　　0 未选　1 选中

☐　　　（2）生殖系统炎症　　　　　　0 未选　1 选中

☐　　　（3）生殖系统肿瘤　　　　　　0 未选　1 选中

☐　　　（4）子宫畸形或有问题　　　　0 未选　1 选中

☐ 321. 您是否听说过"紧急避孕"？

　　　1 是　　　　　　　　　2 否（跳至 323）

☐ 322. 请您说说"紧急避孕"是怎么回事？（调查员判断）

　　　1 说得清　　　　　　　2 说不清

☐ 323. 现在有些人认为，只要两个人准备结婚，婚前就可以发生性行为，您同意这种看法吗？

　　　1 同意　　　　　　　　2 不同意

　　　8 拒答　　　　　　　　9 说不清

☐ 324. 您觉得应该向未婚青年提供避孕药具服务吗？

　　　1 应该　　　　　　　　2 不应该

　　　8 拒答　　　　　　　　9 说不清

■■未婚、离婚、丧偶者跳至 501

四　与丈夫有关的情况

★★下面我想问一些与您丈夫有关的情况

☐☐☐☐☐ 401. 请问您丈夫是哪年哪月出生的（阳历）？

☐ 402. 请问您丈夫是什么民族？

　　　1 汉族

2 其他民族（请注明：_____）

☐ 403. 您丈夫的受教育程度属于或相当于哪一类？

　　1 不识字或很少识字　　　　2 小学

　　3 初中　　　　　　　　　　4 高中（含中专、技校）

　　5 大专及以上

☐ 404. 你们夫妇是否使用过避孕套？

　　1 使用过　　　　　　　　　2 未使用过

　　9 记不清

☐ 405. 您丈夫是否和您谈论过避孕问题？

　　1 谈论过　　　　　　　　　2 未谈论过

　　9 说不清

☐ 406. 您丈夫经常、偶尔还是从不参加计划生育/生殖健康方面的培训活动？

　　1 经常参加　　　　　　　　2 偶尔参加

　　3 从不参加

五　生殖健康服务情况

☐ 501. 您是否知道办理结婚登记要做婚前检查？

　　1 知道　　**（未婚者跳至 503，其他人续问）**

　　2 不知道　　**（跳至 503）**

☐ 502. 您是否做过婚前检查？

　　1 是　　　　　　　　　　　2 否

☐ 503. 您是否听说过叶酸这种药物？

　　1 是　　　　　　　　　　　2 否 **（跳至 505）**

　 504. 您是否知道叶酸的作用是什么？（复选，提示）

☐　　（1）可以避孕　　　0 不可以　1 可以　9 说不清

☐　　（2）可以预防胎儿神经管畸形

　　　　　　　　　　　0 不可以　1 可以　9 说不清

☐　（3）可以治疗月经不调

　　　　　　　　0 不可以　1 可以　9 说不清

☐　（4）可以治疗妊娠呕吐

　　　　　　　　0 不可以　1 可以　9 说不清

☐ 505. 2000 年以来您是否做过妇科检查？

1 是　　　　　　　　　　2 否 **（跳至 512）**

☐ 506. 最近一次检查您是自己去的，还是有关部门或单位组织去的？

1 自己去的　　　　　　　2 组织去的

☐ 507. 您在什么地方做的这次检查？

1 县（区）级及以上医院

2 县（区）级及以上妇幼保健院

3 县（区）级及以上计生服务站

4 乡（街道）级医院

5 乡（街道）级计生服务站

6 私人诊所

7 村里（地段、小区）或工作单位

8 其他（请注明：＿＿＿＿＿）

508. 检查中是否包括下列妇科项目？（复选，提示）

☐　（1）阴道、子宫检查　　　　　　0 否　1 是

☐　（2）乳透　　　　　　　　　　　0 否　1 是

☐　（3）阴道或宫颈涂片检查　　　　0 否　1 是

☐　（4）B 超（查病）　　　　　　　0 否　1 是

☐　（5）B 超（查环查孕）　　　　　0 否　1 是

☐　（6）血液检查　　　　　　　　　0 否　1 是

☐　（7）尿液检查　　　　　　　　　0 否　1 是

☐　（8）X 光检查　　　　　　　　　0 否　1 是

☐ 509. 所做检查是全部免费、部分免费还是全部自费？

1 全部免费   2 部分免费

3 全部自费

☐ 510. 您是否查出了什么妇科疾病？

1 是   2 否 **（跳至 512）**

☐ 511. 是否进行过治疗？

1 治疗   2 未治疗

☐ 512. 您来月经时通常用什么垫接经血？

1 普通的布或纸等   2 专门的卫生纸

3 卫生巾   4 什么都不用

5 未来月经   6 已绝经

7 其他（请注明：_____）

六　性病、艾滋病

★下面我想问您一些有关性病、艾滋病方面的问题

☐ 601. 您是否听说过性病？

1 听说过   2 未听说过 **（跳至 604）**

602. 请您说说下列疾病哪些是性病？（复选，提示）

☐ （1）梅毒   0 不是　1 是　9 说不清

☐ （2）卵巢囊肿   0 不是　1 是　9 说不清

☐ （3）淋病   0 不是　1 是　9 说不清

☐ （4）宫颈糜烂   0 不是　1 是　9 说不清

☐ （5）尖锐湿疣   0 不是　1 是　9 说不清

☐ （6）子宫肌瘤   0 不是　1 是　9 说不清

☐ （7）软下疳   0 不是　1 是　9 说不清

☐ （8）盆腔炎   0 不是　1 是　9 说不清

603. 您知道下列哪些做法能预防性病？（复选，提示）

☐ （1）单独使用洗浴用具   0 不能　1 能　9 说不清

☐ （2）使用避孕套   0 不能　1 能　9 说不清

□　　（3）经常清洗下身　　　0 不能　1 能　9 说不清

□　　（4）避免婚外性行为　　0 不能　1 能　9 说不清

□ 604. 您是否听说过艾滋病？

　　　1 听说过　　　　　　　2 未听说过 **（跳至 701）**

□ 605. 您认为艾滋病会不会传染？

　　　1 会　　　　　　　　　2 不会 **（跳至 607）**

　　　9 说不清 **（跳至 607）**

606. 您知道艾滋病病毒可能通过下列哪些途径传染？

　　　（复选，提示）

□　　（01）输血　　　　0 不可能　1 可能　9 说不清

□　　（02）共用针头　　0 不可能　1 可能　9 说不清

□　　（03）握手　　　　0 不可能　1 可能　9 说不清

□　　（04）接吻　　　　0 不可能　1 可能　9 说不清

□　　（05）与多个人发生性关系

　　　　　　　　　　　　0 不可能　1 可能　9 说不清

□　　（06）母亲传给胎儿　0 不可能　1 可能　9 说不清

□　　（07）通过哺乳传给婴儿

　　　　　　　　　　　　0 不可能　1 可能　9 说不清

□　　（08）与病毒携带者共同就餐

　　　　　　　　　　　　0 不可能　1 可能　9 说不清

□　　（09）蚊虫叮咬　　0 不可能　1 可能　9 说不清

□　　（10）与艾滋病人共用马桶

　　　　　　　　　　　　0 不可能　1 可能　9 说不清

□ 607. 您认为艾滋病病毒携带者与艾滋病病人有没有区别？

　　　1 有　　　　　　　　　2 没有

　　　9 说不清

□ 608. 您认为艾滋病目前可以治愈吗？

　　　1 可以　　　　　　　　2 不可以

9 说不清

609. 您是通过哪些途径了解有关艾滋病知识的？（复选，不提示）

☐ （1）专业技术人员　　　　　0 未选　1 选中

☐ （2）家庭成员　　　　　　　0 未选　1 选中

☐ （3）亲友、同事、邻居　　　0 未选　1 选中

☐ （4）广播、电视、广告　　　0 未选　1 选中

☐ （5）书报、杂志　　　　　　0 未选　1 选中

☐ （6）其他（请注明：_____）0 未选　1 选中

七　宣传教育

★★下面我想问您一些有关宣传教育方面的情况

☐ 701. 近两年来您家是否收到过计划生育/生殖健康方面的宣传品？

1 是　　　　　　　　2 否 **（跳至 706）**

☐ 702. 您是否读过（或请人代读过）所收到的宣传品？

1 全读过　　　　　　2 部分读过

3 未读过 **（跳至 704）**

☐ 703. 您是否能读懂（或听懂)？

1 能读（听）懂　　　2 基本能读（听）懂

3 读（听）不懂

☐ 704. 您收到的宣传品是全部免费、部分免费还是全部自费？

1 全部免费　　　　　2 部分免费

3 全部自费

705. 您家现有的宣传品包括哪些内容？（复选，调查员根据出示的宣传品判断填写）

☐ （1）政策法规　　　　　　　0 没有　1 有

☐　（2）避孕节育　　　　　　　　0 没有　1 有

☐　（3）优生优育　　　　　　　　0 没有　1 有

☐　（4）五期教育　　　　　　　　0 没有　1 有

☐　（5）妇科病防治　　　　　　　0 没有　1 有

☐　（6）性病/艾滋病防治　　　　 0 没有　1 有

☐　（7）其他（请注明：_____）　0 没有　1 有

■■城镇妇女访问结束，调查员根据实际情况填写 801

☐ 706.（本题只询问农村妇女）近一年来您是否看过计划
生育/生殖健康方面的录像或 VCD？

1 看过　　　　　　　　2 没看过

☐ 801. 调查对象的配合情况？（调查员根据实际情况填
写）

1 很好　　　　　　　　2 较好

3 一般　　　　　　　　4 较差

5 很差

★★访问到此结束，谢谢您的合作！

调查日期：2001 年____月____日

图书在版编目（CIP）数据

中国出生性别比：影响因素与形势判断 / 王军著
. -- 北京：社会科学文献出版社，2020.9
ISBN 978 - 7 - 5201 - 7179 - 3

Ⅰ.①中⋯　Ⅱ.①王⋯　Ⅲ.①人口性别构成 - 影响因
素 - 研究 - 中国　Ⅳ.①C924.24

中国版本图书馆 CIP 数据核字（2020）第 157934 号

中国出生性别比：影响因素与形势判断

著　　者 / 王　军

出 版 人 / 谢寿光
责任编辑 / 任晓霞

出　　版 / 社会科学文献出版社·群学出版分社（010）59366453
　　　　　地址：北京市北三环中路甲 29 号院华龙大厦　邮编：100029
　　　　　网址：www. ssap. com. cn
发　　行 / 市场营销中心（010）59367081　59367083
印　　装 / 三河市尚艺印装有限公司

规　　格 / 开 本：787mm × 1092mm　1/16
　　　　　印 张：18.75　字 数：243 千字
版　　次 / 2020 年 9 月第 1 版　2020 年 9 月第 1 次印刷
书　　号 / ISBN 978 - 7 - 5201 - 7179 - 3
定　　价 / 129.00 元